U0558677

西班牙语语言通论

TEORÍA Y PRÁCTICA DE LA LENGUA ESPAÑOLA

（美）弗朗西斯科·马科斯-马林 （美）梁旭华 著

上海外语教育出版社
外教社 SHANGHAI FOREIGN LANGUAGE EDUCATION PRESS

来自马德里的只言片语

（马科斯-马林教授中文版小引）

1981 年我第一次访问中国时，深厚的关系开始了，并一直保留到今天。现在，我也有可能通过这本书为增进相互了解做出贡献。另外，这是与我第一次访问时的一个学生一起写的一本书。一个拥有出色事业并能够与我合作的学生。双重满意。

四十年可能比这本书的许多读者更年长。但是要记住，只有四十年前就认识我的人才能记住我对汉语四个音调的重复模仿，以及我如何学习那些至今仍记得的一些基本汉字。我们都经历了巨大的变化，并且我们都在艰难的健康状况中挣扎。当本书出版时，我们希望一切都得到改善，我们可以致力于学习和生活的正常发展。

我们现在处于我们历史上的某个时刻，在此我们必须记住国际主义和各国人民之间的友谊的原则。语言研究必须伴随着文化研究。我们学习文化以更好地了解自己，靠近彼此。很多时候，通过编写这些页面，与旭华在视频上进行讨论并进行更正，我感到好像可以打开门，骑自行车并重新获得过去的时光。但是，现实使我回到了对未来至关重要的正确概念。

大瘟疫迫使我们反思许多事情。最重要的是需要改善各国人民之间的资源平等。这个想法应该使中国人反思他们在当前历史中的作用以及扩大对外关系的必要性。为此，语言是基础。西班牙语的研究因此获得了新的维度，即兄弟情谊的维度。我们希望这本书能帮助完成这项任务，并能刺激人们之间的关系。

梁旭华附笔：

　　马科斯教授通过邮箱传来这篇致中国读者的小引言，征求我的意见。这四段话基本上是他用拼音和谷歌相结合自己写出来的。除了题目由我增添，和个别单词由我润色之外，这确实是一篇来自马德里的原创。我专门去信询问他哪一年学习中文。他说，他从来没有上过中文课，全是自己拿着书本自学的（八十年代没有网课）。记得他说过，1981年来中国讲学之前，为了能真正融入中国文化，他用两根铅笔当筷子，自己在家练习了几个月，后来他使用筷子能力比我们这些中国人还娴熟。这些，完全出自他对语言、对人类文明深深的热爱。希望通过这本书，我们可以领略一二教授对语言的热爱与执着，因为他多次说过，全人类只有一门语言，一门充满爱、尊重、理解和宽容的语言，各个民族不同的语言，都是这门语言的分支。西班牙语和中文是这棵语言大树上众多美丽果实中的两大硕果。希望我们彼此能相通、相知，兄弟般携手并进。

（2021年2月11日，农历大年三十，美国）

前言

"芝麻,芝麻,快开门!"

今天在全世界的许多角落,几乎所有的孩子们都知道这句话,"芝麻,芝麻,快开门!"这几乎是人们的共性,人人都希望有一方秘诀,有一句口诀,一把万能的钥匙,能引领我们进入那个堆满宝藏的山洞,满足平生未曾满足过的愿望。

作为《西班牙语语言通论》的译者,我祈望,也相信,这本书,或许能成为您芝麻开门的金钥匙,引领您进入一个千年、百年的宝库,那里堆砌着伊比利亚五光十色的文化、语言宝藏。

本书的作者马科斯·马林教授是欧美著名语言学家,精通多国语言,是西班牙第一位被联合国教科文组织选派到中国讲学的西班牙语言学专家。在这本书里,教授以他渊博的知识,带领我们进入语言学及其相关的历史、文化、社会等领域。他是渊博的、诲人不倦的老师,我是认真听课的中国学生。这个中文版通论可以视为我听课后的笔记,在经历一年闭关抗疫的艰辛后,如今毕恭毕敬把它与教授的原著呈现于中国读者面前,衷心祈望这本认真、不完美的读书笔记,能为中国的读者在中西文化两座巍峨大山之间架起一座桥梁,引领大家进入美不胜收、多语、多文化、多包容的伊比利亚乐园。

这本通论结构严谨,理论与实践相结合,虚实搭配,难易相辅。首先,第一章是一个简要的语言学理论入门概要。一般来讲,中国读者对语言学原文专著往往会望而生畏,同时,非语言学专业的学生也很少能一本接一本地细读语言学著作。这里,作为语言学专家,马科斯教授用精简的语言为我们综述并解释了20世纪主要的语言学、符号学的基本理论。他不仅解释,还引用了重要的语言学原文段落,先是细心解释,然后用一句话简而赅之地为读者做画龙点睛式的总结。思路清晰、重点突出、言简意赅是教授讲课的特点。他能把艰深晦涩、错综复杂的理论用一两句简洁的话概括出来,让读者得以一目了然窥见问题的本质。如此著说,不仅引领非语言学专业的学生认识人文科学最基本的语言学常识,同时也为日后专攻此学科的学生打下阅读原著的基础。

在第一章的语言学引论之后，教授连续用八章分别讨论了语言交流和西语语法、句法等一些重要课题。每一个小节，主题突出，结构严谨，既有理论，又有许多大量的实际论据和例句。同时，在每一章的最后一节（除了最后一章因为课题需要，文本练习被放置在倒数第二节），我们附加了练习，让学生与读者可以应用该章节学习到的理论框架，结合中国国情、文化和语言特点，加以练习、消化。

这本书的西语原文有两大特点。一，这是语言大师的作品，可能有比较抽象的语言，对中国读者也许有一定的难度，但是通过阅读中文翻译版本许多问题就能迎刃而解。某种意义上，这又是一次学会阅读原文理论书籍的最佳练习。二，在总结基本理论要点时，教授又能使用十分简洁明了的朴实语言，向读者阐述章节的要点。总之，西语文本是难易相交织，深浅适度。

此外，这本通论引用的例子全是上下古今的西语原文，上至中世纪的谣曲，下至20世纪的文学名著，其中还有一篇教授自己创作的短篇小说（第九章，*"El Palacio de Ashurbanipal"*），这一点对中国读者的阅读可能会造成一定程度的难度。然而，好处是所有引文基本上都很简短，而且在每段引文之后都加以讨论和分析。读完引文分析之后，读者对原文的理解应该就能理顺了。其实，这恰恰又是此书的一大长处，中文读者因此被引领、"逼迫"地学会了阅读不同时期、不同文体的西文原作。

这部著作原来是为西班牙大学预科学生所准备，所以文中各种读本的原著对这些母语读者应该是家喻户晓。也就是说，当语言学专著列举《西游记》《三国演义》的片段时，中国读者容易联想、理解。对于一位外语学习者，这是很难马上进入的文化意境和文本认知，因为任何文本都有上下文的语义和意境，所以，在重要的引文之后我们都尽量标出文本出处以及作者。在此，我们特别建议有兴趣的读者，可以先上网用中文查询该著作的梗概或者作者主要著作及观点的介绍。有了基本的认识后，对解读引文应该大有帮助。

在这些理论与实践兼顾，语法、句法、口说语等等八个章节之后，通论转而进入五个具体的章节，详尽讨论了西语在科技、法律、文学、历史、新闻等领域的应用。这是非常实用的五个章节，很少有语言学的书籍能够如此从容深入到数学、科技、律法、历史等具体领域，展示西语文体语用的微妙差异，提供权威范本。它使得每一个学习西班牙语，将来准备进入不同领域工作的学习者，无论是进入报业，成为律师，或是准备到西班牙主修数理专业，有机会获得一些最基本的言语指导，和极为实用的写作范例。

铺垫完语言理论基石，语法、遣词造句，示范公文范本之后，此书再次进入另一座知识高峰：西班牙语的渊源与发展。在第十六章里，教授在不到30页的篇幅中，为我们勾画了西班牙语从上古时期一直到21世纪这一路的形成、发展、鼎盛。这一章值得所有学习西班牙语的人，甚至是不懂西班牙语，但对西班牙语语言史有兴趣的人好好读一读。书中描绘了重大历史事件与语言文化变迁的相依相随。这乃是书中极为精彩的章节之一。

讲完历史，最后一章则铺陈了西班牙语的现状。在这里通论把西语从伊比利亚半岛拉到美洲大陆。如果说第十六章是一个重要的历史语言画轴，那么第十七章就是一个横断面的纪录片，展示了西班牙语作为国际语言的宽广和多姿多彩。美洲大陆上各种各样的西语版本，恰恰是西班牙语的另一番风采。正如作者在书中不断强调，我们不应该试图区分伊比利亚西班牙语或美洲西班牙语。每一种方言，每一种语调，都是西班牙语这棵大树上的一叉枝干，一片树叶。根深叶茂，葱茏高大，跨越大洲大洋，却是不可分割，同样的苍硕、多姿。

因为这本书的信息量以及所涵盖的领域极为宽广，也许任课老师或读者只能是各取所需，按照需要来选择应用。在大学里，可以挑选章节里的范文读本作为精读或者泛读材料，也可以采用中西文本对照，讨论文本翻译的不足之处。读者既可以通读整本书来提高自己的西语阅读能力，也可以把此书当作参考文献。这本书大约适用于大学本科三到四年级的学生，但其实其中一些专题讨论也可以适用于研究生的研讨会。比如说第十七章里带注音符号的古巴俚俗口语文本，第十六章练习里公元980年的古西班牙语文本，对专攻语言史或拉美方言的研究生，都是很好的学习素材。

如今，中国与世界的文化交流密切又多边。许多大学纷纷选派自己三年级的学生到国外进修半年一载。这本书对即将迈进西语本土大学课堂的中国留学生至关重要，因为当你和西班牙本土大学生一起选修语言、文学、历史课程时，他们使用的一些术语常常会让中国学生却步。如果能够提前阅读或参考这本西语通论，那么在西语本土的课堂里，这种陌生感应该可以缓解很多。同时，对于那些已经本科毕业就要进入职场的大学毕业生，希望这本书也能让他们更深入地体会西语语言的神韵与内涵，把握语言的尺度，真正融入西语文化。

前面花了许多篇幅谈论这本书的实用价值，其实，作为本书的第一位中国读者，我的感受是这本书的最大价值是它教会我们怎样成为更称职的读者，更犀利的语言表达者，更有思辨能力、独立人格的现代知识分子。

在21世纪的信息交流模式里，我们不应该只是一个被动的信息接收者。话语言谈者发出信息，我们作为接收者，在交流的另一端，怎么解读这个信息，是我们的权利，也是我们的责任。一部《堂吉诃德》，一千人阅读，就可以有一千个版本。一部红楼梦，上下几百年，也可以有几百种读者文本。作为一个积极、负责任的读者，这种阅读能力、文本再造能力，也是阅读乐趣之所在。在这部通论里，教授在讨论各种范文时，多次对我们演示了如何带着审度的眼光去阅读、构建信息。我相信,这种阅读能力已经超越西语语言的疆界,它适用于任何语言、任何著作。

另一个重要的演示,就是我们怎样才能更好地驾驭语言,在书面或口说言语中来准确地传达我们的信息,说服、感动信息接收者。这里不单单是如何正确使用语法的问题,它实际上包括如何根据不同语境选择适当的词语。一位传道授业的良师、一个称职的演说家、能干的经理,或善辩的律师,都需要这种言语交流技巧,这是现代社会人际交流之间一项十分重要的技能。

最后,这本书还教会我们怎么思考、判断。今天,网络、电视、微信上充斥着各种信息,许多表面是客观的报道,其实隐含着许多主观的意向,有些是谎言,有些是有意的误导,有些则是人云亦云,不负责任的扩散。在通论第十二章里,作者教会我们怎么通过分析报纸杂志的编排、字体大小、页面位置(同样的原则完全适用于博客、专题网站,等等),窥见作者的立场与倾向。如果读者认真阅读这个章节,一定会成为一个比较独立,懂得独立思考判断的阅读者,而不是一个简简单单,随便被媒体左右的信息盲从者。

这本书得以问世首先要感谢上海外语教育出版社对我们的信任与支持,还有许一飞女士的耐心与慧眼,以及黄紫女士的审阅。同时更要感谢几位专家学者对我们无私的帮助。他们分别是美国加利福尼亚大学伯克利分校Milton Azevedo教授、北京外国语大学岑楚兰教授,以及周少杰、吴剑、张宇、徐蕾等众位专家学者。在此一并衷心感谢。

我和马科斯教授都希望这本小书能够来到中国西语读者的行囊中,不管您是跨越太平洋投进安第斯的怀抱,抑或西出阳关横穿欧亚大陆来到德拉曼恰平原寻觅"驽骍难得"的脚印,希望这本书都能为您打开伊比利亚宝藏的大门,引领您进山寻宝。

谢谢!

梁旭华
(2021年2月2日,美国马里兰州)

目录

第一章 语言与交流　　　　　　　　　　　　　　　1

1. 符号系统　2. 交流的方式　3. 信息的本质和形式
4. 口说语言与影像　5. 练习

第二章 言语　　　　　　　　　　　　　　　　　10

1. 言语的结构　2. 文本构造中的句法和语义
3. 语义兼容性和句法结构　4. 文本结构分析练习

第三章 语法句子　　　　　　　　　　　　　　　24

1. 作为结构单位和内容单位的语法句子
2. 句子的成分：名词词组和动词词组　3. 句式
4. 朗读和语调　5. 散文和诗歌文本的阅读和朗读练习

第四章 名词词组的结构和功能　　　　　　　　　35

1. 限定词、核心词与邻接词　2. 名词词组的修辞特点
3. 核心词的语义价值　4. 名词词组成分的省略：表述的价值
5. 词序　6. 形容词化
7. 练习：形容词作为描写的基本成分；其在不同类型的文学和非文
　 学文本里的使用

第五章 动词词组的结构和功能　　　　　　　　　53

1. 动词核心　2. 西班牙语动词体系　3. 动词形式的文体
4. 各种可能的动词时态与体貌的表达方式　5. 练习

74   第六章　谓语结构

1. 表语和谓语的形式　2. 动词核心的语义属性和谓语结构
3. 及物性与不及物性　4. 谓语结构的转换和语义的变化
5. 练习：不同表语与谓语结构的构成和分析

87   第七章　简单句和复合句

1. 探讨表达逻辑语义内容的句子关系　2. 复合句的类别
3. 副词从句各种细微的表达方式　4. 练习

105   第八章　不同句子关系的表达意义

1. 并置复合句、并列复合句和主从复合句　2. 可能的从句转换形式
3. 并列关系与主从关系在行文中的意义　4. 练习

121   第九章　文本写作中的超句单位

1. 段落和文本的句法　2. 文本的决定因素：情景和语境
3. 故事的结构：主题力量和行动元　4. 练习

133   第十章　科技文本的语言

1. 科技语言的特点　2. 科学词汇　3. 科学术语的创造
4. 科学表述对语法和语义的要求　5. 科学演讲中内容的安排
6. 科学文本的理解和综述　7. 练习

第十一章　法律文本和公务文书　　148

1. 语言特点　2.（法律）词汇与措辞的固定格式
3. 法律文本和公务文书的语义分析　4. 练习

第十二章　报刊和宣传文本　　168

1. 报刊宣传的模式：信息、评论和宣传
2. 更改信息的语言及非语言手法的评论
3. 不同形式报刊文本的分析与撰写　4. 广告文本：图像和语言特点
5. 操纵广告语言的句法和语义方法　6. 练习：信息宣传的批评研究

第十三章　语言在人文学科里的应用　　186

1. 抽象词汇　2. 教义与思辨的语言　3. 论证与辩证
4. 人文学科文本的语言分析　5. 论说文　6. 专著的撰写
7. 论文的综述　8. 练习：从主题思想到具体课题

第十四章　语言的文学应用　　204

1. 文学文本的特点　2. 文学技巧　3. 分析方法　4. 文学文本的创作
5. 文学感悟　6. 文本分析示范　7. 练习

第十五章　各种层次的语言应用　　222

1. 口说交际行为里的不同情境　2. 语言应用中的社会文化层次
3. 文本向口说语的转换　4. 谚语　5. 语言错误的讨论与分析
6. 口说语练习

237　**第十六章　历史进程中的西班牙语**

1. 欧洲伊比利亚语言环境中的西班牙语　2. 西班牙语的形成
3. 改变与接触　4. 历史分期　5. 语言改革和现代化的过程
6. 1492 年之前语言史和文化史关系一览表　7. 历史语言学练习

264　**第十七章　美洲的西班牙语**

1. 权力帝国与商业联盟　2. 美洲西班牙语的语音、词汇和句法特点
3. 古语和新词　4. 美洲西班牙语的区域性
5. 伊比利亚半岛的西班牙语和美洲的西班牙语
6. 进退维谷的美国西班牙语　7. 语言的统一
8. 美洲西班牙语报刊和文学文本的分析　9. 西班牙语的标准

286　**西汉术语对照表**

第一章 语言与交流

1 符号系统
2 交流的方式
3 信息的本质和形式
4 口说语言与影像
5 练习

1 符号系统

现代语言学家用 semiológico 或 semiótico 这两个词作为符号学 (semiología 或 semiótica) 的形容词。从广义上来说，符号学是研究符号的一门学科。这些符号是语言的实体单位 (或者说，是它们的外在形式)，传达一个所指 (它的内容)。这个形式也称为能指或表达。

交流是典型的语言符号功能，因此，现代英国著名语言学家约翰·莱昂斯 (John Lyons) 1977 年发表的《语义学》第二章开头便提出了这个问题。我们将这段话作为我们的开场白：

什么是交流?

通称语言是交流的工具等于是说了一句大白话。确实，无法想象任何一种有关"语言"的定义能够避开交流的范畴。很明显，至少对许多语义学者来讲，交流和含义之间有着如此的内在关联，令我们无法讨论前者时不提及后者。但是，何为交流? 动词"沟通"(Comunicar) 与名词"交流"(Comunicación) 二者皆使用于广泛的语境中，带着日常的意义，先于理论。我们随时随地都可以谈到情感、方式及态度上的交流，还有信息资料的交流。毫无疑问，交流这个字眼的各种不同的含义 (首先必须承认它们确实

1

带有不同的含义）彼此之间互相关联：人们试图归纳出几条定义，在广义上、理论上把这些不同的含义从社会互动或者感官刺激反应的角度加以叙述。这里我们将采取另一种解释方法：赋予"交流"这个词及其相关的词，"去交流"（Comunicar）和"交流的"（Comunicativo），一个比日常用语更单一的解释：交流是通过约定俗成的信号系统有目的的信息传递，或者，至少在原则上我们可以进一步限定它是带有目的或需求的信息传递。

我们人类使用的主要信息传递符号系统就是语言，虽然语言不是唯一的系统。

约翰·莱昂斯（John Lyons）

上述这段文字确立了这门学科的一些基本要点，我们可以归纳如下：

- 语言与交流之间明确的关系；语言的本质与基本要素就是交流。
- 语言是交流，因为它传达意义。
- 交流，从广义上讲，就是关系。
- 从狭义上讲（而这恰恰是我们兴趣之所在），交流就是通过符号系统传递信息。
- 这种信息传递是主观上有意识的。
- 世界上有许多传递信息的符号系统，对人类来讲，语言是最主要的信息符号。
- 我们谈论自然语言，即人类的语言，把它们与一些形式语言、艺术语言分开。

以上这些观点可以进一步引申与推敲。根据这些阐述可以推论出，**从广义上来说，符号学系统即信号系统（从狭义上也可以说是符号系统）**。

在一切交流中我们通过信号传递信息。信息是具有意义的成分，是我们要传达的；信号是可触摸的实体存在，借助于它我们得以传递信息。

2　交流的方式

根据上述原则，如果我要传达"危险"这一信息，我可以使用许多不同的方式：

我可以高呼"危险！""当心！"，在此我使用语言，也就是口头的方式。我也可以高举写着"危险"二字的大牌，如此一来我使用了书面语的方式；但是我也可以采取别的方式，例如挥舞一面红旗，使用红色或黄色的灯来引人注意。总之：**一切通过信号传递信息的手段都是交流的方式**。

因此，我们可以讨论主要和次要的交流方式：如果我们认为口头交流是主要方式，那么文字交流就是次要的方式 (如果我们把这两种方式分别对待)，或者说各种通过话语传递的方式都是交流的方式。在此意义上，广播、电视、报刊都是交流的媒介，同时，电报、航海的旗帜、不同民族口哨声传达的话语 (在此可以列举一个西班牙本土的例子：加纳利群岛的土著关切人的口哨语)，以及一切用来传递信息的媒体都是交流的媒介。

3　信息的本质和形式

在交流中有两个基本要素 —— 被传递的<u>内容</u>: <u>所指</u>，和这一内容的<u>表达</u>: <u>能指</u>。从广义上不太精确地讲，这两种元素也可以称为<u>信息</u>和<u>信号</u>。表达与内容的整体是一个符号。符号是沟通交流的单位。当内容与表达的关系是<u>任意</u>或<u>有理据</u>时，符号也是任意或者有理据的。

符号，毋庸置疑，不可能只有一种；符号学著名学者皮尔士 (Charles Sanders Peirce)，曾归结出十种。对我们目前所关心的课题来说，这罗列太庞大了。我们在此只介绍三种最主要的：**象征符** (símbolo)、**像似符** (icono)、**指示符** (indicio)。

象征符是任意符号。如此定论是因为在象征符里表达与内容的关系是约定俗成或是任意的。比如，表达"带着主干和枝叶的植物"，西班牙语有 á+r+b+o+l、á+r+b+o+l+e+s，英文有 tree、trees，法文有 arbre、arbres。以上这些不同的表达方式和树的词意之间的关系没有任何理据。这种关系完全是约定俗成和任意的。因此这些符号只是<u>象征符</u>。

一般来讲，我们可以说语言符号就是象征符，因为语言的基本特征就是能指与所指，即表达与内容之间的关系，是说话者之间为了沟通的需要在历史沿革之后约定俗成，完全是任意的。

恰恰是因为这个极为重要的特征，象征需要<u>解释者</u>，一位可以把表达与内容之间的任意关系阐释清楚的人。如果没有人懂得 árbol 意思为"木本植物等"，árbol 这个词再也不是象征符了，因为它无法表达相应的意思。似乎只有象声词可以逃脱象征的这一局限，但即使是这样，象声词里仍然有许多很难解释的现象。比如，钟表的声音我们说 tic-tac，而不是 tac-tic，布匹撕裂声是 ris-ras，而不是 ras-ris，或者一系列的敲击声是 pim-pam-pum，而不是 pum-pam-pim、pam-pum-pim 或者是其他的组合。

像似符是"拥有词意特征的符号，即使有时它代表的事物并非真正存在，比如铅笔画的一道横杠代表了几何的一条线"。像似符是有理据的符号。

皮尔士有关像似符的定义较为晦涩，因此我们有必要澄清以下几个要点：

—像似符永远代表一样存在或不存在的东西，这是它最重要的特性。假设我画一

3

头带着老虎条纹的狮子,这幅画就是一个**像似符**,尽管这种动物并不存在。再假设,这次我不画,而是用语言表述,"狮老虎"。如此一来,"狮老虎"一词变成了象征符。要解读这个符号,我们必须任意为它配上"像老虎一样带着条纹的狮子"的语意。

——象征符需要有人解释,而像似符并不需要。确实,带老虎条纹的狮子画像,我们的像似符,本身已经把意思阐述清楚了。然而,"狮老虎"这一象征符需要有人把狮子和老虎的特征联结在一起,使之成为"带虎纹的狮子",而不是"披着狮鬃的老虎"。

——像似性是一种复杂的属性。从简单的角度讲,可以说存在着一种初级的像似性,即用形式和内容之间(各种形式)"相似"来定义。"布谷"的语音形式在口语中具有像似性,因为这个发音与这种以其鸣叫声命名的鸟之间的关系一目了然,但在书面形式上并非如此,c+u+c+ú的书写形式与鸟的鸣叫声没有直接关联。

——像似并不意味着"自然"。

指示符是三种符号的最后一种,比前两项更难解释,更为复杂。只要不是象征符或像似符的就是指示符。这些符号不需要别人解释,换句话说,它们是独立存在的,不需要解释或可以被解释,但它们和自己所处的位置息息相关:如果一个物体改变它的位置,指示符也因之改变。一个带有弹孔的靶牌是一个指示符,因为没有子弹就不可能有弹孔,当然,人们也可以不把弹孔归因于子弹,比如我们可以假设开枪射击的人玩弄了花招,或者他的同伴在靶区附近帮忙做手脚。指示代词就是指示符,因为它们引起对话者对物体的注意,从而确立了听众与物体的真实关系。指示符纯粹就是用来指示的符号,用于唤起注意。

上述的讨论是对指示最广义的理解。从更严谨的角度审视,我们可以说在符号A和它的所指C之间必须有一公认的联结关系,因而A的存在势必引申出C的存在,因此确立了指示关系:烟可以是符号A,"火"是它的所指C。然而,如果要让我们认知烟指示火的存在,就必须确定二者之间的关系,因为烟指示的不仅是火的存在,而且告知我们烟是火造成的(因为可以有烟无火,或者有火无烟,如此一来,假如没有事先设定的关系,就毫无指示可言)。假设有一个人在房间里被人刺死,为此,我们逮捕了所有这栋房子里的人,毫无疑问,其中一位双手沾满鲜血的人就是凶手;但是情况换到厨房里,厨师刚刚杀了一只鸡,这个指示就毫无价值可言,因为尸首和鲜血之间的关联已经不复存在。

纵观上述现象之后,毫无疑问,我们可以说,当我们表达某个内容的时候,我们借助于两种媒介:**口说**与**非口说**语。这恰恰是符号学里两种主要的交流方式:**口说系统**和**非口说系统**。如果我们将这两个系统视为一种社交媒介,我们把它们称之为**语言**,那么就有两种语言,**口说语言**和**非口说语言**。并非所有的交流系统都是语言,因为语言的存在需要一个社会环境。口说语言还涉及第二个问题:口语和书面语。我们可以使用以下的文摘来进一步探讨:

书面语，替代的符号？

　　布伊森（E. Buyssens，比利时语言学家），如同其他语言学家，尤其是那些研究书面语的学者一样，曾经明确或非明确地把语言符号划分为"直接符号"与"替代符号"。最典范的例子就是口语（直接符号）和书面语（替代符号）。根据布伊森的理论，书面语是替代符号，因为文字信号与其传递的信息之间不是直接的关系：当我们阅读的时候，我们把文字转换成口语的发音，然后通过口语的声音了解文本的意义。

　　毫无疑问，我们许多人，正如布伊森一样，总是先通过音素（fonema）来了解文本信息，同时在我们书写的时候，我们反其道而行之，把音素穿插在文字和意义之间。当然同时也有这样的真实情况，有人在说话或倾听别人讲话时可以直接把语音转换为信息，反之亦然；在读写的时候无须在文字和信息之间借助任何媒介。也有人在说话或听人说话的时候自动在语音和信息之间穿插进字素（grafema）——比如，那些曾经主要使用外语书面语言，如今开始说或听人说这门外语的人。因此我们可以得出结论，把音素插入书面语言和信息之间，这是书面语是替代符号的主要依据，但这并不是书面语发挥功能的必要条件。它只是一部分人——确实是绝大部分人——学习阅读的习惯。这一切并不能说明我们上面归纳出的分类是毫无根据的。虽然接下来我们要更谨慎推论，我们认为我们仍然可以继续使用"替代符号"或"直接符号"来分辨在所指和能指之间是否插入了另一种符号的能指。

路易斯·普列托（Luis Prieto）

　　这段文字的中心思想可以归纳为以下几点（当然，它们既可以进一步完善，也应该得到进一步的讨论）：

- ◆ **替代符号可以用来代替直接符号，直接符号比替代符号更接近。**
- ◆ **口语是一种直接符号，而书面语则是替代符号。**
- ◆ **这个结论的基础是，使用书面符号之前首先要知道口头符号。**
- ◆ **严谨地说这个结论似乎并不适用于一切情境，所以以上引述的观点大可商榷。**
- ◆ **然而，我们似乎可以接受把符号做分类处理。**

　　毫无疑问，在本书中，我们要多次使用书面语这一替代符号，因为在目前的情况下

非常复杂的葬礼仪式,这就要求人们要了解这是个葬礼仪式,从而联想起死亡的危险。如此一来,全无简洁可言。

颜色的含义也是同样的道理。在我们的文化里白色象征纯洁,在别的文化范畴里则象征葬礼:一位亚马孙河流域的印第安人为了葬礼把脸涂成粉白,他就无法理解白色鲜花或一位新娘的白色礼服,因为对他来讲这些都是不祥的兆头,是晦气。这正是不适宜的例子。

5 练习

I.

A. 在今天信息爆炸的时代,影像或图像充斥着我们的媒体和日常生活。根据我们在上面学到的语言和图像的关系,请找出四则广告,可以是任何形式,任何产品或服务资讯,可以来自网络、报纸杂志、商店招牌、马路广告,等等 (通过下载或拍摄) 带到课上与同学交流分享,并解释:

1. 广告 #1: 你最满意的广告,拥有以下三个特点: 简约、图文清楚并互补、合适。

2. 广告 #2: 你最不满意的广告。请加以解释。

3. 广告 #3: 广告的文字彰显了图像的内容。文字对图像起了画龙点睛的作用。

4. 广告 #4: 广告的文字冗杂,遮蔽了图像所要传达的效果。

B. 请设计一则你自己的广告,必须有一个图像和一句话,立意清楚,图文并茂,简短、清晰、合适。

C. 课堂游戏: 一个班级分成两组,每组学生每人默想出一个汉语成语,然后在全班同学面前以脸部表情或肢体动作来表达成语的含义。另一组学生必须猜出这个成语。猜中答案最多的小组为冠军。

II. 请阅读以下这段摘自 R. Trujillo 的作品 *Elementos de Semántica Lingüística* 中的章节。结合本章所学的内容,完成两个小练习。

Un lenguaje no es más que un conjunto de reglas y principios que permiten tratar a una materia o sustancia dada para hacerla portadora de una o varias funciones formales; es decir, capaces de generar signos comprensivos de tales funciones. Caben en este concepto los lenguajes artísticos —escultura, música—, los lenguajes prácticos de señales, los lenguajes lógicos y matemáticos y, por supuesto, el lenguaje por antonomasia. Ha logrado así el hombre formalizar funciones muy diversas, no necesariamente contenidas en el lenguaje natural. La función artística —llamémosla así— ha encontrado, de esta manera, su formalización en la escultura, por ejemplo, utilizando como materia objetiva la piedra o el mármol; pero también en el poema, la tragedia o la novela, empleando como materia objetiva un lenguaje natural. Claro es que en este último caso nos encontramos con la constitución de un lenguaje sobre otro lenguaje. Y ya se presenta aquí un serio interrogante: ¿es una función del lenguaje la de generar otros lenguajes derivados?

A. 请用简短的几句话，概括和复述这段文字的主要观点。

B. 用文字加图像传达信息：

你的好朋友刚刚考上了北大研究生，你向他／她热烈祝贺。你可以画一张画，编一首歌曲，发一则短信、微信，写一首诗或自制一张贺卡，但前提是你的贺词必须有文字、影像或图像 (或音符)。请带来课上分享。

第二章 言语

1 言语的结构
2 文本构造中的句法和语义
3 语义兼容性和句法结构
4 文本结构分析练习

1 言语的结构

在第一章中，为了在语言分析中统一各种术语，我们使用了口说语言这个属于心理社会学家的名词。我们必须理解verbal的准确含义就是"言语"，它是人类语言区别于其他语言的一大特点。也许我们甚至可以直接使用人类语言这个名词，因为我们使用口说语言这个概念就是为了区别于形象概念。关于后者在上一章的最后一节我们已经讨论过了。

一般来讲，语言学家比较喜欢用"言语"(lengua hablada) 这个术语。从这个意义上讲，我们要特别提醒的是，从现在开始，书面语只是一种言语的呈现，是言语借助书写符号在纸上或者其他材料 (石头、金属，等等) 上的再现。这一点意味着，当我们提及言语的时候，我们并不局限于口语，即那些通过嘴巴发出的表达，而是这一表达的所有呈现方式，所有书写方式，或各种可能的呈现体系，包括那些在特定情况下 (比如书面语对一个哑巴或一台电脑来讲) 可能是唯一的呈现体系。

试想下列情境：一个哑巴不能发出声音，并不能因此断定他不讲这门语言，只是在使用这门语言的时候他不使用其他人使用的器官来表达。他可以通过不同方式来表达他的言语，通常他会使用手势来表达，这也属于言语。另外，并不是所有从口腔发出的，和通过发音器官传出来的，就是言语，例如打喷嚏、打哈欠、咳嗽，等等。虽然有时候这些声音也可以用来交际，比如一声轻轻的咳嗽可以用来提醒对话者改变话题，或者提示另一位对话者的出现，类似的情况不一而足。电脑的书面语通过二进制代码表现。同样的，在形式语言里也是使用二进制代码来操控机器，但是这种语言不是人类的语言，而是计算机语言。当然，这也是一种人类语言的特殊形式，它被用来把人类语言转换成掌控机器的指令。

基于口语与书面语之间的关系，我们可以借助后者传达前者，并且通过一个文本体会不同层次的言语。

FORTUNATA Y JACINTA, I, IX, VIII.

   – A la señá Nicanora le ha traído un mantón borrego; al tío *Dido,* un sombrero y un chaleco de Bayona, y a Rosa le ha puesto en la mano cinco duros como cinco soles ...

   – A la baldada del número nueve le ha traído una manta de cama, y a la señá Encarnación, un aquel de franela para la reuma, y al tío *Manjavacas,* un ungüento en un tarro largo, que lo llaman *pitofufito ...,* sabe, lo que le di yo a mi niña el año pasado, lo cual no le quitó de morírseme ...

   – Ya estoy viendo a *Manjavacas* empeñando el tarro o cambiándolo por gotas de aguardiente ...

   – Oí que le quiere comprar el niño al señó Pepe, y que le da treinta mil duros ..., y que le hace gobernaor ...

   – Paicen bobas ..., pues tiene que ser de las caballerizas repoblicanas ...

B. Pérez Galdós（佩雷斯·加尔多斯）

通过以上这个文本，我们将会看到语言是如何由各种层次构成的。这个结构是人为、有条理的，符合一些学者的共同认知与制约的条例。这些客观的标准旨在用简单和明了的方法分析各种层次的语言构成。

在分析以上引文范本的<u>语音</u>、<u>词汇</u>和<u>句法</u>的时候，我们观察到以下一系列的特征。

语音范畴

语音层次的研究是观察分析声音和语调。文本中词的音素是线性的，也就是一个音紧接着另一个音，就如我们可以用书面语（不完美）地表示：Se hizo de día 是这些音素的前后连接：

$$s+e+i+\theta+o+d+e+d+i+a$$

我们可以看到，它是线性的，一个音接着另一个音，没有两个音是同步的。这个线

我们必须从广义上来理解文本的词汇，因为我们既要研究文本的单词，也要研究那些固定的**短语**或**成语**。

在研究词汇时，我们要注意到以下这几个方面：

——是否属于文雅、高层次和抽象的词汇，还是一般的日常用词。

——单词的形式是否有变化，也就是说单词的外部形式是否发生变异，这点在讨论语音层面时我们已反复强调，之后还要继续探讨。

——词汇结构的变化或词汇的选择及使用是否从某种意义上决定了文本的性质。

在前面所举的第一个例子——加尔多斯的作品里，我们从语音方面可以清楚地看到文本用词不雅，充斥着口语和粗俗的语言。这一口语化的特点体现在绰号的使用，例如 Manjavacas，或者使用 "señor + 名字" 这一称谓结构 (正确用法应为 señor + 姓氏)，还有 tío、señá，和 José 的昵称 Pepe。

在这段文字里，有许多日常生活用品的名词，作为课堂练习，可以列出一个单子，比如，mantón、sombrero、chaleco，等等。

文本里面使用的短语或成语，也包含着许多口语成分，比如，用夸大对比来形容，cinco duros como cinco soles (duros 是 peso duro 的缩略语，相当于五个比塞塔，是欧元发行之前西班牙的货币)。

显而易见，所有这些罗列都得出与语音分析相同的结论：文本的口语化或粗俗的特点。这些特点具体，活生生，是日常生活的写照。

在词汇层面，我们注重词的用法，以及词在短语、固定搭配和成语中的组合。

句法范畴

这里涉及文本的构造，是句子与词组的层面。在这个范畴里，我们最想要研究的就是文本的语法构造是否大大差异于该语言的语法规则，也就是说卡斯蒂利亚西班牙语的语法规则。

在这个文本里，有一些情形是词法层面的，介乎于语音和句法两个层次之间。在这段文字里，应该提一下 reúma 这个词。一般来讲这个词文雅的用法应该是阳性，可是在粗俗的语言里，这个词被变成了阴性。这种粗俗的用法与前面指出的语音俚俗相吻合。

正如此文本的语言层次所决定，这段文字的句型结构非常简单。通篇都是简短的句子，一开始就使用 a alguien le ha traído algo 这个简单句型，然后加上一点同样是简单的标点符号来延伸。

因为我们将有专门的章节来讨论句型，所以，目前我们只要指出一个很重要的事实：当我们在研究口语或者书面文本的句型时，应该考虑到，该文本也许句型错误很多，但它可以被理解。在这个意义上，我们必须分辨语法正确的文本，语法不正确但是能够被接受的文本，和语法不正确也不能被接受的文本。这个问题我们下一节继续讨论。

在句法层面，我们研究文本的构造，以及它是否遵守一门语言的语法。

2 文本构造中的句法和语义

在这个章节开始之前，让我们来定义一下文本的语法性 (gramaticalidad)、可接受性 (aceptabilidad) 和不正确性 (incorrección)。

语法性指的是一个文本根据该语言的语法规则行文的属性。也就是说，一个符合语法的文本是一个正确的文本，被所有的语言使用者共同接受，它是根据这个语言相应的规则所构造的。这是一个结构正确、没有错误的文本。它的句法与语义相协调。

可接受性是一个文本 (可以仅仅是一句话的文本) 被该语言使用者接受的属性，虽然并不是所有人都同意它的文字结构，甚至有些人会认为它的行文糟糕透顶。总的来说，可以归纳为在这种文本里句法与语义不协调，而且批评文本句法或语义问题的人通常会对它们进行修改。谈语言使用的错误，可以举出很多例子。比如说：a) 主语和动词变位不一致：se vende botellas (正确的或符合语法规则应该是 se venden botellas)；b) 用 contra 代替 cuanto：contra más bueno, más lo engañan；c) 在直接补语前 (错误地) 使用前置词 de：pienso de que … (正确的用法应该是 pienso que …)；类似的错误各种各样。它们都是我们天天可以听到，也能够理解的错误句子，但是不能被一般人接受。以至于一些人 (也许是绝大多数) 不会使用这些错误的用法，一些人甚至会公然排斥它们。

不正确性，从另一方面讲，与其说是一种语言学的因素，不如说是一种社会因素，虽然不正确性往往指的是句子没有遵从语法规则。判断正确与不正确是主观的：有些句子对某个人来说是正确的，但是对另外一些人却非如此，就好像我们上面所举的例子一样。因为这个缘故，现代语言学家倾向于不使用这个概念，而是仅仅谈论符合语法的句子 (毫无疑问是正确的) 和大约能被人接受的句子 (对其正确性或多或少都存在着争议)。

当我们建构一个文本时，应该尽量做到语法正确，尤其是当我们撰写私人文件 (可以是一封家信或个人笔记) 以外的文本时。我们必须牢记，只有使用正确的语句，才能保证被别人理解。正确的语法是所有人在语言交际中凭依的基石。

在现代语言学里，可以说语义和 (以某种语言为基础的) 句法的核心地位是不容置疑的。

在我们这本书里，我们将从综合的实用角度来讨论文本建构中所出现的各种问题。从现在开始我们就必须强调，我们不准备在此书中讨论各种问题的理论含义，只是仅仅指出在构筑文本的过程中一些潜在的兴趣点。这本书不是一本解释规范的书，而是一本描述性的教科书，旨在帮助大家更好地理解语法、词法和文本之间的关系，以及如何使用语法来增进语言交际。

语义学为我们提供了宽阔的应用可能，因为除了它自己特有的用法外，它还规范了隐喻用法的可接受性 (和语法性) ，使其符合句法规范。恰似以下这种类型的例子所揭示的：

El conserje abre el museo a las diez.

El museo abre a las diez.

在第二句话里，有一个主语是非生命的动词abre，这个现象可以接受，因为这是一种视角的转换，人们可以理解为博物馆已经开门了 (queda abierto) 。对于博物馆的访客来讲，这两个句子的语义是一样的，虽然它们的句法结构完全不同：第一句话，动词是及物动词，博物馆 (museo) 是直接宾语；第二句话，动词是不及物动词，博物馆是主语。同样的情形发生在以下这两个句子里：

El conserje abre la puerta con la llave.

Esta llave abrirá la puerta.

在这两个句子里，语义上钥匙 (llave) 和动词打开 (abrir) 之间的关系是相等的，但是在句法上却完全不同：第二句话里，钥匙是主语，而在第一句话里，它处于前置词短语中。

这种句法和语义之间的关系在被动语态里尤其明显：

El cuadro cuelga de un clavo.

El cuadro es sostenido por un clavo.

在这两个句子里可以理解到的意思就是钉子让图画不掉下来，虽然句法上第一句话里图画是主语，第二句里图画是被动的。以下使用表语和谓语的句子在语义上也是相等的：

es muy hablador/habla mucho

es muy bebedor/bebe mucho

es concursante/concursa

这种情况也发生在景况补语里，描述了某件事情是通过什么手段来完成的。

Pedro cortó el pollo con una hoz.

Pedro empleó una hoz para cortar el pollo.

在这两个句子中，镰刀 (hoz) 都是用来完成动作的工具，但是在第一个句子里镰刀附在前置词con之后，在第二个句子里却是直接宾语。

我们列举这些不同的例句，不是为了给读者造成更多的困惑，而是为了说明语言表达的丰富多彩。可以使用不同的句型来表达同一个意思 (相反的，只用一种单一的形式来表达不同的意思是危险的，容易造成歧义。试想，el pollo está preparado para comer：是鸡吃饭还是我们吃鸡？ lo vi paseando：是他散步还是我散步？)

在构建文本的过程中，我们要使用多样的句法形式，使意义的表达尽可能丰富。

3 语义兼容性和句法结构

到此，我们可以把这一章所阐述的观点归纳为几个基本要点。首先应该再次重复的是，设立不同的语言范畴往往只是一种约定俗成，重要的是对不同的中间范畴保持一种灵活的态度。

不管我们是分析或综合 (或者说构建) 文本，我们都必须和两个层面打交道，它们虽然都是各自被单独分析的，但其实二者之间一直在相互作用：它们就是语义的连贯性和句法的合适性。谈到句法的合适性必须涉及句子的语法性，确实，现代语法中，语法性这一概念也包含着语义。然而，为了不离题太远，我们在此只需指出，句子的结构必须和语言的规则相吻合，如果不是这样的话，我们的基本任务之一就是指出它们的差异。在创作一个文本时，如果句子结构偏离了句法构造的语法性，必须是为了避免简单陈述，而带着某种创作目的：比如形容一个人物、一个社会的特点，而不只是作者无法自圆其说的为所欲为。

要达到语义的连贯性，其兼容性就必须遵从句子成分选择的规则：如果一个动词需要一个有生命的主语，我们就不能使用一个无生命的主语。比如llorar这个动词需要一个有生命的主语，我们可以说，el niño llora, el perro llora, 但不能说，la piedra llora 或者la mesa llora。这种不可能决定了最初级的句法兼容与非兼容性。然而，语言里还有第二级的用法，即比喻的用法。在这个等级里，我们把一些词汇原来没有的语义特征送给它们，以此来达到夸张或形容的效果。比如，我们可以说，escribe con tantas faltas de ortografía que hasta la mesa llora。这种转变可能是建筑在修辞比喻 (tropos) 手法上，而隐喻是比喻当中最常用也是最重要的一种手法。它是文学语言的一大特点。我们将会在此书里用专门的一章来讨论这个问题。

除了这些极端的用法外，语言里还常常会出现一些明显不协调的例子：拿集体名词来举例，比如有些名词是单数形式，但是它的动词却是以复数形式出现，因为在语义上这个名词表达了一个集体的概念；此外，当名词和动词之间间隔比较远时，这也允许了它们之间的不协调：amotinóse la gente, pero a la primera descarga de la tropa huyeron despavoridos。这种集体意义常出现在中性代词里：aquello eran goles, lo demás son tortas y pan pintado。类似的情况也出现在意义近似的协调上：este tipo de pronombres se caracterizan por tener caso，因为主语tipo，动词本来应该用单数，但因为主语主要的指定语pronombres是复数，动词也跟着从单数变为复数形式。

我们在这里还必须指出另一种情况，就是有意的不协调，比如复数谦辞或者社交复数格。在第一种情况里，说话者故意用复数来避开主角的角色：creemos, decimos, hemos averiguado；而在社会复数格里，相反地，说话者在心理上把自己归纳于一个他并没有真正在里面的类别。比如说，虽然他从未亲身参加过球赛，但却说"我们赢了"，或者问一位病人"我们身体怎么样啊"，让自己与病人融为一体。

4 文本结构分析练习

在这个章节里，我们选择了三个不同的文本，以便读者可以进一步探讨与体会作品的语音、词汇与句法元素。

文本A：

Santiago:	... totá; que noz han dejao zolos a usté y a mí.
Candelita:	Pos tenga usté cuidao no se quee usté solo der to.
Santiago:	¿Es que va usté a zalí quizás?
Candelita:	¡Por peteneras!
Santiago:	Je! Ziempre de guazita.
Candelita:	¡Siempre!
Santiago:	Pero de veras va usté a zali?
Candelita;	Sí, señó: a entregá una farda.
Santiago:	¿A qué hora?
Candelita:	¿Qué hora es?
Santiago:	¿Hora? Verá usté. Yo arranqué de mi caza a las diez y cuarto. De mi caza ar café, que está ayí a la vera, diez minutos. Totá: las diez y veinticinco. Tomé café con leche ... y una copita. Totá: laz once menos cuarto. Fui a la bodega de don Rufino: laz once menos diez. Discutí con é zi ze zurfatan laz viñas o zi no ze zurfatan: laz once y cinco ...
Candelita:	*(Estallando.)* Pero, arma mía, ¿no tiene usté reló?

Santiago: Tengo relo; zino que me gusta carculá la hora en el aire.

Candelita: Es que mientras usté carcula suena er de la iglesia!

Santiago: Mejón zi zuena: porque entonces pongo bien er mio.

Candelita: Y ¿qué hora tiene usté en er suyo?

Santiago: *(Después de sacar el reloj y de aplicárselo al oído.)* ¿Por la iglezia o por la estación? *Candelita: (Levantándose.)* ¡Por er demonio que se lo yeve a usté! Deme usté el reló. *(Se lo quita de la mano, lo mira y se lo devuelve furiosa.)* ¡Las dose menos cuarto! ¡Ya salimos de dudas! ¡Jesú con el hombre!

Santiago: ¡Qué viva de genio ez usté!

Candelita: No, hijo mío, es que no pué aguantarse que yeve usté reló y pierda tanto tiempo carculando las horas.

Santiago: Y ¿a que no zabe usté por qué lo hago? To tiene zu porqué. Por zi argún día ze me orvia el reló. Como me acuesto a oscuras toas las noches, por zi arguna vez ze me orvían los fósforos.

Candelita: Y ¿por qué no prueba usté a andá de prisa un día, por si arguna vez se le orvía andá despasio?

Santiago: No ze me orvía, no. Ezo va con mi naturá. Yo zargo a mi padre.

Candelita: ¡Ah! ¿de manera que es herensia? ¿No tiene arreglo?

Santiago: Ni farta. Er pobrecito de mi padre me lo decía: "Er que anda a priza ez er que trompieza. Déjate dí espacito. Espacito; espacito ..."

Hnos. Álvarez Quintero

文本 A 再现了一个典型的安达卢西亚口音的文本。两位主人公的对话带着浓重的安达卢西亚西部的口音。两人的口语都失去了咝音之间的对立，也就是在卡斯蒂利亚西班牙语中帮我们区分 casa 和 caza，caso 和 cazo 的对立。但是两个人的发音方式不同：Santiago 只用 z 的齿间音，而 Candelita 只用 s 这个擦音。这里也能看到 /y/ 和 /ll/ 混同的现象 (yeísmo)。

另一个特点是在内爆位置，也就是音节尾或者词尾，r 和 d 都被吞掉，r 和 l 混淆。

一个有趣的练习是按照西班牙语的规范将这段文本改写一下，标注出符合语法规范的形式和方言形式之间的区别。

这段文本的句法分析可以在学习过句法的章节之后再谈。注意虽然 Santiago 的发音比 Candelita 糟糕许多，但他的句法结构却相当复杂。在词汇方面，可以注意其中使用的词组，并看看是否能区分这两个人物是来自农村还是城市。

练习：请仔细阅读这个文本,然后两人一组,或者一人完成以下练习:

1) 列出所有 d 被省略的单词。

2) 列出所有 r 被省略的单词。

3) 列出所有以 z 代替 s 发音的词。

4) 列出所有以 y 代替 ll 发音的词。

5) 列出所有 r 与 l 互相替代或相混淆的词。

6) 请写出一小段文字,通过上面列举的语音例子和对话内容,评述此段文本对话里所蕴含与交织的丰富的社会、文化与语言内涵。

文本 B:

La laboriosidad de los moros dio al español el significativo préstamo de *tarea.* De los telares levantinos y andaluces salían tejidos como el *barragán,* de lana impermeable, o el *tiraz,* ricamente estampado; además se comerciaba con telas de Oriente: egipcio era el *fustán* y chino el *aceituní* que vestían las hijas del marqués de Santillana. El verbo *recamar* y el antiguo *margomar* 'bordar' dan fe del prestigio que alcanzaron los bordados árabes. El curtido y elaboración de los cueros dejó *badana, guadamacil, tahalí;* los cordobanes fueron usados en toda Europa. *Alfareros* y *alcalleres* fabricaban *tazas* y *jarras* con reflejos dorados o vistosos colores, mientras los joyeros, maestros en el arte de la *ataujía,* hacían *ajorcas, arracadas y alfileres,* preciosas arquetas de *marfil* labrado. Entre los productos minerales que se obtenían en la España mora están el *azufre, almagre, albayalde* y *alumbre;* y el *azogue* se extraía, como hoy, de los yacimientos mineros de *Almadén.*

La actividad del tráfico hacía que los más saneados ingresos del erario fueran los procurados por *aranceles* y *tarifas* de *aduana. Almacén, almoneda, zoco, alhóndiga,* recuerdan el comercio musulmán. El *almotacén* inspeccionaba pesas y medidas, de las que han perdurado muchas: *arroba, arrelde, quintal, fanega, cahiz, azumbre.* La moneda de los moros corrió durante mucho tiempo entre los cristianos; el primitivo *maravedí* era el dinar de oro acuñado en las *cecas* almorávides.

Las casas se agrupaban en *arrabales,* o bien se diseminaban en pequeñas *aldeas.* A la vivienda musulmana pertenecen *zaguán, alcoba, azotea;* la luz exterior penetraba a través de *ajimeces* o celosías que sobresalían del *alféizar. Alarifes* y *albañiles* decoraban los techos con artesonados y *alfarjes;* levantaban *tabiques,* ponían *azulejos* y resolvían el saneamiento con *alcantarillas* y *albañales.* El *ajuar* de la casa comprendía muebles de *taracea, almohadas, alfombras, jofainas* y utensilios de cocina como *alcuzas* y *almireces.* Entre los manjares figuraban las *albóndigas* y el *alcuzcuz,* y en la repostería entraban el *almíbar,* el *arrope* y pastas como el *alfeñique* y *la alcorza.* Los moros vestían *aljubas* o *jubones, almejías, albornoces* y *zaragüelles;* calzaban *borceguíes* y *babuchas.* Rezaban cuando el *almuédano,* desde lo alto del *alminar,* tocaba la señal de *zala* u oración. En los ratos libres tañían la *guzla,* el *albogue,* el *adufe* o el *laúd;* se entretenían con el *ajedrez,* y los *tahúres* aventuraban su dinero en juegos de *azar (azzahr* 'dado'). Los nobles sentían por la caza de altanería igual afición que los señores cristianos; conocían bien los *sacres, borníes, alcaravanes, neblíes, alcotanes* y otras aves rapaces para las cuales disponían *alcándaras* o perchas.

Historia de la lengua española de *Rafael Lapesa*

1) 在阅读文本B之前, 老师可以给每位同学布置一个课题, 寻找阿拉伯文化在伊比利亚半岛八个世纪源远流长的影响。每个人可以上网寻找资料, 然后带到课上一起讨论, 构筑背景知识, 然后再来阅读著名语言学家 Rafael Lapesa 这段优美的有关西语历史的文字。

一些可能的研究题目:

—阿拉伯人占领伊比利亚岛的历史事实

—阿拉伯文化最主要的成就 (农业、科学、手工艺、建筑、音乐舞蹈、文学, 等等)

—伊斯兰宗教

—1492 年之后的伊比利亚阿拉伯人

—今天西语文化中的阿拉伯遗踪

2) 在这段文字中, 寻找西语中源于阿拉伯语的词汇, 根据不同的分类排列出来, 同时上网找出有关图像, 附在单词后面, 以影像来解释单词的含义。如果找不到有关的图像, 可以参考以下中文译文:

布料

编织、刺绣

<u>暂停</u>,书写中对应省略号,语调平稳,不升不降,停顿后马上接着讲述。

Se quedó pensativo ..., asustado.

当我们说话时我们会遵从这些声调曲线,因为这于我们十分自然,同样地,我们朗读时也会遵从这些法则,因为朗读应该是自然,没有逼迫感的。一段声情并茂的朗读,应该清晰,毫无夸张,随着话语的声调自然起伏,传达丰富的情感细节。当朗读一个文本能遵从规范的停顿、升调和降调时,它会使得这部作品产生许多书面语言所无法达到的特殊效果。

5　散文和诗歌文本的阅读和朗读练习

A. 西班牙皇家学院和 Manuel Altolaguirre 对 Brisa 的描述:

> "Brisa": airecillo que en las costas suele tomar dos direcciones opuestas; por el día viene de la mar, y por la noche de la parte de la tierra, a causa de la alternativa rarefacción y condensación del aire sobre el terreno.
>
> *Diccionario de la Real Academia Española*

BRISA

PARECE que se persiguen
las altas hojas del trigo.
Apretada prisa verde
de limitado dominio
nunca podrá como el agua
desencadenarse en río,
siempre entre cuatro paredes
apretarán su bullicio.
Van y vienen preguntando
sin encontrar lo perdido.
Se dan de codos, se pisan,
van y vienen sin sentido,
contra la pared del aire
sus verdes cuerpos heridos.

Manuel Altolaguirre

1. 个人练习: 每个学生高声朗读,体会两种不同的文体风格,和作者写作的用意。
2. 仔细阅读两个文本,加以比较,然后填充,完成下列图表,有些项目也许是空白,因为不是所有的作品都有这些元素。

作 品	Brisa 的同义词	形容 brisa 的动词	形容 brisa 的形容词	表达 brisa 的图像
Brisa/ diccionario				
Brisa/ poema				

B. *Historia de España* 和 Pardo Bazán 关于 la difusión de los cuentos 的论述：

Los cerros enfrentados de los Arapiles, una vez repartidos entre ambos ejércitos, fueron sólidamente guarnecidos y se convirtieron en el centro de las líneas inglesa y francesa. Marmont situó a la división Bonnet en el Arapil grande y desplazó bajo su protección al resto de su ejército en dirección al camino de Ciudad Rodrigo con la esperanza de poder cortar la retirada de los aliados hacia esta plaza. La realización del nuevo movimiento de flanqueo dio a Wellington la oportunidad que había de permitirle evitar una nueva retirada y el abandono de Salamanca. Las divisiones francesas que iban en vanguardia se extendieron de tal forma, que llegaron a perder el contacto inmediato con las restantes unidades, momento que aprovechó el inglés, quien mantenía concentrada la mayor parte de su ejército, para lanzar un asalto a las posiciones imperiales del Arapil, al tiempo que ordenaba a Packenham marchase a contener el avance de las divisiones francesas de vanguardia.

La iniciativa británica provocó la detención de la marcha de la división de Thomières, que habiendo descendido de las alturas se encontró asaltada en su flanco izquierdo por la caballería portuguesa de D'Urban y al frente por las divisiones inglesas del mando de Packenham. El asalto de los británicos contra la posición central francesa corrió a cargo de la división Leith, cuyo flanco cubría la caballería. La división francesa, atacada por una fuerza mixta, se organizó en cuadros, disposición que redujo su potencia de fuego ante la infantería y que no le sirvió para defenderse de la caballería, una vez que al entrar en combate próximo con aquélla no pudo sostener su formación inicial. La progresión del resto de la línea inglesa -divisiones Cole y Pack - resultó menos eficaz y fue rechazada ante las posiciones defendidas por los imperiales.

En tanto el ala izquierda francesa se replegaba y buscaba restaurar el contacto con su centro, el duque de Ragusa, herido por la artillería inglesa, se veía obligado a entregar el mando a Bonnet, quien por igual motivo se lo pasaría a Clausel, que logró restablecer la unión entre el ala izquierda y el centro francés que hasta entonces había contenido a las tropas aliadas, al tiempo que llamaba a sí a las divisiones Ferey y Sarrut, que de resultas de la dispersión subsiguiente al movimiento de flanqueo alcanzaban ahora el lugar del combate.

Historia de España dirigida por *R. Menéndez Pidal*

Pocos pueblos del mundo carecen de estas ficciones. La India fue riquísimo venero de ellas, y las comunicó a las comarcas occidentales, donde por ventura las encuentra algún sabio filólogo y se admira de que un pastor le refiera la fábula sánscrita que leyó el día antes en la colección de Pilpay. Árabes, persas, pieles rojas, negros, salvajes de Australia, las razas más inferiores e incivilizadas, poseen sus cuentos. ¡Cosa rara!: el pueblo escaso de semejante género de literatura es el que nos impuso y dio todos los restantes, a saber, Grecia.

Emilia Pardo Bazán, acerca de la difusión de los cuentos

1. 每个学生高声朗读 *Historia de España* 的第一段和 Pardo Bazán 的短文，体会两个文本的不同句式与文体风格。

2. 翻译：挑选一段 Menéndez Pidal 的文字 (老师可以分派不同的段落给不同的学生)，还有 Pardo Bazán 的段落，分别翻译成中文 (注意区分两种文体风格)。

3. 请用简短的几句话，概括分析出这两段文字的不同风格 (句子的结构、时态和语言节奏，等等)。

C. J. Balmés 和 B. J. Feijoo 的三个文本：

Ciertos hombres tienen el talento de ver mucho en todo; pero les cabe la desgracia de ver todo lo que no hay, y nada de lo que hay. Una noticia, una ocurrencia cualquiera, les suministran abundante materia para discurrir con profusión, formando, como suele decirse, castillos en el aire. Estos suelen ser grandes proyectistas y charlatanes.

J. Balmés

CARTAS ERUDITAS

Yo convendría muy bien con los que se atan servilmente a las reglas, como no pretendiesen sujetar a todos los demás al mismo yugo. Ellos tienen justo motivo para hacerlo. La falta de talento los obliga a esa servidumbre. Es menester numen, fantasía, elevación para asegurar el acierto, saliendo del camino trillado. Los hombres de corto genio son como los niños de la escuela, que si se arrojan a escribir sin pauta, en borrones y garabatos desperdician toda la tinta. Al contrario, los de espíritu sublime logran los más felices rasgos cuando generosamente se desprenden de los comunes documentos. Así, es bien que cada uno se estreche o se alargue, hasta aquel término que le señaló el autor de la naturaleza, sin constituir la facultad propia por norma de las ajenas. Quédese en la falda quien no tiene fuerza para arribar a la cumbre; mas no pretenda hacer magisterio lo que es torpeza, ni acuse como ignorancia del arte lo que es valentía del numen.

B.J. Feijoo

Cuando conocemos perfectamente la verdad, nuestro entendimiento se parece a un espejo en el cual vemos retratados, con toda fidelidad, los objetos como son en sí; cuando caemos en error, se asemeja a uno de aquellos vidrios de ilusión que nos presentan lo que realmente no existe; pero cuando conocemos la verdad a medias, podría compararse a un espejo mal azogado, o colocado en tal disposición que, si bien nos muestra objetos reales, sin embargo, nos los ofrece demudados, alterando los tamaños y figuras.

J. Balmés

老师可以把全班同学分成两人一组，每组负责翻译一个文本 (一个段落) ，然后全班同学一起讨论三个文本的不同论证方法、行文的语气、遣词和比喻。

D. 戏剧小品：*CABALLO DE PICA*

CABALLO DE PICA

– Hola, Pilar.

– Hola, Manuel.

– ¿Vamos, Pilar?

– Vamos, Manuel.

– ¿Vamos hacia la estación, Pilar?

– Vamos donde tú digas, Manuel.

– ¿A tomar un vermut, Pilar?

– Yo, un café con leche, Manuel.

– Tú, un café con leche, Pilar, y yo ...

– Tú, un vermut, Manuel. ¿En el bar Narcea, Pilar?

– Mejor en Cubero, Manuel.

– En el Narcea es mejor el café, Pilar.

– En Cubero dan más tapa con el vermut, Manuel.

– Estás muy guapa, Pilar.

– ¿Sí, Manuel?

– Sí, Pilar.

– ¿Te gusto, Manuel?

– Sí, Pili.

– ¡Qué bien, Manolo! Te quiero.

– ¿Mucho, Pili?

– Mucho, Manolo. ¿Y tú?

– Mucho, Pili.

I. Aldecoa

请两位同学上台在全班同学面前表演这段对话。在朗读时，请注意语音语调，加上表情与手势，以增强对话的戏剧性。

第四章　名词词组的结构和功能

1　限定词、核心词与邻接词
2　名词词组的修辞特点
3　核心词的语义价值
4　名词词组成分的省略：表述的价值
5　词序
6　形容词化
7　练习：形容词作为描写的基本成分；其在不同类型的文学和非文学文本里的使用

1　限定词、核心词和邻接词

LAS CEREZAS DEL CEMENTERIO

　　Horas de quietud beatísima, de sabrosos coloquios, de exaltación de toda su alma, solaces, vagar y aturdimientos de muchacho, gozaba Félix, por las tardes, en esta casa que parecía olvidada de todas las gentes, aislada, lejos de la ciudad estando dentro de Almina. De tiempo en tiempo llegaba Lambeth, seco, rígido, aciago, sus ojos como dos chispas de ónix, su boca fría como la muerte. Lambeth se apartaba con su hija por un paseo umbroso de castaños de Indias y macizos de lauredos y adelfas. Era un lugar recogido en silencio y tristeza; entre los negros verdores surgía la blancura de algunas estatuas mutiladas; y acostado en el musgo, envuelto de paz, parecía dormir todo un pasado siglo.

Gabriel Miró（加布里埃尔·米罗）

前面这个文本为我们提供了许多我们称之为名词词组的单位或短语, 让我们从中间抽出一个来仔细研究:

su boca fría

它的核心是名词boca, 还有两个词陪伴着这个核心词: su 和fría。我们已经知道这种词组的核心一般来讲是名词, 而且也可以是起同样作用的一个人称代词: yo、tú、él、nosotros、vosotros、ellos。在核心词的旁边还可以有其他成分, 我们姑且可以人为地把它们分为限定词和邻接词两种。限定词也许最好应该称为具体化词, 因为有一些邻接词也有限定作用。

一个被具体化的名词是一个个体名词。它指称一种存在, 被它的存在现实所限定。当一个名词被具体化时, 它一定拥有一个具体化词或一个限定词。一个不带具体化词的名词拥有概念和类别的意思, 它代表了一种类别, 而不是一个真实的存在, 这是一个虚拟的名词。

当我说 mano (手) 时, 我指的是概念或类别上的 mano, 它包括了全世界所有可能存在或者真正存在的手, 这是一个虚拟名词。

相反的, 当我说 esta mano、mi mano、una mano 时, 我指的是一只特定的手, 具体的, 甚至是个别的, 也就是说, 这是一个具体化的名词。

请大家注意看看以下这句话里虚拟的名词和具体化的名词:

Justicia no es legalidad, pero para hacer la justicia, conviene tener presente la legalidad.

(正义不是合法性, 但是为了主持这场正义, 应该牢记它的合法性。)

"正义"的概念被具体化为"(主持) 这场正义", 有如"合法"的概念被具体化为"(相关的) 合法性"。

所以说具体化的名词指称的是真正存在的, 或者在某一时刻或某一个地点具体存在的东西。具体化本身又可以分成两种: 识别性的或非识别性的。第一种确定了这是有关一个真正存在的实体: 当我说 mi mano、esta mano、la mano, 我指的是一只具体的、特指的手 (我的手, 一只前面提到过的手, 或者是手的统称: 比如句子 "la vista es más rápida que la mano" 中的手) 。这种特指性在第二种的非识别具体化里并不存在: todas las manos、dos manos、algunas manos、unas manos。

当我们衡量名词具体化时, 如果具体化词不存在, 那就是零形式具体化词(∅), 用公式表示就是mano = ∅ + mano。那些能够用具体语言形式表达或实现的具体化词, 可以划分为实具体化词或空具体化词。实具体化词有真正的语义内容, 也就是说, 带有真正的含义。空具体化词就没有这种语义内容, 没有真正的含义。根据拉斐尔·拉佩萨 (Rafael Lapesa) 的图表, 这些真实的含义自身具有一些具体的特征, 比如说数量、和语法人称的关系、距离或物主关系, 等等。

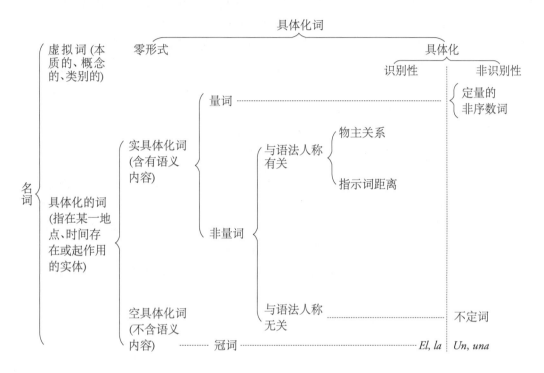

除了上面图示的这些具体化词之外, 还必须加上一项特殊的与名词一起使用的具体化成分, 那就是数: 复数是名词的具体化, 因为它意味着一个量化, 等同于一个非识别性的量词。(这一点在古语里比较清楚。和现代西语相比, 古西语中的复数经常不需要带冠词。所以可以这么说: la mayor sabiduría, hoy encargan **políticos** que consiste en hacer parecer (Gracián)[1]。)

未具体化的虚拟名词可以带上其他元素, 就像我们在下面这个文本里将会看到的一样:

EL DISCRETO

Resuelven algunos con extremada *sindéresis,* decretan con plausible

---

1　在今天我们就必须说: ... hoy encargan los políticos que consiste ...

elección y piérdense después en las ejecuciones, malogrando lo excelente de sus dictámenes con la ineficacia de su remisión; arrancan bien y paran mal, porque pararon; discurren mucho, que es lo más; hacen *juicio y* aun *aprecio* de lo que conviene, y por una ligera fatiga del ejecutarlo lo dejan todo perder. Otros hay poco aplicados a lo que más importa, y se apasionan por lo que menos conviene hasta llegar a tener *antipatía* con su obligación; que no siempre se ajustan el genio y el empleo, y topando *más dificultad* en lo que abrazan, el gusto todo lo vence; de suerte que nace la fuga más de *horror* que de *temor*, más de *enfado* que de *trabajo*.

Baltasar Gracián（巴尔塔萨·格雷西安）

　　这些非具体化、陪伴着名词的成分就是邻接词，它的定义很简单，就是位于名词边上。处在这个位置的可以是形容词、过去分词、副词，还有语法结构很值得商榷的副动词。在我们以上这个文本里，我们有 plausible elección 里的邻接形容词，extremada sindéresis 里类似于形容词的过去分词，还有 más dificultad 里的副词。其他虚拟名词没有带着邻接词（因为虚拟，所以没有具体化词）。（没有标记为斜体的名词就是被具体化的名词）。如果邻接词限定了核心词的意义，就是限定性的。在 pájaro blanco 里，blanco 是限定性邻接词，它限定了 pájaro 的表意。相反，在 agua húmeda 里，húmeda 不是限定性邻接词，而是解释性邻接词。

2　名词词组的修辞特点

　　名词词组有一些特定的修辞效果，我们在这一章开头的范文里得以窥见。可以看出，名词词组和动词词组在一个文本里的分布至关重要。如果我们想和 Miró 与 Gracián 一样慢慢地描述，逐一仔细阐述我们的观点，我们就必须使用大量的名词词组结构，相反的，如果我们只是想表现动作，快速叙述事件，我们就必须大量使用动词词组。让我们试一试在 Miró 的文本里只用主语、动词，还有直接补语（当它无法被回避的时候），我们就会得到一个速度快很多的文本：

　　Gozaba Félix. Llegaba Lambeth (y) se apartaba con su hija. Era un lugar recogido. Entre los verdores surgía la blancura, y parecía dormir todo un siglo.

显而易见，整个行文效果完全改变，名词词组大量减缩，保留了动词，而且也省略了邻接词。其实还可以有另外的修改版本：

> **Félix gozaba. Lambeth llegaba y se apartaba con su hija. Era un lugar recogido. La blancura surgía entre los verdores, y todo un siglo parecía dormir.**

由此可见，应该考虑的修辞要素应该是这些：

—文本中名词词组的数量；

—这些名词词组的构成：具体化词和邻接词；

—这些要素在词组里的顺序：前置或后置；

—名词词组在句子里的位置：主语后置，等等；

—代词代替核心词。

3 核心词的语义价值

一个名词词组的核心是名词，它的位置可以被一个代词代替。从这个意义上讲，毫无疑问，代词是一个替代词，没有特殊的语义含义，因为它的最大特点就是<u>根据场合获得意义</u>：代词每次的意义根据它所替代的名词词组核心的语义而变更。当替代词是第三人称代词él时，这个特点尤其明显，因为指示代词和关系代词也可以代替名词词组的核心，但是这二者可以增加一些语义的不同：指示代词指示地点，关系代词表明与其他句子相接，因为它同时也起连接作用。

¿Quién viene?：Quién 是一个由其单独构成的名词词组的核心，而且，同时它也起着与另外一个没有显现的动词相连接的作用，这个相对应的句子结构应该是这样的：Pregunto quién realiza la acción de venir。

Éste viene：Éste 也是一个由其单独构成的名词词组的核心。

但是有一种结构常常引起争议，那就是 el mío、el de ayer 这类结构中谁是词组的核心。我们认为，这种情况的词组核心是 el，它是一个替代词，而且如果需要，它可以被认为是一个定冠词，可以说它是一个与定冠词形式相同的替代词。它的核心作用毫无疑义，因为它可以被指示代词代替，而这也是 este mío 或 este de ayer 不可否认的核心。接受这种语义价值，毫无疑问，将会迫使我们改变许多有关冠词的观念。

我们不想深入更多讨论理论层面的问题，只是从我们更感兴趣的实用角度看，应该指出，el、la、lo、los、las 这些形式可以成为一个文本里的所谓的核心词，而且当我们来如此构建文本时,它们完全符合语法规范。

具体一点讲,我们可以用以下这些格式来造句:

1) el, la, lo + 前置词词组:el de la derecha, la de mañana, lo de tus padres

2) el, la, lo + **que** 来引导一个句子:el que te debe dinero, la que recibiste, lo que sabías

3) lo + 形容词:lo bueno, lo vivo

(我们要特别强调,这种解释意味着我们必须对定冠词的形式做一番特别的分析,即接受这些形式保持了冠词的某些代词意义。请注意,在前面第一、二种句型里,可以随便用指示代词代替 el、la、lo 的形式。在第三种句型里,把 lo 当成词组核心就意味着否定了把形容词名词化,也就是说,形容词继续扮演它的形容词角色,它是 lo 的邻接词)。

如果抛开上面这些考虑,名词词组核心的语义价值最主要是影响了名词。名词拥有多层的语义 (请看下图):

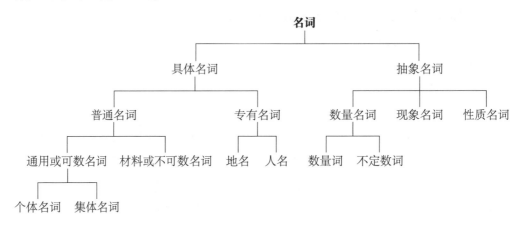

A)具体名词:描述单独的物体。

1) 普通 (或内涵) 名词。这里包括所有没有区分特点的物体,它们根据彼此无区别的特点组合起来。Mesa 指的是所有带着一块平板和一个支撑的物体,这是它们共同的特点,至于它们之间平板的形状和桌腿的数目不同等等问题,都是无关紧要的。Mesa 这个词指出的是通用而非区别性的特征。普通名词可以分成两种类型:

a) 通用名词。它表示事物的形式或面积具有界限,属于可数的物体:mesa、perro。

通用名词本身又分成两类:

a') 个体名词。用单数形式表达一个个体,如 perro、pie。

a") 集体名词。用单数形式表达一些相似的事物或者是被认为相似的事物的整体,而不是一个更高级的组织形式。一个蜂群 (enjambre) 是一个集体名词,但一个蜂巢 (colmena) 不是,因为蜂巢是一个组织单位,不是一个相同东西的集合体。

b) 材料名词:属于不可数的物质,但是可以度量:oro、plata、agua,等等。

2) 专有名词。特指的或说明的。与通用名词相反,这种名词指出区别性的特点。

Juan 是一个专有名词,虽然许多人都用这个名字,但叫出这个名字时我们把这些人与其他人区分开来,而使用一个通用名词,如 mesa 时,我们是指出所有桌子的共性。

人的专有名词称为人名 (antropónimo) ,地方的专有名词称为地名 (topónimo)。

B）抽象名词: 这是指独立存在于头脑里、或用头脑独立思考出来的事物。抽象名词可以分成三组:

1) 性质名词。它们来自形容词: belleza、blancura,等等。

2) 现象名词。它们来自动词: abundancia、vagancia,等等。

3) 数量名词。它们来自数词,或者与数词有关。可分为:

a) 数量词。更具体点: 一副 / 一对 (par)、一打 (docena)。

b) 不定数词。不太具体: 一堆 (montón)、一把 (puñado)。

4　名词词组成分的省略: 表述的价值

一个名词词组总是由三个成分组成: 核心词、具体化词和邻接词。这三种成分的任何一种都可以不出现,但是具体化词不能单独存在。例如:

un pan blanco/pan blanco/pan

这是省略的正常模式。然而, 有时候, 我们可以用 el 代替其他词,这样我们就有了以下的结构:

el blanco (因是白面包)

这里是把核心词省略掉,而在其他场合, 还有可能只留下一个邻接词:

blanco

在最后这种情况里, 有一个邻接词 (形容词或过去分词) 带有转义或次要用法, 即用作核心词。

同时我们还会碰到以下类型的省略:

este pan blanco/este blanco/éste

(请注意重音) 在这里, este 在第一句里是具体化词, 但是在第二句和第三句里是核心词 (就像我们说过的一样,一个短语或一个词组可以只有一个词)。这就是说,有两种类型的 este, 一种是具体化词,另一种是核心词。(这个现象很正常。在历史上就曾经发生过从拉丁语的一个指示代词 *ille* 分裂出两个词语的现象, 一个是人称代词 él, 另一个就是定冠词 el。)

十分自然, 这些元素的省略并非与语言表达毫无关系。就像我们曾经看过的一样, 具体化词的省略, 实际上是名词的虚拟化、概念化、范畴化的一种用法。我们也看到了 justicia y legalidad 和 la justicia y la legalidad 之间的区别。这个例子说明, 当我们把一项东西视为一个泛指的范畴或种类，或者我们想表示一个与"这里和现在"无关的事物时，我们就可以不用具体化词。

谚语或格言，因为语言简洁，为我们展示了很多省略具体化词的例子：

$$\text{quien da pan a perro ajeno} \begin{cases} \text{pierde pan y pierde perro} \\ \text{pierde el pan y pierde el perro} \end{cases}$$

但是绝对不能说：Quien da el pan al perro ...

相反，省略邻接词，正如我们通过 Miró 的文本能看到的，加快了动作的速度，但也减损了文本的质量，也就是说细节的魅力。然而，我们必须懂得分辨，省略的是会改变文本意义的限定性邻接词还是为了强调名词内在品质的解释性邻接词。

为了检验省略邻接词在一个文本里的效果 (请大家不要忘记关系从句也是邻接修饰的一种类型)，我们使用 Jorge Montemayor (1559)《狄亚娜的七本书》(*Los siete libros de la Diana*) 的一段文字。首先我们把解释性邻接词省略掉，然后把限定性邻接词也去掉，以此对比不同文字处理的效果。下面是这个文字的原始版本，完全按照16世纪西语规则书写。

Yo bivía en una aldea que está junto al caudaloso Duero, que es uno de los dos ríos que os tengo dicho, adonde está el sumptuosíssimo templo de la diosa Minerva, que en ciertos tiempos del año es visitado de todas o las más pastoras y pastores que en aquella provincia biven, començando un día ante de la célebre fiesta a solemnizalla las pastoras y nimphas con cantos e himnos muy suaves, y los pastores con desafíos de correr, saltar, luchar y tirar la barra, poniendo por premio para el que victorioso saliere, cuales una guirnalda de verde yedra, cuales una dulce çampoña o flauta o un cayado de nudoso fresno, y otras cosas de que los pastores se precian. Llegado, pues, el día en que la fiesta se celebrava, yo con otras pastoras amigas mías, dexando los serviles y baxos paños y vistiéndonos de los mejores que teníamos, nos fuimos el día antes de la fiesta, determinadas de velar aquella noche en el templo, como otros años lo solíamos hazer. Estando, pues, como digo, en compañía d'estas amigas mías, vimos entrar por la puerta una compañía de hermosas pastoras a quien algunos pastores acompañavan, los cuales, dexándolas dentro y aviendo hecho su devida oración, se salieron al hermoso valle.

下面这个版本省略了解释性邻接词 (我们把原文用现代西语改写出来，但必须指出，在无法省略处我们只能在括号里加以解释，因为那里面包括了限定性邻接词。而且有时需要改变形容词的位置，因为有的限定性邻接词在原文里是前置，而在现代语言里，它们必须后置)：

Yo vivía en una aldea que está junto al ... Duero, ..., adonde está el ... templo de la diosa Minerva (que en ciertos tiempos del año es visitado por todas o las más pastoras y pastores) que en aquella provincia viven, comenzando un día antes de la fiesta a solemnizarla las pastoras y ninfas con cantos e himnos muy suaves, y los pastores con desafíos de correr, saltar, luchar y tirar la barra, poniendo por precio para el que victorioso saliere, cuales una guirnalda de yedra, cuales una zampoña o flauta o un cayado de ... fresno, y otras cosas de que los pastores se precian. Llegado pues, el día en que la fiesta se celebraba, yo, con otras pastoras amigas mías, dejando los paños serviles y bajos y vistiéndonos los mejores que teníamos, nos fuimos el día antes de la fiesta, determinadas de velar aquella noche en el templo, como otros años lo solíamos hacer. Estando pues, como digo, en compañía de estas amigas mías, vimos entrar por la puerta una compañía de ... pastoras a quienes algunos pastores acompañaban, los cuales, dejándolas dentro y habiendo hecho su oración, se salieron al ... valle.

下面这个版本省略了<u>限定性邻接词</u>：

Yo vivía en una aldea (adonde está el templo de la diosa Minerva). Un día antes de la fiesta comienzan a solemnizarla las pastoras y ninfas con cantos e himnos, y los pastores con desafíos de correr, saltar, luchar y tirar la barra, poniendo por precio (= premio) una guirnalda de yedra, una zampoña o flauta o un cayado de fresno, y otras cosas. Llegado el día, yo, con otras pastoras amigas mías, dejando los paños y vistiéndonos los mejores, nos fuimos el día antes de la fiesta, determinadas de velar aquella noche en el templo, como otros años lo solíamos hacer. Estando pues, como digo, en compañía de estas amigas mías, vimos entrar por la puerta una compañía de pastoras.

读者很容易发现，这种省略非常强烈，文字的含义与文体变得苍白无力。从这里也引申出另一个问题：就是时代与潮流的喜好问题。这篇整段文字，一览无遗地展示了大量使用形容词和邻接词的偏好。这种喜好体现了16世纪喜欢滥用形容词的倾向（在此书的后半部我们将会有专门篇章讨论）。一般来讲，我们敢于断言，那些充满现实主义精神和在理论上不太顾及文采的时代，往往比较限制使用邻接词，倾向于赤裸裸的表达，同时寻找一种可以使文章达到明了准确的模式；而在那些喜欢大量堆砌句法技巧，寻找柏拉图式的事物根本属性、原型的年代，总是大量使用邻接词。

5 词序

造句时把主语放置在谓语之前或谓语之后，并非无关紧要。同样，一个词组的成分做这样或那样的排列，效果也十分不同。

词序决定了至关重要的表达效果。

有时候这种顺序毫无更改的余地。比如说，在卡斯蒂利亚语、加泰罗尼亚语和加利西亚语里，冠词总是必须放在名词之前，相反，在巴斯克语里，冠词在名词之后。卡斯蒂利亚语说el pan，而巴斯克语说ogia (发音：oguiá，由ogi+ 巴斯克语的冠词a组成)。其他的时候，因为和词汇的形式有关，词序也不能随便改变，所以在西班牙语里有这些可能的冠词与其他定语或限定词的组合：

este libro/el libro/el libro este

但不说 el este libro/este el libro

mi libro/el libro/el libro mío

但不说 el mi libro/mi el libro

上面这些例子里本身也有差异：el mi libro 是只有在文学上才能看到的古代用法，相反，el este libro 绝对不能用。在剩下的其他相应结构里，有一些词序搭配是无法更改的：比如，否定词一定要放在动词前。我们说 no voy，但永远不能说 voy no。

说到这里，显而易见的是我们必须把句法结构里允许某些变动的用法罗列出来。

西班牙语正常的语序是主语+谓语，这两者颠倒必然会突显它的某些文体或语义的重要性。我们可以将其归纳为以下九种类型：

1) 现实－存在。突出主语围绕动词确实存在于现实中的特点：

Desde sus dolientes muros donde vive la hiedra.

C. J. Cola

2) 缺席。强调主语行为的缺失：

Falta dirección, sobra gente.

B. Pérez Galdós

3) 开始：

Entonces empezará el año.

Díaz Cañabate

4) 继续－持久 (主语继续进行已经开始的动作)：

No queda otro recurso que beber.

Benavente

5) 产生 (强调主语的来源)：

Pisa usté y **nasen flores**.

Álvarez Quintero

6) 事件 (突出事件)：

Supongo que no **habrán ocurrido desgracias**.

Hartzenbusch

7) 出现 (对比的效果)：

Sobre el fondo negro **se señala apenas la sombra de la cruz**.

Catálogo Museo del Prado

8) 来临：

Veremos llegar las lanchas ... hoy **vendrá buena sardina**.

B. Pérez Galdós

9) 返回：

¡**Vuelve la alegría** a la casa!

看完上面这些例子，读者可以试着做一个练习，把这些句子恢复成主语＋动词的语序，来观察两种不同句式的明显区别。

现在我们来看直接宾语，正常的语序应该是动词在直接宾语前面，也就是说，V＋O这个顺序，然而，西语轻而易举地容许倒装，它允许用一个累赘的代词复指把直接宾语放在动词前面，尤其是宾语是人的情况：a Nicolás lo vi hoy。这种移动人称宾语的做法是正常的，因为它的前面总是冠置着一个前置词a，所以很容易一眼就辨认出指人的宾语，不管它们处在什么位置。一般来讲，非指人的直接宾语并不跟随在前置词a之后，但是在一些情况下也可以放在动词前面。

1) "**Los muebles los puso** en el recibidor." 这个例子是直接宾语前置，这是一个表达**活动**或**占用**的结构。

2) "**Peseta y media he sacado** hoy, vamos a cenar." 这是一个数量词前置的例子，它侧重强调数量、度量或价格。让我们仔细看看这句话与前面第一个例子的区别，这里没有多余的代词 (也没有定语)。

动词 dar、decir、hacer 和 tener 往往更容易接受直接宾语＋动词的结构 (O＋V)。

在一个名词词组里，形容词的位置尤其敏感，下面我们来进一步讨论这个问题。

6 形容词化

形容词化这个术语语义模糊,因为它实际上有以下两个含义:

1) 句子里的其他成分或其他词语被用来当作形容词使用,从而句法形态里的语法类别发生了变化。

2) 形容词在句子里的自身条件及其作用。

在上述第一种情况里,当把一个非形容词当作形容词来用时,我们必须明白,这种可能只会发生在分析语句时,也就是说没有把词法与句法分开,在我们的研究里,词汇的形式与功能都在同时左右着我们的研究方法。如果我们把词法与句法分开,我们无法谈论形容词化,因为在这个意义上讲,我们讨论的只能是形容词的功能,也就是,一个词语担当着形容词常有的功能 (在句法层面上二者可以相同,但是在词法层面上则完全不可能) 。

因为我们知道形容词起邻接作用,所以我们可以说,当一个非形容词也起邻接作用时,这就是形容词化。

从一开始我们就要明了,区分名词和形容词有时候是一件极为困难的事情:典型的例子有如 pobre、rico、viejo、joven;国别形容词 alemán、paraguayo、catalán、canario。所有这些词在不同的上下文里可以是名词或形容词,因此引出了众所周知的文字游戏,un hombre pobre/un pobre hombre、un soldado viejo/un viejo soldado、un alemán sabio/un sabio alemán,等等。颜色词也很明显地混淆不清:rosa、naranja。它们可以是形容词:vestido rosa、pañuelo naranja,但是它们也为名词与形容词性数一致带来很多困难:pañuelos naranjas 会显得很突兀,而且也被许多人所拒绝。

除了上面提到的,使用宽松的词法句法标准,我们还可以纳入一些行使形容词 (邻接词) 功能的形式,那就是一个名词邻接另一个名词——广义上被称为同位语的结构。

同位语 (aposición) 就是一个名词,用来作为名词词组核心的邻接词 (一般来讲,相当于是一个名词修饰另一个名词) 。当一个同位语两个组成部分之间有逗号时,我们称为双部同位语:la Lingüística, ciencia de la lengua;San Fernando, reconquistador de Sevilla;las Canarias, provincias españolas,等等。当同位语里面的两个成分之间没有逗号时,我们称为单部同位语:don Nicolás、hotel Pereda、la madre patria、señor ministro。这两者之间的唯一区别就是停顿是否是被迫的,因为当一个词组非常长时,纯粹为了发音的需要必须停顿 (需要停顿呼吸) 。

我们还可以举出另一种类型的变异,这一次是与形容词化相反,是名词化,也就是说在 lo bueno、el verde 这样的例子里,在这本书里我们始终认为 bueno 和 verde 还是形容词,而 el 的形式可以称为冠词或代词的残留,是核心词。

最后,如果我们认为形容词化就是有关形容词的条件或者形容词的功能,那么我们还必须指出两种不同的 (直接和非直接) 形容词修饰,把形容词与名词的排列位置放在名词词组里讨论。

形容词以两种方式修饰名词:一种是直接的,像邻接词,正如表语形容词,ojos claros、libro nuevo;另一种是间接的,通过一个动词标志,一个起着简单连接作用的动词。在第二种情况里,形容词是谓语,los ojos son claros、el libro es nuevo。关于谓语形容词我们在前一章已经讨论过了。当我们在讨论表语从句或名词谓语时,我们再回来讨论这个问题。现在让我们关注表语形容词位置的问题。

表语形容词就好像所有邻接词一样,可以分为特指或限定性形容词,和解释性或本质再现形容词。当我们说,la hierba es verde,我们是在强调一种典型的品质,为此 la verde hierba 和 la hierba verde 是带着解释性形容词的词组。但是如果我们说,hay hierba verde y hierba seca,我们是在区分两种不同的草,也就是说用形容词 verde 和 seca 限定草的含义,这里形容词是限定性的。

解释性形容词往往前置在名词前,限定性形容词通常后置,
但是这种顺序并非一成不变。

名词和形容词的位置是一个棘手的问题,因为我们必须要考虑到四个因素:

a) 最原始的拉丁语结构。

b) 形容词的语义,它的含义。

c) 语法语境。

d) 特定时代的文体与文学喜好。

在语言史上,我们知道拉丁语一般是形容词前置 (magna iniuría "gran daño") ,除了名词是单音节词 (res nova "cosa nueva") ,或者形容词来自专有名词 (Senatus Populusque Romanus "El Senado y el Pueblo Romano") ,才强迫使用形容词后置。除了这些约定俗成的公式外,后置形容词意味着凸显形容词的意义。在拉丁语不断向罗曼语言 (卡斯蒂利亚语、加泰罗尼亚语、加利西亚语、葡萄牙语、法语、意大利语等等) 演化的过程中,形容词不断被后置,直至发展成今天的现状。今天,一般来讲 (根据 Gili Gaya 的理论) ,名词词组里形容词是后置 (分析短语) ,当出现前置 (综合短语) 时,形容词词意增显,但这种情况不常出现。

形容词的语义 (语言学角度,非文体学角度) 决定了一些重要的区别,我们可以归纳为四种。

评价形容词用来感性评估,所以它们常常前置,只有当它们是特指时才会后置。现有的例子是:un hombre pobre、un mal/buen negocio、amigos simpáticos,等等。

描写形容词，较少前置，用来特指时绝大多数是后置：agua fría、tonos graves、vestido azul、barba blanca。这些例子里其实有各种各样颠倒词序的可能。

关系或从属形容词，极少前置于名词。在这种类型里，包括一些我们已经见过的形容词。它们处在名词的边缘，但当两个这种类型的词汇组合时，哪一个是名词，哪一个是形容词，完全取决于它们的顺序。第一个是名词，第二个是形容词：un filósofo alemán（alemán 是形容词），但是也有 un alemán filósofo（filósofo 是形容词）。属于这种类型的形容词有 cardenalicio 或 administrativo，它们的形容词后置是毋庸置疑，比如：capelo cardenalicio、sección administrativa。但有时为了达到文体的某些效果还是会勉强破例。

第四种就是那些**近似限定的形容词**，经常前置，因为它的含义被归类于定语或限定词：la próxima temporada、las sucesivas páginas，虽然我们可以看到后置也是可能的。总而言之，这个语义的归类允许我们设定一种相对确定的倾向。

影响谓语形容词位置的第二个因素是<u>上下文</u>，因此将一系列并列的形容词前置比较困难，但也有例外。同样的，那些中间插入补语而被延长的句子也需要形容词后置：el estéril y mal cultivado ingenio mío，这样的句子可以出现在塞万提斯的笔下，但这种句式今天读来有点诘屈聱牙，更清楚的表达应当是 mi ingenio estéril y mal cultivado; un caballo más blanco que aquél。

我们最后要考虑的一个因素就是——对语境的敏感和文体的偏好两者紧密相关。一些特定的时代，因为各种原因，崇尚或者减少形容词前置。15 世纪拉丁化时，倾向于形容词＋名词，因为这是最常见的拉丁语用法。这一点恰恰与那个时期的文体不谋而合。在那个时代，语言似乎是滞留在不往前走的词组里，读者无法通过文本的每一个新元素增进了解。作者喜欢一步三摇地缓缓带着读者绕圈子，转了一大圈后只有到了结局才豁然开朗。16 世纪也倾向形容词前置，此时却是为了寻找柏拉图式的原型，而诗歌比散文更喜欢使用前置形容词。

7 练习：形容词作为描写的基本成分；其在不同类型的文学和非文学文本里的使用

I.

A. 请把以下这些短语翻译成中文：

    1. Un viejo amigo, un amigo viejo

    2. Un nuevo carro, un carro nuevo

    3. Cierto rumor, un rumor cierto

    4. El único hijo, un hijo único

5. Una obra grande, una gran obra

6. Una pobre viuda, una viuda pobre

B. 请写出下列词语的抽象形容词：

1. oscuridad

2. blancura

3. abundancia

4. hermosura

5. escasez

II.

A. Texto A：

LA TIERRA Y LA CUESTIÓN SOCIAL

El problema es complejo y las fórmulas no pueden ser sencillas: la miseria de las clases jornaleras ha llegado a tales extremos de agravación, pide alivio con tales apremios, que no consiente espera; y los propietarios, parte por falta de capital, parte por pereza intelectual y espíritu estadizo, han de necesitar bastante tiempo, por grandes que sean los estímulos y los requerimientos del poder público, para acabar de salir de su sueño medieval e implantar una agricultura medianamente progresiva y europea, medianamente remuneradora. Por eso decía que es una quimera, que es una utopía fundar el remedio exclusivamente en la transformación de la agricultura de secano llevada a cabo por los propietarios, o dicho de otro modo, el aumento de la producción. Por otra parte, el problema no es meramente económico: tiene un aspecto social, No se aspira sólo a que el jornalero coma: se aspira, además, a que deje de ser tal jornalero, elevándose a la dignidad de cultivador independiente; y para llegar en su día a esa condición, tiene que pasar por un período intermedio en que sea las dos cosas a la vez, en parte asalariado y en parte labrador; que al propio tiempo que trabaje por cuenta de otro en tierra ajena, trabaje por cuenta propia en tierra propia también, o por lo menos en tierra que no sea de otro, sino de la municipalidad, de forma que disponga de ella toda la vida lo mismo que si fuese suya y recoja integro su producto.

Joaquín Costa (1846–1911)

请在此文里找出六对名词词组 (名词 + 形容词)。

B. Texto B：

MISERICORDIA

Las adversidades se estrellaban ya en el corazón de Benina, como las vagas olas en el robusto cantil. Rompíanse con estruendo, se quebraban, se deshacían en blancas espumas, y nada más. Rechazada por la familia que había sustentado en sus días tristísimos de miseria y dolores sin cuento, no tardó en rehacerse de la profunda turbación que ingratitud tan notoria le produjo; su conciencia le dio inefables consuelos: miró la vida desde la altura en que su desprecio de la humana vanidad la ponía; vio en ridícula pequeñez a los seres que la rodeaban, y su espíritu se hizo fuerte y grande. Había alcanzado glorioso triunfo; sentíase victoriosa, después de haber perdido la batalla en el terreno material. Mas las satisfacciones íntimas de la victoria no la privaron de su don de gobierno, y atenta a las cosas materiales, acudió, al poco rato de apartarse de Juliana, a resolver lo más urgente en lo que a la vida corporal de ambos se refería. Era indispensable buscar albergue; después trataría de curar a Mordejai de su sarna o lo que fuese, pues abandonarle en tan lastimoso estado no lo haría por nada de este mundo, aunque ella se viera contagiada del asqueroso mal.

Benito Pérez Galdós

---

1. 请找出有关 Benito Pérez Galdós 的资料，用西班牙文写出一页有关这位西班牙著名小说家的生平、创作，及其他在西班牙文学上的影响 (这位作家的作品将会反复出现在这本书的引文里，所以了解其人其作品将大大有益于我们的学习)。

2. 请用西文简短介绍 Galdós 的著名小说 *Misericordia*。

3. 请仔细阅读此文本，找出六个形容词 + 名词 (前置) 的例子，先改变短语的顺序，使形容词后置，再用中文解释两个短语的语义和文体效果：

例：ridícula pequeñez ⟹ pequeñez ridícula

第一个短语突出的是荒唐 (ridícula)。本来渺小已是可悲，令人鄙视，现在加上荒唐 / 可笑，这种渺小更是令人不齿。第二个短语，映入眼帘的首先是渺小，似乎荒唐是追加上去的另一种性质，人们更注意渺小，其次才是可笑。

第一个短语是把两种品质并排赤裸裸一下袒露在读者面前。

C. Texto C:

TRAGICOMEDIA DE CALISTO Y MELIBEA

Calisto. -Vencido me tiene el dulzor de tu suave canto; no puedo más sufrir tu penado esperar. Oh mi señora y mi bien todo! ¿Cuál mujer podía haber nacida que desprivase tu gran merecimiento? ¡Oh salteada melodía! ¡Oh gozoso rato! ¡Oh corazón mío! ...

Melibea. - ¡Oh sabrosa traición!, ¡Oh dulce sobresalto! ¿Es mi señor de mi alma? ¿Es él? No lo puedo creer. ¿Dónde estabas, luciente sol? ¿Dónde me tenías tu claridad escondida? ¿Había rato que escuchabas? ¿Por qué me dejabas echar palabras sin seso al aire, con mi ronca voz de cisne? Todo se goza este huerto con tu venida. Mira la luna cuán clara se nos muestra; las nubes cómo huyen ... Oye la corriente agua de esta fontecica, cuánto más suave murmurio su río lleva por entre las frescas yerbas. Escucha los altos cipreses, ¡cómo se dan paz unos ramos con otros por intercesión de un templadico viento que los menea! Mira sus quietas sombras cuán escuras están ...

Calisto. -Pues, señora e gloria mía, si mi vida quieres no cese tu suave canto; no sea de peor condición mi presencia con que te alegras, que mi ausencia que te fatiga.

Melibea. - ¿Qué quieres que cante, amor mío? ¿Cómo cantaré, que tu deseo era el que regía mi son e hacía sonar mi canto? Pues conseguida tu venida, desapareció el deseo; destemplóse el tono de mi voz ...

Fernando de Rojas

这段对话选自 Fernando de Rojas 的 *La Celestina* (1499)。请仔细阅读这段对话，注意下列这些词在文本里的用法，用西班牙文写一段话来讨论：

——这些名词与形容词的选择和使用与作品内容和文体的关系。

——作品形容词化的特色与其时代背景及其写作特点的关系。

suave canto/suave murmurio	sabrosa traición	dulce sobresalto/dulzor
luciente sol	frescas yerbas	altos cipreses
quietas sombras	gozoso rato	ronca voz

D. Texto D:

CASTILLA

¡Oh, tierra en que nací, noble y sencilla!
    Oh, campos de Castilla,
donde corrió mi infancia! ¡Aire sereno!
¡Fecundadora luz! ¡Pobre cultivo ...
    ¡Con qué placer tan vivo
se espaciaba mi vista en vuestro seno!
Cual dilatado mar, la mies dorada,
    a trechos esmaltada
de ya escasas y mustias amapolas,
cediendo al soplo halagador del viento,
    acompasado y lento,
a los rayos del sol mueve sus olas.
Cuadrilla de atezados segadores,
    sufriendo los rigores
del sol canicular, el trigo abate,
que cae agavillado en los inciertos
    surcos, como los muertos
en el revuelto campo de combate.
Corta y cambia de pronto la campiña
    alguna hojosa viña
que en las umbrías y laderas crece,
y entre las ondas de la mies madura,
    cual isla de verdura,
con sus varios matices resplandece.
Serpean y se enlazan por los prados,

barbechos y sembrados.
los arroyos, las lindes y caminos,
y donde apenas la mirada alcanza,
    cierran la lontananza
espesos bosques de perennes pinos.
Por angostos atajos y veredas,
    los carros de anchas ruedas
pesadamente y sin cesar transitan,
y sentados encima de los haces,
    rapazas y rapaces
con incansable ardor cantan y gritan.
Lleno de majestad y de reposo,
    el Duero caudaloso
al través de los campos se dilata:
refleja en su corriente el sol de estío,
    y el sosegado río
cinta parece de bruñida plata.
Ya oculta de improviso una alameda
    su marcha mansa y leda;
ya lo obstruye la presa de un molino,
y como potro a quien el freno exalta,
    párase, el dique salta
y sigue apresurado su camino.

Gaspar Núñez de Arce

这是 Gaspar Núñez de Arce (1834—1903) 的一首诗歌。请在文本中找出 2—4 个例子来说明诗人如何倒装词序来保持诗歌韵律。

第五章 动词词组的结构和功能

1 动词核心
2 西班牙语动词体系
3 动词形式的文体
4 各种可能的动词时态与体貌的表达方式
5. 练习

1 动词核心

动词词组的核心就是动词。

传统上动词被定义为带时态的词,彰显了动词拥有时态的特征。西班牙语里没有任何其他句子成分呈现如此的形态。

从词义上来讲,我们也可以说动词是语言用来表达主语行为现实的一个方式。这个行为现实可以有不同形式: 行动、品质、位置; 但是在语义学上,动词就是阐述主语的行为,因此主语决定了动词的变化: 单数动词对应单数主语,复数动词对应复数主语。

综上所述,并且从动词制约主语和补语的关系,我们可以推论动词是一种类别,拥有词语表达的功能,也就是说,它以单词的形式出现,携带着一系列制约它的特征。这些特征使得它受制于它的主语,又制约着它的宾语,也就是说,并不是所有的主语和所有的宾语都可适用于所有的动词,而是,恰恰相反,每一个动词都是自己在选择,同时也是被它的主语和它所接纳的宾语所选择:

Antonio corre / **pero no** el edificio corre (安东尼在跑步 / **但不是**大楼在跑步, 因为跑步的动词需要它的主语是一个动物, 而大楼不是动物)。

Nicolás bebe vino / **pero no** Nicolás bebe pan (尼古拉斯喝酒 / **但不是**尼古拉斯喝面包, 因为喝的动词要求宾语不能是固体物质, 而面包却是一个固体)。

主语、动词和宾语之间的特征关系是一个意义的关系, 语义连贯的关系。

2　西班牙语动词体系

MISERICORDIA

Algo la tranquilizó el tono de las primeras palabras con que fue recibida; esperaba ella una fuerte reprimenda, vocablos displicentes. Pero la señora parecía estar de buenas, domado, sin duda, el áspero carácter por la intensidad del sufrimiento. Benina se proponía, como siempre, acomodarse al son que le tocara la otra, y a poco de estar junto a ella, cambiadas las primeras frases, se tranquilizó.

– ¡Ay, señora, qué día! Yo estaba deshecha; pero no me dejaban, no me dejaban salir de aquella bendita casa.

– No me lo expliques -dijo la señora, cuyo acentillo andaluz persistía, aunque muy atenuado, después de cuarenta años de residencia en Madrid-. Ya estoy al tanto. Al oír las doce, la una, las dos, me decía yo: "Pero, Señor, ¿por qué tarda tanto la Nina?". Hasta que me acordé …

– Justo.

– Me acordé … como tengo en mi cabeza todo el almanaque … de que hoy es San Romualdo, confesor y obispo de Farsalía …

– Cabal.

– Y son los días del señor sacerdote en cuya casa estás de asistenta.

– Si yo pensara que usted lo había de adivinar, habría estado más tranquila -afirmó la criada, que en su extraordinaria capacidad para forjarse y exponer mentiras, supo aprovechar el sólido cable que su ama le arrojaba-. ¡Y que no ha sido floja la tarea!

Benito Pérez Galdós（贝尼托·佩雷斯·加尔多斯）

上面这个文本有许多不同变位的动词。西班牙语动词繁多的屈折词尾变化使得它能够表达许多丰富多彩的细节。下面我们会尽量一一分析。这些细微差别呈现在：1. 西语的动词基本形态可分为三种不同元音词干的原形动词，**-ar, -er, -ir**；2. 西语的时态：在以上的文本里我们看到过去时 tranquilizó、fue recibida、parecía，现在时 expliques，或与现在紧密关联的过去时 ha sido；3. 表示动作是否完成，即动词的体貌：me decía/me acordé；4. 最后，动词的式：从条件句表达细微心理因素的 pensara 到动词的无人称属性

domado、acomodarse。

下面我们可以看到这些形式在西班牙语里组成了一个体系：

原则上，动词由词位和词素构成。这个结构可以分解为下列形式：

词 位		词 素	
词根	词干	时态	数
		体貌	人称

每个词位都会隶属于三个不同元音词干之一：

-a- 第一变位

-e- 第二变位

-i- 第三变位

词素的人称和数的形式取决于主语：西语动词的人称和数与它的主语相一致。

动词可以用以下图表展示：

主语的从属成分		动词的专有成分	
基本成分	修饰成分	动词	
人称与数	体貌和时态	词位	词干元音

然而，并不是所有的动词形式都拥有这四种构成，相反，在很多情况下，这些成分之一 (除了词位) 是被零形式代替 (∅) 的。

例如 *cantabas* 这个形式由以下的成分所组成：

词位	词干元音	时-体	数-人称
cant	a	ba	s

有时某些动词形式的一个成分会有变异，比如，有些以 **-er** 和 **-ir** 结尾的动词并没有在词根保留原有的词干元音，而是演化为二重元音 [jé] (写作 -ie-)：

tem-ie-ro-n　　　　**part-ie-ro-n**

还有在此我们会看到其他一些动词的一般形式也有细微的变化，但它们比重很小,为此我们暂时不予以考虑。

经常被一起表达的**人称**和**数**有以下这些基本形式:

	单数	复数
第一人称	-∅	-mos
第二人称	-s	-is
第三人称	-∅	-n

这里要商榷的,是第一人称的变位。对于一些语法学家来讲,它由 -o 这个成分组成;但实际上,它只出现在陈述式现在时,我们最好是从历时语言学的角度来解释这个问题。因为这个第一人称的词尾其实是原形动词词干的元音加上动词人称和数的词尾在历史演化中融合为一体的结果。

动词有简单形态与复合形态,后者由一个**助动词**haber 和一个**过去分词**所组成。还有其他由助动词或半助动词加非人称形式组成的复合形态:原形动词、副动词、过去分词。这些不同形式的组合构成了动词短语。在我们这一章的最后一节,我们将回来讨论这些复合形态的意义。现在我们先把这些问题搁置一边。

简单形态

现在时 (presente),这是无标记的时态,所以它的时体成分均为零:∅。

cant-o-∅-∅	tem-o-∅-∅	part-o-∅-∅
cant-e-∅-∅	tem-a-∅-∅	part-a-∅-∅

过去未完成时 (imperfeco de indicativo/copretérito)

第一变位动词: -ba   am-a-ba-∅

第二、第三变位动词: -a   tem-í-a-∅   part-í-a-∅

简单过去时 (pretérito)

第一变位动词:

-é-	cant-∅-é-∅
-ste-	cant-a-ste-∅
-ó-	cant-∅-ó-∅
-∅-	cant-a-∅-mos
-ste-	cant-a-ste-is
-ro-	cant-a-ro-n

第二、第三变位动词:

-í-	tem-∅-í-∅	part-∅-í-∅
-ste	tem-i-ste-∅	part-i-ste-∅

-ó-	tem-i-ó-∅	part-i-ó-∅
-∅-	tem-i-∅-mos	part-i-∅-mos
-ste-	tem-i-ste-is	part-i-ste-is
-ro-	tem-ie-ro-n	part-ie-ro-n

将来时 (futuro)

(yo, nosotros, vosotros)	-ré-	am-a-ré-∅	tem-e-ré-∅	part-i-ré
(其余人称)	-rá-	am-a-rá-s	tem-e-rá-s	part-i-rá-s

简单条件式 / 过去将来时 (condicional simple, pospretérito)

-ría

am-a-ría-∅	tem-e-ría-∅	part-i-ría-∅

虚拟式过去未完成时 (imperfecto de subjuntivo)

-ra/-se

am-a-ra-∅	tem-ie-ra-∅	part-ie-ra-∅
am-a-se-∅	tem-ie-se-∅	part-ie-se-∅

虚拟式将来未完成时 (futuro de subjuntivo)

-re

am-a-re-∅	tem-ie-re-∅	part-ie-re-∅

复合形态

复合形态与简单形态对应关系显著,因为它借助了简单时态的助动词 haber。

陈述式

现在时	现在完成时
canto	he cantado
过去未完成时	过去完成时
cantaba	había cantado
简单过去时	先过去时
canté	hube cantado
将来未完成时	将来完成时
cantaré	habré cantado
简单条件时	复合条件时
cantaría	habría cantado

虚拟式

现在时	现在完成时
cante	haya cantado
过去未完成时	过去完成时
cantara/-se-	hubiera/-se cantado
将来未完成时	将来完成时
cantare	hubiere cantado

当我们讨论动词的时态和体貌时，我们一定会提及动词的**陈述式**和**虚拟式**，还有无法避免的**命令式**和其他三种无人称形式：**原形动词、副动词和过去分词**。以后当我们讨论动词文体时，我们再回来探讨动词的式。

不规则动词

当我们讨论不规则动词时，我们使用的是衡量语言现状的共时标准。所以我们说任何不遵循一般规则的动词皆为不规则动词。然而，从历史或历时的角度来看，事情并非如此：一个动词可以在某些形式上突兀，是因为它必须遵从历史上一些语音的变迁。并非每个动词都会受到语音变化规则的影响。这种情况下，动词的历时形态是规则的，而共时形态却是不规则。

过去分词 leído 在共时上是规则的，但从历时看却是不规则的，因为如果遵循历史演变的规则，它从拉丁语 *lectus-a-um* 演变后原本应该是 **lecho**。

不规则动词可以分列为两组：

A) 带有词位变化的动词

voy, iba, fui

soy, era, fui

它们是绝对不规则动词；我们必须认识不同的词位，它们之中的每一个都是我们语法词汇成分的一部分。

B) 不同词干的不规则动词

有三种词干 (这里的"词干"概念与"词干元音"不同)：

使用现在时词干的有陈述式现在时、虚拟式现在时和命令式。理论上讲应该还有过去未完成时，但这个时态的动词都是规则变位，除了绝对不规则动词，比如：ir 和 ser。

使用过去时词干的有陈述式过去时、虚拟式过去时 (或过去未完成时)，还有古体的假设性将来或虚拟式将来时。

使用将来时词干的有将来时或过去将来时。

现在时词干的不规则性：

1. 词根重音音节带双元音：

apretar	yo aprieto
morder	yo muerdo

2. 增添辅音：

venir	yo venga
lucir	yo luzco

3. 词根元音闭合：**e** 变成 **i**，但是 **o** 演化出双元音，正如我们上面第一个例子所看到的。

gemir	yo gimo
morir	yo muero

过去时词干的不规则性：

1. 词根元音闭合。这种情形有如现在时里的第三种现象，但在过去时里 **o** 变成 **u** 的情形比较少见，而且不会出现 **ue** 双元音的现象。

gemir	ellos gimieron
morir	él murió

2. 特殊不规则简单过去时。一般的过去时重音在最后一个音节，特殊的过去时重音在倒数第二音节：

tener	yo tuve
haber	yo hube

将来时词干的不规则性：

1. 动词里重音前一个音节里元音的消失 (pretónica interna)：

caber	él cabrá; cabría

2. 元音与辅音消失：

hacer	yo haré

3. 元音消失后增添辅音：

tener	él tendrá

在某些情况下这些不规则性可以同时出现，而在 **ser**, **ir** 和 **caber** 三个动词里以上三种不规则同时显现，虽然它们的词干完全不同。

表面的不规则性：

我们必须指出，规则与不规则性问题必须从语音而不是文字符号层面来看。

Escoger/escojo 是规则形式，为了维持相同音素，文字拼写就必须改变。Tañer/tañó 是规则变位，因为 tañó/tañió 发音是一样的。在 luzco 中间的辅音 c 发 k 的音，因为 z 是在 lucir 里 c 发音的相应书写符号。

> y se enderezaron los mástiles entre las filas de remeros, supe que habían terminado las horas de alardes, de excesos, de regalos, que preceden las partidas de soldados hacia los campos de batalla. Había pasado el tiempo de las guirnaldas, las coronas de laurel, el vino en cada casa, la envidia de los canijos y el favor de las mujeres.
>
> *Alejo Carpentier*（阿莱霍·卡彭铁尔）

相反，以上这篇短文，是一个故事。它叙述了过去发生的事情，使用了叙述的时态，也就是第二类时态应用，叙述世界。请看以下这些动词时态：

cantaría

habría cantado

iba a cantar

acababa de cantar

había cantado

hubo cantado

cantaba

cantó

作者选择了一些描绘过去的时态，甚至执意强调更遥远的过去，先于简单过去时的时态：hubieron alejado、habían terminado，从而作者达到了描述遥远过去的目的，为此他还使用了常人不太使用的时态，比如先过去时。

通过以上两个文本的比较，我们可以看到两种文体对时态的应用彼此之间根本无法共存。当然，叙事和评论可以交替进行，但它们无法同时并存，只能前后出现。因此，当我们执笔写作时，我们必须牢记这个原则，方能使用正确的动词文体来进行叙事或评论。

4　各种可能的动词时态与体貌的表达方式

我们研究动词时态的意义，必须正视两个问题：

a) 动词时态与时间的关系。

b) 动词时态与叙事和评论现实之间的关系。

时态与时间

我们视时间有如一条直线前进的长河,我们当下的存在就是现在,在此之前属于过去,而未来的时间则为将来。

现在,以此看来,只是一个转眼即逝的存在。它随时演变成过去,同时也融入未来。因此我们创造了存在的现在这一概念,一个十分主观任性的范畴,它包括了部分的过去和部分的将来。所以,当我们用今天来讲述现在的时候,这个今天既包括了过去的分分秒秒,也包括了即将到来的时刻,它实际包含了今天的24小时。这一点与动词十分相似。当我用现在时escribo时,我包括了我已经写下来的和我即将要写的。

以图表的方式来显示,我们可以说真正的现在时只是向量上的一个点,而存在的现在则是我们人为选择的一个时段。

过去	现在	将来

————————/·····················/————————————▶

存在的现在

以上图表所显示的三个时态是绝对时态,被它们同现在时的关系所左右:过去时先于现在时,也就是说事情发生在过去的时间里;将来时在现在时之后,即事情发生在即将到来的时刻。

必须指出的是,这个分类原则上影响了我们传统意义上所讲的陈述式,因为那里与真实时间的关系是直接的。

以下是三种与时间相关的分类:

1.涉及现在时: 绝对时态

canté	canto	cantaré

————————/·····················/————————————▶

过去时	现在时	将来时

2.涉及绝对时态: 第一类相对时态 (它的时间与绝对时态相关)

过去时			现在时	将来时
前过去时	过去未完成时	过去将来时	现在完成时	将来完成时
hube cantado	*cantaba*	*cantaría*	*he cantado*	*habré cantado*

3.涉及第一类相对时态: 第二类相对时态

它们只和已经发生、成为历史的过去时相关联。这个已知的过去时态因此可以分割为更小的单元。它们的时间性因为我们对过去的了解而得以分割。

```
─────────────── / ·············· / ───────────────▶
        过去时              现在时              将来时
```

过去未完成时／过去将来时

过去完成时／过去将来完成时

había cantado   habría cantado

让我们来看以下这段引文：

CRÓNICA DEL ALBA

　　Nos quedamos solos. Valentina me preguntó si me habían hecho daño en casa del médico y le referí que me iban a cortar el brazo, pero que no tenían anestesia y lo dejaron para otra vez.

　　– ¿Te lo van a cortar de veras? – preguntaba ella con los ojos redondos.

　　– Sí, pero no importa, porque volverá a crecerme.

R. J. Sender（R. J. 桑德）

　　在上面这段文字里有叙述者的现在时间，还有两个孩子之间对话的现在时间。"他们要去砍 (van a cortar)"里面的 van 是最接近现在时的形式，但这个动词短语指示了将来时间。这段文字的绝大部分讲述的是过去，从作者所处的现在角度看，一切事件都发生在过去。在过去时里，有简单过去时 quedamos、preguntó、referí 和 dejaron；动词形式 preguntaba、iban 和 tenían 描述的也是过去同时发生的事情 (过去未完成时)，而 habían hecho 则是指过去之前发生的事情 (过去完成时)。

　　在现在的平面上，importa 指的是对话的现在，van a cortar 里面有 van 这个现在时，但是整个词组，动词短语，指的是将来，因此 volverá 的作用是向将来过渡。

动词的体貌

　　尽管动词的体是一个错综复杂的问题，我们还是要简单地从动作是否完成 (完成体) 或正在进行 (未完成体) 的角度进行探讨。

　　在西班牙语里，真正能够讨论体貌的只有在以下的几种情况：

过去完成体。表述事件结束＝简单过去时。

quedamos, referí, preguntó

表示动作已经完成，绝对结束了。

过去未完成体。表示动作在过去正在进行中 = 过去未完成时。

iban, tenían, preguntaban

这些动词描述的是发生在过去的动作,但它们没有结束,而是正在进行中。

非过去的未完成体。所有未完成的动作都必须是未完成体,所以它们以下面的形态出现:

现在时:importa

将来时:volverá

认为将来时是描述在将来会完成的动作完全是一种误导,因为这个时态其实只是表达了一种可能,一种假设,所以我们根本不能认为动作已经结束了。

动词的体貌和我们讨论过的简单时态紧密相连。我们不应该把它认为是西班牙语中一个独立的范畴,相反,我们一定要清楚地看到它与时态息息相关,它与时态一起表达。

基于此理,认为复合时态也拥有体的观点也是错的。常常有人说现在完成时包含完成体,这是没有的事。在很多种情况下,由于事情发生在过去,从现在的角度看,这个动作已经完成了。但情况并不是永远如此。让我们来看看以下的例句:

Los guerrilleros comunistas han atacado Saigón, que se encuentra en situación difícil (之后袭击并没有结束)。

Te he esperado dos horas, así que unos minutos más no importan (其实等待并没有结束)。

除了动词这些可能的时态和体貌,还有其他形式,比如动词短语,它们由一个带人称的动词形式 (助动词或半助动词) 加上一个不带人称的动词形式所组成。

这种组合有各种不同形式,助动词 (或半助动词) 加上非人称动词形式 (原形动词、副动词、过去分词)。

1. Estar + 副动词:

está hablando/ ha estado hablando

2. 带人称的动词 + 原形动词 (不能名词化或被相关的名词代替):

quiere estudiar (不能说 quiere el estudio,因为这会篡改原意)

debe estudiar

3. 带人称的动词 + 连接词 + 原形动词:

tiene que dormir (必须)

debe de dormir (可能)

va a salir

4. 带人称的动词 + 有阴阳性变化的过去分词:

Tengo estudiado el tema/tengo estudiada la lección

5.带人称的动词+副动词：

sigue mintiendo

va progresando

从语义的角度来看，带过去分词的动词短语经常是用来描述过去的行动，句子因此获得了一种隶属完成体、表达动作完成的含义。带着原形动词的短语则有自己一些独特的细微之处。在时值方面，值得强调的是用 **ir a+ 原形动词** 来代替将来时，而副动词短语则是用来表达进行中的动作。它们有两种可能：

"Estar + 副动词"清楚描述进行中的动作：

estar hablando=no ha terminado de hablar

"带人称的动词+副动词"也表示进行中的动作，但这个结构还保留了动词的原意：

sigue hablando=continúa hablando 说话的动作从未被打断

其他的短语也有各种不同的含义：

义务、责任：

tener que
deber
+原形动词

可能：

deber de + 原形动词[1]

习惯：

soler + 原形动词

动作的语式

这个概念经常和动词的体貌相混淆；然而，动作的语式带着语义的特征；它表达动作过程的客观意义，也就是说，它们之间的区别有如以下这些句子：

canta mucho/canta una copla (唱了很多，可能还在唱 / 唱了一首民谣，唱完了)

duerme/se duerme (他在睡，可能还在睡 / 他睡着了，动作已结束)

如果把西班牙语动词按动作的语式做一个分类，这将会是一件很有意义的事。

持久或未完成动作

这种动作不需要结束来表达它的完整性：brillar (闪耀)、nadar (游泳)、ver (看见)，等等。

---

1 很多学生经常把"deber+ 原形动词"和"deber de + 原形动词"相混淆，前者表示必须去做某件事情，后者表示某件事情有可能发生。——译者注

简单或完成动作

这种动作只有结束才是完整的: comer (吃饭)、nacer (出生)、morir (死亡)、salir (走出去)、entrar (进来) ,等等。

开始体动作

虽然这种动词描述一个动作或状态的开始,我们并不应该忽略,有时除了开始,它还指示动作在持续下去,例如 enriquecerse (发财致富)。

这类动词有几种形式:

1. 后缀 -ecer: anochecer (天黑)、enrojecer (使变红) ,等等。

2. 某些持久动词因时态改变而产生的特殊含义:

lo supe = lo comencé a saber (我发现了 / 听说了)

ya lo habrá visto = ya lo habrá comenzado a ver (他会看到的)

3. 表达情感和情绪的自复动词,不带自复的及物动词,和带自复的不及物动词:

enojar/enojarse (令人生气 / 自己生气)

4. 表示进入某种状态的自复动词。这种动词总是不及物,除了个别很特殊的情况,比如:

dormir al niño (哄孩子睡觉)

dormir/ dormirse (睡觉 / 睡着了)

5. 本意即为开始的动词: empezar (开始)、iniciar (启动)。

有时这些动词也可以当作进入某种状态的自复动词: empezarse、iniciarse。

反复或重复动作

反复动词, 因为语法或语义的缘故, 表达了一种经常的或习惯性的动作: tutear (用"你"称呼)、cecear (把 s 读作 c)、sesear (把 c , z 读作 s)、visitear (爱串门的)、cortejar (追求异性)。重复动词表达了一种不断重复的动作: golpear、besuquear (敲打、不断亲吻)。

阿隆索和亨利格·乌里纳认为定义一个动词是否重复或者反复是极为不易的事情。他们认为最关键与基本的决定因素就是该动作是否多次进行。

组成这两种动词形态的语法程序为:

a) 后缀: 最基本的后缀 -ear 及其加强版 (-quear、-jear、-tear 和类似的后缀)。

b) 带动词语式的短语: volver a+ 原形动词 (重复的)。

c) 前缀 re-: repicar (捣碎,连续动作)。

d) 用动词重叠构成重复动作: canta canta; ríe ríe; llora llora。

西班牙语里既有五彩缤纷的时态形式,又有不是太重要的语体和丰富多彩的动词短语及语式结构,这一切弥补了西语动词体貌的不足,并使得这门语言得以准确细微地表述动作的时间与场景。

5   练习

A. *LA TIERRA Y LA CUESTIÓN SOCIAL*

LA TIERRA Y LA CUESTIÓN SOCIAL

Lo que ha dado lugar al llamado problema agrario o cuestión social de los campos se reduce escuetamente a estos sencillos términos: que el jornalero —como en general todo el que vive próximo a esa condición, sin excluir algunos labradores, que viven peor y con más apuros y agonías que él—, que el jornalero, repito, aun con la ayuda de su familia, no gana lo estrictamente preciso para sustentarse; que para vivir vida medianamente humana necesita con absoluta necesidad bastante más de lo que gana; y que no ganándolo, salda el déficit con privaciones, con escaseces, con enfermedades, acostándose todas las noches con hambre, llegando viejo a los cuarenta años, viviendo por término medio diez, quince y aun veinte años menos que las clases acomodadas que comen lo preciso y trabajan moderadamente.

Joaquín Costa

1. 请问这是一个什么文本，是叙述文本还是评论文本？
2. 在这个文本里占主导地位的是什么样的动词时态？现在时、过去时或将来时？
3. 请在文本里找出2—3个带副动词的例句，并解释它们的文体效果。

例："… y que no ganándolo, salda el déficit con privaciones …"

这里副动词是ganando，还带着一个直接宾语代词lo (代替lo estrictamente preciso para sustentarse)。在这里副动词起着副词的作用，用来解释主句salda el déficit con privaciones的原因。

B. *LAZARILLO DE TORMES*

LAZARILLO DE TORMES

Yo hube miedo que con aquellas diligencias no me topase con la llave, que debajo de las pajas en que dormía tenía, y parecióme lo más seguro meterla de noche en la boca .... Pues, así como digo, metía cada noche la llave en la boca, y dormía sin recelo que el brujo de mi amo cayese con ella; mas cuando la desdicha ha de venir, por demás es diligencia, Quisieron mis hados o, por mejor decir, mis pecados, que una noche que estaba durmiendo, la llave se me puso en la boca, que abierta debía tener, de tal manera y postura, que el aire y resoplo que yo durmiendo echaba, salía por el hueco de la llave, que de canuto era, y silbaba, según mi desastre quiso, muy recio, de tal manera que el sobresaltado de mi amo lo oyó y creyó sin duda ser el silbo de la culebra, y cierto lo debía parecer.

Levantóse muy paso, con su garrote en la mano, y al tiento y sonido de la culebra se llegó a mí con mucha quietud, por no ser sentido de la culebra. Y como cerca se vio, pensó que allí, en las pajas do yo estaba echado, al calor mío, se había venido. Levantando bien al palo, pensando tenerla debajo y darle tal garrotazo que la matase, con toda su fuerza me descargó en la cabeza un tan gran golpe, que sin ningún sentido y muy mal descalabrado me dejó.

Anónimo

1. 请问这是一个什么文本，是叙述文本还是评论文本？

2. 在这个文本里占主导地位的是什么样的动词时态？现在时、过去时或将来时？请列出8—10句属于文本里最常见的动词时态的例子。

3. 为什么这个文本的叙述用第一人称？

4. 为什么主人公的叙述使用了大量的简单过去时动词？这对故事叙述的节奏和文体效果有何帮助？

C. *QUIJOTE*

QUIJOTE

El del Verde Gabán, que esto oyó, tendió la vista por todas partes, y no descubrió otra cosa que un carro que hacia ellos venía, con dos o tres banderas pequeñas, que le dieron a entender que tal carro debía de traer moneda de su Majestad, y así se lo dijo a Don Quijote; pero él no le dio crédito, siempre creyendo y pensando que todo lo que le sucediera habían de ser aventuras y más aventuras, y así, respondió al hidalgo:

– Hombre apercebido, medio combatido: no se pierde nada en que yo me aperciba; que sé por experiencia que tengo enemigos visibles e invisibles, y no sé cuándo, ni adónde, ni en qué tiempo, ni en qué figuras me han de acometer.

Y volviéndose a Sancho, le pidió la celada; el cual, como no tuvo lugar de sacar los requesones, le fue forzoso dársela como estaba. Tomóla Don Quijote, y sin que echase de ver lo que dentro venía, con toda priesa se la encajó en la cabeza, y como los requesones se apretaron y exprimieron, comenzó a correr el suero por todo el rostro y barbas de Don Quijote, de lo que recibió tal susto, que dijo a Sancho:

– ¿Qué será esto, Sancho, que parece que se me ablandan los cascos, o se me derriten los sesos, o que sudo de los pies a la cabeza? Y si es que sudo, en verdad que no es de miedo; sin duda creo que es terrible la aventura que agora quiere sucederme. Dame, si tienes, con que me limpie; que el copioso sudor me ciega los ojos.

Calló Sancho y diole un paño, y dio, con él, gracias a Dios de que su señor no hubiese caído en el caso. Limpióse Don Quijote, y quitóse la celada por ver qué cosa era la que, a su parecer, la enfriaba la cabeza, y viendo aquellas gachas blancas dentro de la celada, las llegó a las narices, y en oliéndolas dijo:

– Por vida de mi señora Dulcinea del Toboso, que son requesones los que aquí me has puesto, traidor, bergante y mal mirado escudero.

A lo que con gran flema y disimulación respondió Sancho:

– Si son requesones, démelos vuesa merced; que yo me los comeré … Pero cómalos el diablo que debió de ser el que ahí los puso. ¿Yo había de tener atrevimiento de ensuciar el yelmo de vuesa merced? ¡Hallado le habéis el atrevido! A la fe, señor, a lo que Dios me da a entender, también debo yo de tener encantadores que me persiguen como a hechura y miembro de vuesa merced, y habrán puesto ahí esa inmundicia para mover a cólera su paciencia y hacer que me muela, como suele, las costillas …

– Todo puede ser- dijo Don Quijote …

Miguel de Cervantes

这段选自《堂吉诃德》的文本描述了堂吉诃德主仆二人路遇一辆马车之后完全不同的反应、遐想和他们之间的对话。

1.请在文本中分别找出带有以下动词时态或语式的例句：

a) 陈述式简单过去时

b) 陈述式过去未完成时

c) 陈述式现在时

d) 虚拟式现在时

e) 命令式

f) 表示可能的将来未完成时

2.用西班牙文或者中文写一段个人评论。

第六章　谓语结构

1　表语和谓语的形式
2　动词核心的语义属性和谓语结构
3　及物性与不及物性
4　谓语结构的转换和语义的变化
5　练习：不同表语与谓语结构的
　　构成和分析

1　表语和谓语的形式

EL TÚNEL

Mientras volvía a mi casa profundamente deprimido, trataba de pensar con claridad. Mi cerebro es un hervidero, pero cuando me pongo nervioso las ideas se me suceden como en un vertiginoso ballet —a pesar de lo cual, o quizá por eso mismo, he ido acostumbrándome a gobernarlas y ordenarlas rigurosamente; de otro modo creo que no tardaría en volverme loco.

Como dije, volví a casa en un estado de profunda depresión pero no por eso dejé de ordenar y clasificar las ideas, pues sentí que era necesario pensar con claridad si no quería perder para siempre a la única persona que evidentemente había comprendido mi pintura.

O ella entró en la oficina para hacer una gestión, o trabajaba allí —no había otra posibilidad. Desde luego, esta última era la hipótesis más favorable. En ese caso, al separarse de mí se habría sentido trastornada y decidiría volver a su casa: Era necesario esperarla, pues, al otro día frente a la entrada.

Analicé luego la otra posibilidad: la gestión. Podría haber sucedido que trastornada por el encuentro, hubiera vuelto a la casa y decidido dejar la gestión para el otro día. También en este caso correspondía esperarla en la entrada.

Ernesto Sábato（埃内斯托·萨瓦托）

前面这个文本为我们提供了不同的句型结构；不同的主语和谓语，以及名词词组和动词词组的关系模式。从动词来看，有时候它只是起着**连接**两个名词词组的作用（其中之一可以是一个简单形容词），有时候，可以是真正谓语的核心；还有的时候，它起着介于两者之间的作用：既是连接词（系动词），又是谓语（动词核心）。我们最好还是通过文本例句来分析。

A. Mi cerebro es un hervidero:

Mi cerebro (我的脑袋) 是一个作主语的名词词组（如果我们把脑袋改成复数，那么动词也要变成复数）。

es 起着连接的作用，连接"我的脑袋"(mi cerebro) 和"一锅沸水"(un hervidero)。动词 ser 和 estar 是系动词，使用它们的句子称为系动词句或表语句。(另外 **estar+ 副动词**组成一种短语，而 **ser+ 过去分词**则组成另一种短语，表示被动，以后我们会进一步讨论)。

un hervidero 是一个名词词组，通过系动词与作主语的名词词组相连接。这些名词词组称为**名词谓语**。而这种系动词或表语句也可以称为**名词谓语句**。

带着系动词的句子可以是表语句、系动词句或名词谓语句。名词谓语可以是：

一个名词：

  mi cerebro es **un hervidero** (我的脑袋是一锅沸水)

一个形容词：

  pensar con claridad era **necesario** (思路清晰是必需的)

一个代词：

  la mujer era **ella** (那个女人就是她)

B. (yo) volvía deprimido:

(yo 我，第一人称单数) 是一个名词词组，被人称代词化，而且正如在西班牙语里惯用的，这个代词没有必要在句子里出现，除非是为了强调，或者为了避免可能的误解。

volvía (回来) 是个非系动词，但因其特性可以起着系动词的功能：它在保持自己完整或部分的词义时，还能连接作主语的名词词组和另一个名词词组，后者经常是一个**谓语**形容词，或者也可称为<u>谓语补语</u>。为了简单明了，可以说一个名词词组的核心可以是一个形容词,或者是一个过去分词起着动词形容词的作用,在这里它不修饰也不伴随一个名词,而是起着形容词词组的作用。

deprimido是一个过去分词 (=形容词) , 借助动词volvía与主语相连接。这是谓语补语。

西班牙语的一大特点是很多动词,尤其是那些表达动作或者生理或心理状态变化的动词,可以带上一个不带前置词的名词词组作补语 (也可以是形容词) 。这些词组不是直接补语,而且从语义的角度看,它们通过动词修饰主语或者直接宾语。它们就是谓语补语:

Halló también extraño **que yo no volviera todavía** (他发现很奇怪,我竟然还没回来。)

Francisco Ayala

在以上的例句里extraño (奇怪) 是一个谓语补语,通过动词halló (发现) 修饰直接宾语。直接宾语是这个句子: que no volviera todavía。

El administrador mostrábase tardo y doliente en sus remesas. (管家钱付得缓慢而又痛苦。)

V. Blasco Ibáñez

Tardo y doliente (缓慢和痛苦) 通过动词mostrábase (显得) 修饰主语 el administrador (管家) ,构成谓语补语。

当西语使用带人称代词的动词,就是和me、te、se、nos、os 一起使用的动词时,这一语法特点变得更为显著。让我们从上面文本中找出相关的例子:

me pongo nervioso

volverme loco

这些例子并不是真正意义上的自复结构,而只是语法上或形式上的自复。这些非重读的代词标明了该动词为半系动词,也就是说,它接纳谓语补语。非重读代词与主语同属一人。

yo me pongo nervioso/ tú te pones nervioso/ ... vosotros os ponéis nerviosos(我开始紧张 / 你开始紧张 / 你们开始紧张)

C. ella entró en la oficina (她走进办公室) :

ella 是代词化、充当主语的名词词组。

entró (进来) 是一个动词,也是动词词组的核心,非系动词。这种句子不带名词谓语或者谓语补语。它们可以附带不同的成分或补语,像我们接下来所看到的。

en la oficina (进到办公室) 是一个前置词词组,那就是,前置词之后连接着一个名词词组。它起到副词或景况修饰的作用。

analicé luego la otra posibilidad (我接着分析了另一种可能):

(yo, 我, 第一人称单数) 是隐蔽的名词词组作主语。

analicé 是动词词组的核心, 没有连接作用。

luego 是一个副词, 起副词或景况修饰的作用。

la otra posibilidad 是一个名词词组, 帮助或补充非系动词, 接下来我们可以看到它是一个直接宾语或直接补语。

2　动词核心的语义属性和谓语结构

根据我们以上所看到的三种分类, 我们可以把动词或者动词核心划分为四种类型:

1) **系动词**, 如 ser 和 estar, 连接名词谓语。动词的功能常常局限于连接或搭配主语和名词谓语, 它们原本的语义已变得非常微弱。

2) **半系动词**。这种动词带着谓语补语, 或多或少失去或减弱了它本身的语义。虽然在西班牙语中几乎所有的动词在某种情况下都可以拥有自己的谓语补语, 但是有一类特殊的动词, 它们由动词加代词组成, 即自复形式: volverse (变得)、hacerse (以为)、creerse (成为)。其他情况下, 是否作为半系动词, 更多是一个句法构造的问题, 而不是动词本身属性的问题。

3) 谓语动词或非连系的**及物动词**。它们不带名词谓语或用来形容主语的谓语补语 (虽然他们可以带一个名词来形容它的直接宾语: lo nombró **presidente**)。这里动词的语义因为添加了一个直接宾语而得以表达: 也就是上面句子里的 lo。

4) 谓语动词或非连系的**不及物动词**。这种动词没有名词谓语也没有谓语补语 (当它们仅仅是不及物动词时, 因为有时候它们会是半系动词, 比如: salió torcido/ 他一瘸一拐地走出去) , 而且不带直接宾语。

因为这些动词是根据语义–句法分类的可能性划分的, 谓语的结构也可以各式各样。

有一些补语无法与一些句子结构并用, 但同时还有一些则可以在任何情况下使用。

一个带有名词谓语的句子就不可能有直接宾语或者是修饰主语的谓语补语。

一个句子里若有修饰主语的谓语补语就不能带有名词谓语, 但可以有直接宾语: 这就是插入式结构, 及物结构。这里谓语补语是描述同步景况的插入语 (双重补语) , 或者说它描述了与主要动作同时发生的事情: cogí **asustado** las llaves (我心惊胆战地接过钥匙)。

在我们讨论直接宾语之前, 让我们先来看看各种可能在不同的句子中出现的补语:

间接宾语是一个前置词词组, 也就是说, 一个由前置词 a 引导的名词词组。因为受拉丁语行使此功能的与格的影响, 有些语法书认为也可以用前置词 para, 但此种说法不准确。我们可以通过两个办法来辨别间接宾语: 一是它总是带前置词 a, 二是它可以由代词le、les代替。在有些把le、les随便混淆使用的地区,还有另外一种辨别的办法:在西班牙语里间接宾语永远不能作为被动式的主语 (虽然在其他语言里有这种可能):

enseñé **a la muchacha** mi pintura

le enseñé mi pintura

但是不能说 ella fue enseñada mi pintura

从语义上讲,间接宾语指的是动词行动的受益者。因为很多种情况下,动词的受益者是一个人,所以它通常是一个蕴含个人利益的宾语,但为此也很容易造成与带人称的直接宾语相混淆:Lo vi/我看见他 (正确);le vi (可以忍受,但从词源上讲不是很正确);le di (a ella) /我给她 (正确) /la di (错误) 。

还有另一种间接宾语带有物主的含义,通过人称代词来表达,叫<u>兴趣与格</u>:me dio el sombrero= me dio mi sombrero (他 / 他把我的帽子给了我);se rompió el brazo= se rompió su brazo (他 / 她摔断了胳膊) 。在西语的这种句法结构里使用所有格只是为了突出和强调,一般来讲都是在直接宾语前使用定冠词 (如果所指的物体超过一件,也可以用不定冠词:se rompió el/un brazo, la/una pierna) 。

前置词补语其实就是依存于核心动词的前置词词组。它们勉强与直接宾语合并,同时在很多情况下又在语义上等同于直接宾语。

meditó la noticia/pensó en la noticia (他思考着那个消息)

la meditó/ pensó en ella

dudó algo/ dudó de algo (他怀疑一件事)

lo dudó/ dudó de ello

从以上的例子可以看到,我们无法摒弃前置词补语,因为pensó 和 pensó en algo, dudó 和 dudó de algo 表达不同的意思。它们使用él、ella、ello 等带重音的代词使之代词化。

这种句法结构和直接宾语之间语义上的相似之处造成了一种很危险又很常见的俚俗用法:因为带de的前置词补语结构,这个前置词也被错误地放在直接宾语之前,变成 (错误的) pienso de que tienes razón,而不是正确的更简单的说法:pienso que tienes razón (我想你是对的) 。在其他情况下,却矫枉过正,随便删除必不可少的前置词de:informó la noticia,正确的说法应该是 informó de la noticia。

副词性补语或**景况补语**位居末位,同时也是争议最多的。传统上这个类别把所有其他不能归于上述种种类别的句型全部囊括在此。即便这种补语有点扑朔迷离,我们仍然还是可以指出几个要点。

<u>一些修饰整个句子的副词不归纳在这个类别里</u>:**肯定、否定或怀疑**。这些副词标志了我们在第三章讨论过的句式。在这个意义上,no、si、acaso,等等,不是景况副词,而是表达了整个句子的否定式、肯定式或假设式的副词。

剩下来的副词确实是句子里的各种副词或景况成分。它们带有各种不同的语义区别：地点、时间、方式、数量。另一方面，我们不应该忘记副词可以修饰形容词的程度：más blanco、menos alto que (比较级)，muy espontáneo (最高级)。副词还能在复合句里引入种种语义不同的句子。我们将在第七章进一步讨论这个问题。

在谓语结构里起着副词或景况作用的名词可以根据它们的形式分为两组，即带有前置词或不带前置词两种。

不带前置词的名词景况补语：它们语义上的区别有：

距离：dista dos leguas (距离两里)

测量：mide un metro (长一米)

重量：pesa cuarenta kilos (重四十公斤)

价格：vale mil pesetas (值一千比塞塔)

应该指出的是所有这些代词化都是以宾格方式完成 (lo、la、los、las)，所以我们要仔细分辨，毋使它与直接宾语相混。确实我们可以说，las dista、lo mide、los pesa、las vale，这些代词与直接宾语的代词相同。

更有甚者，在一些特定的情况下，同样的句式可以作为补语也可以作为直接宾语。

Juan pesa sesenta kilos en la báscula de casa.

可以理解为"胡安的体重是60公斤"，或者"胡安拿了重为60公斤的东西，放在家里的磅秤上称"。在第一种解释里，"60公斤"是表达重量的景况补语，而在第二种解释里，它成了直接宾语。这两者之间差别在哪里？我们认为最主要的是在主语胡安这个施事者的身上。

如果主语只是情景的接受者，也就是被动的、没有主动行动，那么所有的补语确实都是副词性补语：él mide 1,75 (他身高 1.75 米) 显示了"他"是被动的，在第一种解释里"1.75 米"是一个表示度量的景况补语，这是最常见的解释；而在第二种可能的解释里，él toma el metro y mide 1,75 de una pieza de tela (他拿了一把尺子，量出一块长 1.75 米的布料)，"1.75 米"则会变成直接宾语。

如果主语确实实施了动词的动作，句子就是及物句，而这些补语则成了直接宾语。上面这个句子可以改成被动式：

Se pesan sesenta kilos en la báscula.

如果相反的，主语没有实施行动，只是说他身高多少、距离多远、重量多少，这个多少就是景况成分了。句子不能改成被动式。

带前置词的副词性或景况补语：这种结构经常被使用。我们可以从前面阅读的埃内斯托·萨瓦托的作品看到这种句子有以下的特征：

地点：a mi casa、en la oficina

方式：profundamente (这里修饰了分词)、con claridad

时间：al otro día (另一天)

在贝尼托·佩雷斯·加尔多斯的作品里，可以找到许多类似这些特征的句子：

原因：pasó el día nueve ... sin grandes novedades、por estar cerrada la Universidad

工具：yo lo arreglaría con las mangas de riego

材料：las revoluciones nutridas con horchata ... criaban ranas en el estómago de los pueblos

3 及物性与不及物性

动词的 **及物性** 指的是这个动词可以借助一个名词词组来构成拥有完整意思的句子，而它所使用的名词词组则是它的直接宾语。

Analicé luego **la otra posibilidad.**

在这个例句中，我们可以看到 analicé 这个动词需要使用直接宾语 la otra posibilidad 方能使得句子拥有完整的意思。我们因此可以看到这里指的不是泛泛的"分析"，而是某项具体的、特定的"分析"：la otra posibilidad (另一种可能)。这个宾语因此在这里限定、应用和规范了动词的语义，同时，它又满足了动词在谓语结构里必须带有直接受事者的造句要求。

因此，我们必须分清及物动词和动词的及物用法。当然，只有及物动词才可以有及物的用法，但不是所有的及物动词都必须如此造句，有时候他们也像不及物动词一样不带直接宾语。一个及物动词，比如 analizar，完全有可能以不及物的方式，不带直接宾语来造句：

se callaba y analizaba

虽然我们可以立即察觉到动词的含义并不完整，它需要进一步说明分析的对象才使得动词拥有完整的含义。

形式上，在一些直接宾语是指人的情况下，句子的及物性使得它在直接宾语前使用某个标记 (但并不是所有的句子都这样，也不是永远必需的)。现在我们回到了蕴含个人利益的宾语；形式上的标记就是前置词 a：

vio a la muchacha

我们都知道并且应该记住，如果直接宾语表达的是泛指的人或者是一个类别，前面不需要加前置词 a：

se ha quedado sola y busca muchacha

同样的道理，正如在指人的直接宾语前可以省略 a，其他情景中也可以出现 a：

Servir **a** una causa justa / servir una causa justa

obedecer (*a*) las leyes

asistir *a* las necesidades de los pobres

综上所述,<u>不及物句</u>可以有两种动词核心:一种是用及物动词构造不及物句: Nicolás come,或者使用不及物动词: ella entró。

及物与不及物的用法影响了一系列的句子结构,我们必须进一步学习讨论,特别是为了避免可能出现的使用错误。

我们首先要提到的是,在一些缺乏主语的句子里,主语和直接宾语有可能混淆不清。这就是无人称句。

无人称句有几种不同的种类:

<u>单一人称句</u>、<u>自然句</u>,或者是<u>有关大自然的动词所构成的句子</u>无须主语: llueve、nieva、relampaguea。然而,在文学隐喻中是可以使用主语的,比如, llovieron maldiciones (诅咒暴雨般铺天盖地而来) , tronaron dicterios(大肆攻击诅咒) , 等等。但是, 在它真正的用法里,句子是不及物的,没有主语。

<u>无人称形式</u>: hay这个动词独一无二,没有主语,动词是及物,却不变化: hay luz、hay nubes (luz和nubes是直接宾语,不是主语)。然而,在这个类别里出现了hubo和hace的句子结构:

hace frío

hubo fiestas en el pueblo

在这些句子里frío和fiestas是直接宾语,而不是主语 (lo hace, las hubo) , 以下的句子也是同样的道理:

hubo veinte personas

había sólo estudiantes

所以说,把它们当成主语造出的这些句子是绝对错误的: hubieron fiestas、hicieron calores、habíamos sólo estudiantes。这是典型西班牙东部沿海地区 (Levante español) 的俚俗错误。它们最早从媒体的体育节目中流传出来,在拉美蔓延,污染了无人称句的建构。这种无人称句型,请千万牢记,恰恰是没有主语的。

类似的情况也发生在描述时间的hacer结构上。这是无人称句,没有主语,正确用法应该是hace dos semanas、hace tres años,而不能说hacen dos semanas 或hacen tres años。

最后动词及物性的问题也影响了另一种句子,那就是<u>自复句</u>。在这种句子里主语和直接宾语同为一体,也就是说,主语所做的动作恰恰落在主语自己的身上,主语变成了直接宾语: yo me lavo中, yo是第一人称的主语, me则是动词lavo的直接宾语。在这里产生了一种特殊的及物性,即主语施行的动作先离开了施动者 / 主语,然后才再次回归已变成直接宾语的主语。这就表明,如果动作是主语的内在动作,那就不是纯粹或真正的自复,而是形态上的自复而已。这是我们下面将进一步讨论的内在自复形式。

然而,在我们讨论自复形式之前,应该指出,有两种<u>纯粹和真正的自复句</u>。

直接的: se (或者其他相应不带重音的代词) 担当直接宾语:

Nicolás se lava.

非直接的: 不带重音的代词se是间接宾语,还有其他句子成分起着直接宾语的作用。

Nicolás <u>se</u> lava las <u>manos</u>.
OI   OD

我们根据语义把形式或语法上的自复句分成六种,因为显而易见,从功能上来讲,所有这些句子的共同特点,就是非重读的代词只是指证了主语和动词之间存在着一种特殊关系。这种关系最突出的特点,就是在所有这些句子里,主语没有行动,不是动作真正的行动者,或者说施事者,而是行动的受事者,是被动的。这种句子的结构是半主动半被动 (用术语来形容,我们说主语是"受事",不是"施事")。让我们来看看这六种形态和相关的例子:

内在型: 动作不是来自主语本身。主语是动作的受事者,实际上不是施事的起因:

Me avergüenzo.

Se molestó.

在这两个例句里me和se说明了羞愧和烦恼影响了第一或第三人称。这两个人称分别由动词标明为其主语。

使役型: 主语令其他人完成动作,但他本身没有行动 (假设他自己行动了,那么这就是真正的自复句):

Me hice un traje.
(裁缝为我做了一件西装)

Me corté el pelo.
(理发师为我剪了头发)

起始型: 表示动词的行动正在开始或处于开始阶段,改变了过去的情景:

Me voy.

Se durmió pronto.

自复被动型: 主语是无生命的,所以不可能成为动作的施事者。这是无人称被动句。在典型的例句里,句子的施事者或者根本无从知晓或者被隐蔽了。

Se quemó la comida.

非自愿型: 主语是有生命的,但不愿参与令其痛苦的动作:

Me quemé la mano.

利益与格型：指明施动者的行为对自身有益或损害，但是非重读的代词指示了句子的主语。这个主语是否是动作施事者并不重要，最主要是主语是动作的受事者：

Se comió toda la cena.

（这个主语是否真的吃了晚餐并不重要，se 表明了我们更在意他参与并受益于吃晚餐的行动）。

在所有的自复句里，非重读的代词本身是在指示主语的非施事性或行动中的媒介性。为了方便，人们常常称之为形式间接补语，但我们最好不要使用这个名称。

4 谓语结构的转换和语义的变化

我们在上一节谈了主语和动词的各种不同关系，我们还重复使用了一些术语，例如主语是施事者或受事者，是主动还是被动。语法上用来表示主语和动词的关系称为语态。西班牙语没有一个形态上的处理方法可以用来分辨施事主语（主动语态的施事者）的动词和受事主语（被动语态的受事者）的动词。西语必须借助一个句法处理来完成，一个**被动式短语**。因而人们争论西班牙语是否真的拥有各种不同的动词语态，同时也质疑被动短语只是 **ser+ 过去分词**，或者也可能是 **estar+ 过去分词**。

在称为"转换"语法的最早模型里，被动语态是主动语态的转换，因为主动语态的直接宾语和被动语态的受事者，主动语态的主语和被动语态的施事者各自对应。在下面的这段文字里，我们可以看到前面还未涉及的这种对应表现在两种被动形式上——动词短语和自复被动：

UNA HORA DE ESPAÑA

En tiempos de los árabes **se edificó** una fortaleza en Maqueda; **fue reparada** a fines del siglo X por orden de Almanzor; la restauró el mismo arquitecto, Fatho-ben-Ibrahim, que construyó en Toledo las mezquitas. En 1010 **se libró** sangrienta batalla al pie del castillo de Maqueda.

Azorín（阿索林）

---

se edificó 是自复被动句：这种自复被动句只用在第三人称，基本上没有施事者，而且带有一种无人称的细微特色，因此容易使人把它同带 se 的无人称句相混淆。这个特点限制了它只能是一种句法处理，而不是形态处理，虽然它经常与被动短语一起使用。

在上面这段文字里还有另一个类似的例子 se libró。

fue reparada 是一个带 ser 的被动短语。它的主语是 una fortaleza，是受事主语，相当于直接宾语：la reparó，我们可以看到，当变成主动语态的句子 la restauró el mismo arquitecto 时，la 就是 fortaleza，是 restauró (修复) 的直接宾语。

这里有三种可能性：

主动式：los árabes edificaron una fortaleza

被动式 (短语)：una fortaleza fue edificada por los árabes

被动式 (自复被动)：se edificó una fortaleza (por los árabes)

通过这三种模式，我们可以得出结论：

被动短语结构比自复结构更容易接纳施事者：

EL SOMBRERO DE TRES PICOS

El corregidor, que nunca más tornó al molino, **fue destituido por un mariscal francés,** y murió en la cárcel de Corte, por no haber querido ni un solo instante (dicho sea en honra suya) transigir con la dominación extranjera.

P. A. de Alarcón(德阿拉尔孔)

施事者是由前置词 de 或 por 引导的前置词词组。

有时候，被动短语结构与名词谓语结构一模一样，造成歧义。比如句子 "La edición fue reducida." 可以有两种意思：

1) 被动式：La edición fue reducida/ 版面被缩减了 (因为编辑裁减了版面)。

2) 主动式：La edición fue reducida (= 这是小开本)。

只有被动式的句子可以接受施事者：

La edición fue reducida por el editor.

至于自复被动式，需要考虑以下几点：

虽然在很多情况下这种结构不用来表明施事者，它还是可以允许标明施事者，而且在现代语言中这种用法越来越普遍：por el departamento de ... se dictarán las órdenes oportunas.

由于被动语态里有一个主语，与动词一致，所以当主语为复数时，动词用复数是正确的：

se alquilan **apartamentos**

se venden **botellas**

只有及物动词可以组成被动语态,但并不是所有的及物动词都可以。谈到不带前置词的景况结构时,我们使用这个例句: se pesan sesenta kilos en la báscula, 而不是 sesenta kilos son pesados。这里 sesenta kilos 是主动语态的直接宾语。当受事主语是非生命名词时,一般采用自复被动,然而,在一些不太规范的语言里,被动短语的用法越来越多 (尤其在报刊新闻里),还有常常在不太高明的英翻西译本中。

最后,我们还要记得,被动语态的施事者和景况补语之间没有太大的区别,在形式上它们可以相同。例如:

fue reparada por orden de Almanzor

在这个例句里, por orden de Almanzor 是一个原因补语, la orden de Amanzor reparó la fortaleza 是不可能的。

在带有工具补语的句子里,我们几乎很难分辨两种主动语态。la noticia fue divulgada por la prensa 这个句子可以对应两个主动语态: "la prensa divulgó la noticia" 和 "alguien divulgó la noticia por medio de la prensa"。第二个句子就是工具补语。

在谓语各种各样的结构里,有一个很特殊的构造:

ser + 前置词词组

这种基本的西语结构,大体上,虽然不是完全,相当于名词谓语结构:

esa imprenta es de Madrid

=esa imprenta es madrileña

当主语拥有特征,是有生命的个体时,这种相似更为接近: ese chico es de Sevilla = ese chico es sevillano。然而,有时候不能如此替代转换,因为没有相应的形容词:

este niño es de la vecina

Calisto fue de noble linaje

5 练习: 不同表语与谓语结构的构成和分析

A. 请模仿例句造出 7 个简单句:

1. Esta persona era Rodolfo.

2. La noche era clara / la noche estaba clara.

3. Calisto fue de noble linaje.

4. Este caballero bajaba.

5. Leocadia contó las sillas.

6. La vista caía a un jardín.

7. Fernández refuerza la maroma en la barra.

B. 请改写以上的例句, 分别写出: 带前置词词组、形容词词组等等的句子。

例: Felipe alquiló un apartamento.

Felipe alquiló un apartamento ubicado al lado del parque.

Felipe alquiló un apartamento de los judíos que vivían en la esquina.

C. 请把你自己改写后的7个句子分别加以分析, 应用学过的知识标出句子的各种成分。

例:

sujeto	*predicado*		
Fernández	*refuerza*	*la maroma*	*en la barra*
N. del S.	N. del P.V.	OD	C. circunstancial

D. 请每个人找出自己喜欢的西语作者的一段文字, 分析文本中的简单句, 带来课上分享。

第七章　简单句和复合句

1　探讨表达逻辑语义内容的句子
　　关系
2　复合句的类别
3　副词从句各种细微的表达方式
4　练习

1　探讨表达逻辑语义内容的句子关系

如果从逻辑语义的角度看,句子是一种思维判断的表达,那么毫无疑问,思想的表达就是一排排并列的句子,好像是一个思想链。下面这段出自14世纪的唐·胡安·曼努埃尔 (Don Juan Manuel) 的现代版本《卢卡诺伯爵》(*El Conde Lucador*) 的文字展示了各种各样的语义和句子的关系。

> Cuando el rey oyó esto, creyendo que era otra burla, se enfureció tanto que se le echó encima, queriéndolo tomar por los cabellos. Al ver esto, el portero no quiso darle un mazazo, pero le dio un buen golpe con el mango y lo hizo sangrar por varias partes. Cuando el rey se sintió herido y vio que el portero tenía una buena espada y una buena maza, como él no tenía ninguna cosa con que defenderse, pensó que el portero estaba loco y, si le decía algo más, lo mataría, por lo cual decidió irse a casa de su mayordomo y esconderse hasta que estuviera curado, después se vengaría de todos aquellos traidores que tanto lo habían deshonrado.
>
> Cuando llegó a casa de su mayordomo, si le había ido mal en su casa con el portero, peor le fue en casa de su mayordomo, por lo cual se dirigió, lo más ocultamente que pudo, a las habitaciones de la reina, su mujer, pensando en

que todos estos males le venían, con seguridad, porque sus súbditos no lo reconocían. Estaba seguro de que, aunque todo el mundo lo desconociera, no ocurriría lo mismo con su esposa. Cuando llegó ante ella le relató cuánto mal le habían hecho y le aseguró ser el rey; ella, sospechando que si el rey, ya en palacio, supiese que escuchaba tales palabras, se molestaría mucho, ordenó apalearlo y que después echasen de palacio a aquel loco que decía tales barbaridades.

El desventurado rey, al verse tan despreciado, no supo qué hacer y se asiló en un hospital, muy mal herido y apesadumbrado, durante muchos días.

一个复合句里各种相连接的句子也称为命题 (proposiciones)，虽然并不一定需要使用这个术语。

上述引文里的第一个复合句从 cuando 开始一直到 cabellos 结束。句子里包含了以下这些关系：

Cuando el rey oyó esto: **时间**

creyendo: 表示方式的**景况补语**，副动词

que era otra burla: **补充**

se enfureció tanto: **主句**，或核心句，或无标记的句子

que se le echó encima: **结果** (加强语气)

queriendo: 表示方式的**景况补语**，副动词

lo tomar por los cabellos: **补充**，原形动词

> 动词的**无人称形式**或者**名词形式**，特别是**副动词**和**原形动词**，还有**过去分词**，都可以是复合句的句子成分，并且自成核心，带着自己的补语。所以 lo 是 tomar 的直接宾语，而（地点）景况补语 por los cabellos 也是依赖 tomar 的。

引文里接下来的句子各种关系不断递增。

pero le dio un buen golpe: **转折**

como él no tenía ninguna cosa: **原因**

con qué defenderse: **形容，关系代词**

estaba loco y lo mataría: **并列，系动词**

por lo cual decidió: **名词，关系代词**

si le había ido mal en su casa: **条件**

porque sus súbitos no lo reconocían: **原因**

这些句子关系并不总是泾渭分明，而是有时候两种，甚至更多的细微语义差别会混杂一起。所以从语义出发进行归类划分十分复杂，可以有原因—方式、原因—结果，及各种不同的组合。

2 复合句的类别

鉴于句子千变万化的语义差别，我们觉得最好是用两种标准分辨复合句中的句子关系。第一种是**功能**标准，它必须告诉我们这个句子的功能是属于名词类的 (第一)、形容词类的 (第二) 或者副词类的 (第三)，也就是说，它们分别是：

名词从句

形容词从句 (定语从句)

副词从句

第二种是**语义**标准，侧重逻辑关系：一方面是原因、条件、地点、时间、方式、比较或结果的关系，另一方面是联合、交叉、并列、限定的关系，还有其他按推理因素建构的种种关系。

我们暂时不涉及传统的并列复合句和主从复合句的分类。下一章我们再讨论这个问题。因为目前的语言研究无法提供对此传统分类的解释：只能指出在一些传统的从句里，比如结果从句里面有一个叫作主句的成分 (可以称为核心句，或粘着句，无标记句子，因为在此句子之前没有一个连接词或者副词连接短语)。简单归纳，我们可以说这些传统的并列复合句是两个句子连接在一起，没有一个句子是在另一个句子内部起特殊作用 (这点我们在下一章讨论)。

诚如上面所说的，功能分类法审视句子是否起名词 (像名词词组的核心)、形容词或副词的作用。但这里还纠缠了形式的问题，因此影响了关系代词在句子中的功能，并带来了各种不同的句子组合。让我们逐一讨论：

名词从句

有时也被称为补语从句。这种从句拥有众多功能，但实际上只有当它担当直接宾语时才能被称为补语从句。形式上它们拥有以下特征：

和原形动词在一起。

由"补充的"que 或表示疑问的 si 引导。

间接疑问句。

带 el, la, lo, los, las + **que** 的句子 (会因为形容词从句或关系代词而变复杂) 。

我们将会看到, 在一些情况下, 从句与主句之间缺少一个连接的成分, 也就是说, 缺少连接词。我们接下来看看此类句子的不同功能:

作主语: **Que llegamos tarde** es seguro.

作直接宾语: Quiero **que vengas.**

作名词谓语: Esto **está que arde.**

带以下成分的**前置词词组**:

一个名词: La idea **de que me prestara dinero** falló.

一个形容词: Cansado **de que lo insultasen**, dimitió.

一个动词: Me alegro **de que haya venido**.

形式的问题

一般来说, 当句子是肯定句时, 从句由 que 引导, 当句子是疑问句时, 由 si 引导:

vio **que** tenía la garganta abierta

vea **si** tiene la garganta abierta

H. Quiroga

当主句的主语和名词从句的主语同为一人时, 从句可以使用原形动词:

pienso **que lo haré / pienso hacerlo**

quiero **salir** (不能使用: * quiero que yo salga)

有时候名词从句的主语虽然与主句的主语不相同, 但主句是从句施动的原因, 这种情况下也可以用原形动词:

el capataz mandó **cubrir aguas**

el capataz mandó **que cubriesen aguas**

第三种名词从句在和主句连接时可以不带连接词, 有时候这种连接词的省略必须依赖严格的词汇排列顺序。爱德华多·贝诺特 (E. Benot) 提供了以下的例子:

se asegura desembarcará mañana el presidente

但是不可以说:

***se asegura el presidente** desembarcará mañana

直接引语和间接引语

在名词从句之前不使用连接词, 这种可能性往往出现在直接引语中: 主句的动词是认知动词或言说动词(pensar、decir, 等等), 而名词从句直接再现了思想和表达的内容:

Déjadme libre, dejadme que le mate —decía.

(原原本本的说话内容)　　(表示说话的动词)

J. Valera

在间接引语里，相反，不是一字不漏地再现说话者的思想或话语，而是在 que 或 si 之后转述说话者的思想或话语。名词从句常常如此行文：

puso el grito en el cielo diciendo que iba a tomar venganza

J. Valera

虽然也可以省略连词：

te ruego regreses pronto

F. Lázaro

间接疑问句

间接引语的一种特殊形式就是间接疑问句，它们开头或者是一种疑问形式，或者是连接词 que si 或 si。把此类句子与关系从句或副词从句分辨开来并非难事，因为只要注意到间接疑问句的询问特点即可：

espera / que le digamos / cuál restaurante hemos decidido

García Hortelano

主句 / 名词从句 / 名词间接疑问句

les pregunté que dónde pensaban practicar a aquellas horas

García Hortelano

les pregunté si lo sabían

no dijo quién vendría

介于名词从句和形容词从句或关系从句之间的几种句子

有两种形式的句子，其名词功能与名词从句相同，同时它与形容词从句相似，均以关系代词引导开头。它们就是以 el, la, lo, los, las + que 引导的句子，还有以 quien, lo cual, cuanto= todo lo que 开头的句子。

有关 el ...+ que 句型的争论聚焦在 el, la, lo, los, las 的意义上。有些语法学家认为 el que 及其类似的构造是一个整体，另外有人认为所有先行于 que 的形式是冠词，可以与其他成分构成名词，同时也有一些人认为 el 等形式是代词，或者是古体代词的余体，而 que 则是一个真正的形容词。只有接受了第三种观点，我们才可以说这种句子是形容词从句。

Hizo lo que jamás volverá a hacer nadie.

H. Quiroga

因为quien是一个关系代词,所以带有quien的结构被认为是形容词从句,但是这种句子也经常担负着类似名词词组的功能,所以它们应该被界定为名词从句:

Desgraciadamente, al segundo día fueron hallados por quienes los buscaban.

H. Quiroga

这两种情况,至少有待进一步商榷。lo cual引导一个名词从句,因为它不修饰名词,而是名词核心,有如cuanto一样。

形容词从句

形容词从句毗邻名词或修饰名词。正如我们讨论过的,该名词是名词词组的核心。在形式上,形容词从句可以分为三组:

关系形容词 { 真正的
状语从句

过去分词

副动词

关系形容词从句

首先让我们来讨论真正的关系形容词从句,它们一般都是后置于关系词que、el cual、la cual (不是lo cual,正如我们上面解释的一样)、suyo。在这个类别里,我们还会看到一些介于中间的现象: quien、lo cual和el, la, lo que。

这些引导从句的关系代词自己本身起着双重作用,一是起连接句子的作用,二是在从句里扮演语法角色 (主语、宾语,等等),它们同时代表了一种成分,即指称对象。如果指称对象出现在关系代词之前,这就是先行词,这种指代称为前指; 如果出现在关系代词之后,这就是后续词,这种指代称为后指 (或下指)。

前指: **el libro que** está encima de la mesa。

后指: 真正的形容词从句里没有后指,除非是因为文体的需要; 但是在名词从句里有,以el que、quien 或者 cuanto 出现, **quien** ha venido **es Nicolás**。

就像形容词可以分为限定性形容词和解释性形容词一样,形容词从句也可以分为限定形容词从句或解释形容词从句,在语义上也显示了与形容词相一致的特点: 限定形容词从句旨在辨别或选择,解释形容词从句则侧重无差异的特质。因此,我们可以平行区分:

限定或辨别形容词从句: 与先行词形成一个语义不可分割的整体,其间没有停顿,书写上没有逗号:

La muchacha que compró el cuadro salió.

这个句子特别指出,在所有的女孩中,只有那位买了画的女孩走出去了。

解释或附带形容词从句：对先行词加以修饰，但不像在辨别句中加以指定或限制。形容词从句和它所修饰的先行词之间关系不是特别紧密，这反映在说话时中间停顿，书写上用逗号隔开：

La muchacha, que compró el cuadro, salió.

这个句子只告诉我们女孩买了画，但是并没有用这个事实来把她与其他女孩区分开来。换句话说，如果我们继续讲下去，我们将会看到不可能把指定或解释从句混在一起同时使用：

可能：La muchacha que compró el cuadro, salió, las demás siguieron viendo la exposición.

不可能：*La muchacha, que compró el cuadro, salió, las demás ...

除非我们在前面已经把这位女孩与其他女孩区别开来，否则这第二句话不成立。

关系状语从句

关系副词 (donde、cuando 和 como) 可以构成状语从句。它们不同于真正的副词从句，因为关系状语从句的关系副词前带有先行词，而副词从句却没有 (副词从句也能与副词一起构句，但正如我们反复强调，没有先行词)：

no me dijo la casa donde vive (关系从句)

no me dijo dónde vive (名词从句：间接疑问句)

fuimos donde vive
fuimos adonde vive } (副词从句)

在这里不难看出，这是一个很微妙的问题，游弋于三种功能类型之间。

第四种关系副词，cuanto，情况特殊，请看以下例句：

名词性：cuanto= todo lo que：cuanto digas se usará contra ti。

副词性：en cuanto= cuando：en cuanto pueda te veré。

过去分词和副动词

当过去分词和副动词的句子与名词或类似的成分相毗邻时，它们是形容词从句。

过去分词：

Vivir con los ojos **abiertos a la realidad** es conveniente.

副动词：

En aquel cuadro aparecían mujeres **lavando ropa**.

把上面句子视为形容词从句完全成立，如果我们把它与以下的句子相比较：

Vivir con los ojos **que se abren a la realidad** es conveniente.

En aquel cuadro aparecían mujeres **que lavaban ropa**.

使用副动词造句可以滋生多种问题,除非是为文体所需,最好是避免它们,免得陷入政府布告栏 (*El Boletín Oficial del Estado*) 有名的副动词文体。此种文体本已消失,现在由于文员们的不严谨,竟然又再次出现了: orden disponiendo, disposición derogando, 等等。

同样的,在有些情况下,过去分词和副动词句子不是形容词从句,而是<u>副词从句</u>:

时间从句: terminada la fiesta, todos se fueron a casa = cuando terminó ...

条件从句: estando tú conforme, no hay problema= si estás tú conforme ...

我们应该注意到,当这些句子是副词从句时,它们不修饰或毗邻其他句子中的任何一个名词。

副词从句

当我们在前面讨论各种不同句子功能时,我们可以看到它们之间的区别并不明显,但总体来讲,可以肯定副词从句各式各样,为此它们有时在形式上与其他从句相**重叠**,但它们**没有先行词**或者不**直接毗邻**一个名词词组。同时我们也不同意把它们单纯地当作一个隶属于主句的从句,所以我们不把它们从两种类型区分开来。在一些从句里,比如目的从句、原因从句和让步从句,会造成一些困惑。我们将在下一小节里再专门讨论。这里我们暂且把它总体归划为三种关系、九种语义类型和几种不同的表达形式:

关　　系	语义类型	主要表达形式
景况	空间 时间 方式	副词
数量	比较 结果	副词
原因	条件 让步 原因 目的	连接,有时是副词

3　副词从句各种细微的表达方式

景况关系

这种从句的最大问题是如何使之区别于形容词从句。最大的区别在于副词从句没有真正的先行词。

地点、时间和方式的补语从句被称为景况补语从句。这三种方式不约而同地选择使用动词的陈述式描述过去与现在，用虚拟式表述将来；但这只是表达上的选择，并非一成不变。

地点补语用donde这个关系副词来组成，不带显性先行词，有时却带前置词：adonde、de donde、por donde、hacia donde、hasta donde、en donde：

> Encendimos la hoguera en donde no lo estorbase el viento (=en el lugar en el que).

> Aquí es donde nació Lucita (=el lugar en el cual).

时间补语把动作固定在一个时段，但不是通过小品词来引导，而是通过动词的时态。它们可以由关系副词cuando、mientras、apenas，还有tan pronto como和带que的luego que、antes que、hasta que等类似的短语引导。

时间短语可以带原形动词。

> Al ver a Alberto se puso en pie.

> R. Pérez de Ayala

En una creciente del Alto Paraná se encuentran muchas cosas antes de llegar a la viga elegida.

> H. Quiroga

时间关系有以下几种：

在此之前：

> Antes que hablara se reía la gente.

紧接相继：

> Luego que hablaba se reía la gente.

> En cuanto hablaba se reía la gente.

> Tan pronto como hablaba se reía la gente.

在此之后：

> Después que hablaba se reía la gente.

多次重复：

> Siempre que hablaba se reía la gente.

方式补语决定了主要动作的完成方式，带着小品词como和según：

Como se ve, Cervantes no conoce límites para la libertad de quienes mutuamente se aman.

> A. Castro

Según se ve ...

según的情形往往是在方式补语里省略了思维或言语动词：

> Según Américo Castro, Cervantes no es un 'ingenio lego' = según dice ...

方式从句与以下类型的句子相关联：

比较方式从句与这些关系词语搭配组成：

$$
\left.\begin{array}{l} \text{así} \\ \text{bien así} \\ \text{tal} \end{array}\right\} \text{como}
$$

或者：

$$
\left.\begin{array}{l} \text{así} \\ \text{tal} \end{array}\right\} \text{cual}
$$

条件方式从句是以 como si 开头：

lo quería como si fuese su hijo

数量关系

比较从句

比较从句和结果从句 (我们会进一步讨论) 构成数量关系句。它们属于比较和数量副词。

比较句比较的是品质和数量。可以是同级、较高级或较低级比较。那些比较虚词相互对应使用，一个在主句里，一个在从句里；因为比较句和形容词的等级密切相关，所以一个形容词可以在第一比较语段中带着它的等级修饰词。

比较句的第二个特点就是可以省略从句的动词，如果该动词与主句的动词相同。

同级比较

品质：

$$
\textbf{tal} \ldots \left\{ \begin{array}{l} \textbf{cual} \\ \textbf{como} \end{array}\right.
$$

igual ... que

lo mismo ... que

Tal lo hizo, cual lo deseaba.

数量：

$$
\left.\begin{array}{l} \textbf{tanto} \\ \textbf{todo} \end{array}\right\} \textbf{.... cuanto}
$$

$$
\left.\begin{array}{l} \textbf{tanto (tan)} \\ \textbf{tal} \end{array}\right\} \textbf{... como}
$$

igual   ... que

$$
\textbf{Recogió tanto} \left\{ \begin{array}{l} \textbf{cuanto} \\ \textbf{como} \end{array}\right. \textbf{pudo}
$$

在这些同级的比较句子里，先行词常常可以省略不提：

> que duerma cuanto quiera

> el chico es (tan) estudioso como esperábamos

较高级比较

> **más ... que (de)**

> **adjetivos en grado comparativo .... que (de)**

> corre los doscientos mejor que los cuatrocientos

> me han dejado más sola que a un gato

> García Hortelano

较低级比较

> **menos .... que (de)**

> **adjetivos en grado comparativo .... que (de)**

> es menos inteligente de lo que pensábamos

> es peor que su amigo

结果从句

有如上面其他从句，结果从句属于数量比较。它的后果取决于我们所表达的品质、景况或者动作之强度。

它们的先行词 (有时候可以省略) 是 tanto、tan、tal、de modo、de manera、en grado 等等。

结果以 que 引导：

> habla (de tal modo) que maravilla a todos

结果从句与同级比较从句的区别在于它的强调特点。这两种从句最大的混淆点在于句子前面都使用了 tanto。然而，结果从句以 que 开头，而比较从句并没有。

> Tengo tanto pan como vino (= 比较句)。

> E. Benot

> Posee tanto dinero que no tiene tiempo para contarlo (= 结果从句)。

> E. Benot

像下面这个句子一样，两种句型之间的区别是可以缩小到最低程度，结果从句以 que 开头，比较从句以 cuanto 开头。

> Lo creo tanto menos, cuanto que no es hombre de bien.

> E. Benot

结果从句还应该区别与另一种术语上与它同源的类型：表达从结果推断出原因的原因结果从句。这种不是数量关系，而是因果关系。我们现在集中讨论这第二种关系。

因果关系

在这个类型里，我们将讨论四种最复杂的关系，因为一个句子和另一个句子的关联似乎常常是必要的：a) 一个原因造成一个结果；b) 一个行动促成了某种结果，也就是说，原因句带着某种目的；c) 假设满足主句的条件，就会产生预期的结果；d) 虽然有障碍横亘于因果之间，因果关系仍然成立。如同语义区别千变万化，因果句的形式与变体也是五花八门。

原因从句

表述了由因到果的关系，也就是说，指出原因，和因之产生、已经产生和将要产生的结果。

当我们避开界定并列和从属复句的区别时，我们免去了条件句里一个十分复杂的分类问题，但我们可以提出另一种分类：

肉体或物质的结果；必需的关系：las plantas son verdes porque tienen función clorofílica (而不是因为其他原因)。

精神上的结果；逻辑关系：no ha venido porque está enfermo (或者其他原因：太忙、不高兴，等等)。

最常用的原因连词是porque，但还是可以使用许多其他的原因连词或短语：que、pues、pues que、puesto que、supuesto que、de que、ya que、como、como que。

No te me pongas tonta, que no tengo ganas de ahora discutir.

Sánchez Ferlosio

El error moral se aloja fácilmente en quienes pasan por cuerdos, ya que sus raíces ...

pueden envolverse en aparente discreción

Américo Castro

Encendiósele la cólera, y como no la pudo vengar en v. m ... descargó sobre mí el nublado

Cervantes

Fue meramente porque no quisieron

Cadalso

一种特殊的因果句子就是结果 – 原因句或者也叫反因果句，把传统因果句式反向排列：

因果句式：原因 ⟹ 结果：no salí porque llovía mucho。

果因句式：结果 ⟹ 原因：llovía mucho, no salí, pues。

最后，在因果句式里我们还有一种假设原因句，由短语por si开头：

Te lo digo por si no lo sabes = te lo digo porque acaso no lo sepas.

在这里表达了一种受主观制约、削弱的因果关系，所以它以条件或怀疑方式出现。

目的从句

目的从句和名词从句的界限需要进一步商榷。有如肯定名词从句一样, 目的从句以虚词que开头, 但是它还使用前置词a或para或者a fin de、con la intención de等等的前置词类的短语, 当复合句里的主句和从句主语相同时, 结果从句可以使用原形动词 (这种情况下系词que被省略) 。

llévatelo *para que adornes esa pared*

llévatelo *para adornar esa pared*

带动词变位的目的从句永远使用虚拟式动词。

我们不应该忘记, 这些从句以a或para开头, 扮演着间接宾语的角色, 但它们不是间接宾语, 所以永远不能用le、les代替。

说话者对目的或者意愿的表达假设了一种暂时的将来, 因为目的从句的行动发生在"主要行动"的后面: ahora te lo llevas, después adornarás la pared。这个观点解释了在目的从句里虚拟式的应用。目的从句与名词从句的关系, 在于它可能代替或等同于一个名词: llévatelo para **adorno**, 这个句子解释了为什么可以用原形动词以及它与名词从句的交接。它们语义上起着副词或景况的作用, 因此我们把它们归在这一类。我们把这种从句放在因果从句里, 因为意图代表着某种意义上的因果关系: 装饰墙壁的意图是把东西带走的原因。

条件从句

通过这种句式 (一种假设句) , 我们表述了一种因果关系, 即前提条件与履行条件后的结果之间的关系。

现代西班牙语没有形式手段来表示所有细微的语义区别 (其他语言, 比如拉丁语或者中世纪西班牙语则拥有丰富许多的表现形式) 。所以, 虽然下列第一个例句的现实与物理条件与第二个例句纯粹的逻辑与可能性条件不同, 它们的语法表现手法却相同:

第一句: si aumenta la temperatura, sube el mercurio en el termómetro

第二句: si vienes, te veré

第一句话里, 如果温度上升了, 温度计的水银指标一定上升, 这个条件产生的结果是不争的事实; 而第二句话里, 如果这个人来了, 并不一定表明你会看到他。前后两句话的条件与结果的必然关系完全不同, 但在语法表达上却是一样的使用陈述式。

鉴于此种原因, 在现代西班牙语里, 从形式上来看, 我们必须分辨使用陈述式的条件从句 (有一些特殊例外我们将会在图表中看到) 和使用虚拟式的条件从句 (和简单条件式-ría一起造句) 。因为这些方式的应用十分复杂, 为了简便起见, 我们沿用传统的说法, 把它们分为现实条件和非现实条件。

最佳的条件连接词就是 si,围绕着它我们构造了一系列的条件从句。然而,实际上还有许多其他的方式来引出一个条件,我们将在以后看到。

现实或可实现的条件

这里包括了所有现实的、合乎逻辑或意外可能的条件。在此,说话者认为条件是可行的,换句话说,说话者认为如果条件满足了,结果就应该出现。

条件	结果
总是使用<u>陈述式</u>	陈述式 (除了 hubo -do)
(除了 hubo -do、将来时	命令式
和带 -ría 的时态)	虚拟式 (除了将来时)
Si vienes,	estaremos todos.
Si es menester,	échele Su Reverencia un buen sermón.
Si quieren,	háganlo.
Si venía,	lo decía.
Si ha venido,	ya te lo habrán dicho.
Si me había despertado,	me gustaba ver amanecer.

非现实或不可实现的条件

这种条件句包括了从未实现过的条件,因而是非现实的,和那些在说话者看来完全是不可能实现的非现实条件。这点可以通过动词时态来分辨: si hubiera venido te lo habría dicho (过去时,未实现条件),和 si viniera te lo diría (非过去时,有可能实现的条件,但说话者认为不可能实现)。应该注意的是,有关过去时 (hubiera -do 之类的),最主要的并不是条件是否实现了,而是说话者把它当成未能实现的条件加以描述: 确实,如果说一个人 si hubiera venido ...,可能是确实他真的来过或者是他真的没来过。如果他真的来过了,我就是隐瞒事实,而且我表现得似乎就好像他没来过; 如果他没来过,那么我讲的条件和现实就相符合了——未完成条件。

条件	结果
总是使用<u>虚拟式</u>	虚拟式 (除了现在时,
(过去时: hubiera/se -do,	完成体与将来时,带 -se 形式)
非过去时: -ra/-se)	陈述式 (-iría)
Si lo hubiera/se sabido,	no habría venido.
	no hubiera venido.
Si el güisqui crease charca,	tendría yo ranas en el estómago.

Si lo hiciera/se,	lo diría.
	lo dijera. (古体，但在一些地区还在使用，如墨西哥)
Si tu padre viviera,	él te lo dijera mejor que yo.

表达意外可能性的古体句式

为了表达意外可能性，也就是说，这个条件可能或者不可能实现，或者说，不考虑条件是否将会实现，在一些地区的西班牙语里，或者某种语体中，存在着使用将来虚拟式或者以 -re 结尾的假设将来时这种精心雕铸、公式化的用法。

Si así lo hicieres,	Dios te lo premie.
Si viniere,	lléveselo en buena hora.
Pero si Filis por aquí tornare,	hará reverdecer cuanto mirare.

俚俗用法

这种用法是西班牙北部一些地区的特点，但是也蔓延到美洲大陆。这就是说在条件句里用简单可能时或者陈述式的 -ría：

俚俗：Si **vendría**, lo vería (应该是 si viniera)

Si **habría venido**, lo habría visto (应该是 si hubiera venido ...)

同样，在结果句中使用 -se 也是俚俗的用法，正确的用法应该是 -ra。这种俚俗用法在复合形式里比较普遍，因为在简单形式里，主要是用 -ría。就像我们在前面两个例子中所看到的，这种错误的用法在于讲话者试图在假设句中采用同样的结构：

俚俗：Si lo hubiese sabido, no **hubiese** (代替 hubiera) venido.

Si lo supiera/se, no lo **dijese** (代替 dijera, 或者 diría).

引入条件的几种方法

—借助 como, cuando, siempre que, ya que, con tal que, con sólo que, con que：

Con que llegues un cuarto de hora tarde, me conformo.

Lo haré siempre que estés dispuesto a ayudarme.

Cuando lo hagas lo haré yo.

(和时值相关)

—无人称形式：

原形动词：De no venir, me enfadaré.

副动词：Ayudando Dios, saldremos del paso.

现在分词：Dado que ataquen, nos defenderemos.

—不带因果连词 (E. Benot 的例子)：

Tuviese yo dinero y compraba el palacio.

Hubiera comprador y vendía yo mis libros.

Tuviéramos ahora periódicos independientes y denunciáramos tales abusos.

让步从句

副词从句的最后一种就是让步从句。这种复合句也是由两个句子组成的：带标记的从句，或者说由连接词引导的从句展示了一个妨碍主句行动的障碍，但 (无标记的)"主句"仍然可以完成预定的动作：

Aunque llueva, saldremos.

这里描述了一个不起作用的、无足轻重的条件，使得条件句与让步从句之间存在着一种关系。

让步从句也与一种制约性或说明性的并列句有关系，这就是转折句，我们在下一章里会专门讨论。区别这两种复合句的要点就是，如果是转折句，那么引进其中一个句子的连接词可以用 pero 来代替。这种混淆在使用 aunque 时更是常见 (它可以是转折连接词或让步连接词)。应该指出的是转折句用陈述式，而让步从句用陈述式和虚拟式，因此，问题只是出现在使用陈述式的转折句和让步从句之间。这种语义上的区别再次告诉我们，试图把并列复合句与主从复合句区别开来是毫无意义的事：

转折句：   son muy ricos, aunque (=pero) no lo parecen.

让步从句：son muy ricos, aunque (=a pesar de que) no lo parecen.

son muy ricos, aunque no lo parezcan (虚拟式).

就像条件从句一样，除了最著名的让步词 aunque (之后也转为转折连接词)，让步句也有许多各种各样的开头形式：

—Así, si bien, aun cuando, como, siquiera, a pesar de que, bien que, mal que

—重复动词，中间被一关系词分开：sea lo que sea, caiga quien caiga

—副词 aun + 副动词

—发狠诅咒 + 关系词

aunque llueva, saldremos

aun lloviendo, saldremos

llueva lo que llueva, saldremos

a pesar de que llueva, saldremos

maldito sea lo que llueva, saldremos

4 练习

1. 从 E. Sábato 的小说《隧道》(*El Túnel*) 的文本里找出下列句型的句子：

a) 情态句

b) 补语或名词从句

c) 间接引语

d) 直接引语

e) 目的从句

f) 比较句

g) 形容词或关系从句

h) 时间从句

EL TÚNEL

Como decía, me llamo Juan Pablo Castel. Podrán preguntarse qué me mueve a escribir la historia de mi crimen (no sé si ya dije que voy a relatar mi crimen) y, sobre todo, a buscar un editor. Conozco bastante bien el alma humana para prever que pensaron en la vanidad. Piensen lo que quieran: me importa un bledo; hace rato que me importan un bledo la opinión y la justicia de los hombres. Supongan, pues, que publico esta historia por vanidad. Al fin de cuentas estoy hecho de carne, huesos, pelo y uñas como cualquier otro hombre y me parecería muy injusto que exigiesen de mí, precisamente de mi, cualidades especiales; uno se cree a veces un superhombre, hasta que advierte que también es mezquino, sucio y pérfido. De la vanidad no digo nada: creo que nadie está desprovisto de este notable motor del Progreso Humano. Me hacen reír esos señores que salen con la modestia de Einstein, o gente por el estilo; respuesta: *es fácil ser modesto cuando se es célebre;* quiero decir *parecer modesto.*

E. Sábato

---

2. 从 E. Sábato 的第二个文本里找出下列句式的句子：

a) 肯定句

b) 否定句

c) 疑问句

d) 间接疑问句

e) 命令式

> Sin embargo, no relato esta historia por vanidad. Quizá estaría dispuesto a aceptar que hay algo de orgullo o de soberbia. Pero ¿por qué esa manía de querer encontrar explicación a todos los actos de la vida? Cuando comencé este relato, estaba firmemente decidido a no dar explicaciones de ninguna especie. Tenía ganas de contar la historia de mi crimen, y se acabó: al que no le gustara, que no la leyese.

3. 请把下列句子改写成不同的形式：

Felipe pinta la pared mañana.

a) 肯定式

b) 被动式

c) 疑问句

d) 命令式

e) 间接疑问句

f) 祈使句

g) 惊叹句

h) 简单过去时

i) 简单将来时

j) 现在完成时

第八章 不同句子关系的表达意义

1 并置复合句、并列复合句和主从复合句

2 可能的从句转换形式

3 并列关系与主从关系在行文中的意义

4 练习

1 并置复合句、并列复合句和主从复合句

构成一个句子的不同短句,也就是说,一个复合句里不同的句子成分,可以以两种方式互相结合:

连词反复 (polisíndeton) : 通过虚词、短语、连词或副词连接句子。

连词省略 (asíndeton) 或并置复合 (yuxtaposición) : 句子没有出现连接词,不同的句子通过停顿 (文字上以逗号分开) 联系起来。

在下面这个例句中没有任何起联结作用的虚词,除了 donde 这个词:

Quedó sola Leocardia, quitóse la venda, reconoció el lugar donde la dejaron. Miró a todas partes, no vio a persona.

Cervantes

假如我们使用连词,或许可能得出如下的句子:

Quedó sola Leocardia y quitóse la venta; después de ello reconoció el lugar donde la habían dejado. Aunque miró a todas partes, no vio a nadie.

很明显并置复合句产生一种明快的文体效果,避免了在逻辑范畴里绕圈圈,可以直接切入动作。

相反地,连词反复的句子节奏缓慢,语者面面俱到,顾及每一个细节:

Había traído la peineta y la mantilla y un mantón de Manila.

G. Hortelano

　　然而，有时候因为形式的缘故，必须把并置复合句和一个连词一起使用。这种现象发生在联系并列句中：几个不同的句子相结合，组成一个复合句。它们之间是平等的，是逻辑上包含的关系；它们只是在复合句的最后一个成分前使用了一个相应的连词 (一般常用的是y)。

Candiyu esquivó, derivó, tropezó y volcó muchas veces más de las necesarias.

Horacio Quiroga

　　这里作者并没有如此使用：esquivó, y derivó, y tropezó ...

　　并置复合的结构虽然没有使用连接词，但是，通过上下文的各种因素和语调的变化，仍然可以表达许多语义上的细微差别。语音的影响 (语调) 促成了连词省略在口语中的使用，但是在书面语中，还是产生了一些特殊的文体效应，我们将在第三节进一步讨论。因为这种结构非常简单，它体现了西班牙语形成初期的语言特色，体现了一些简单和古老的文本特点。然而，应该注意的是我们不应当把并置复合与文字简化混为一谈，或者认为是缺乏对句法的掌握。我们应该看到仅仅通过连词省略也能达到复杂的文体效应。

　　接下来让我们来看看并列复合句和主从复合句的问题。

　　只要两个句子，价值相等，它们之间只是由一个连词衔接，其中的任何一个句子并不在另一个句子中拥有任何功能，我们就称之为并列复合句。这两个相接的句子在句法上完全相等：

Fernandez se encogió de hombros y silbó.

Horacio Quiroga

　　如图所示：

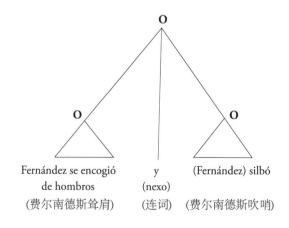

这两个句子唯一的共同之处就是共用一个连词y。这个图表展示了它们各自绝对的独立性。

之后我们会进一步讨论各式各样的并列复合句。

当我们说，这两个句子的共同之处就是一个连词，意思是其中的一个句子不是另一个句子的一部分。十分常见的是，比如在上面的例句里，一个句子的成分，尤其是主语，也可以在另一个句子里担当同样的功能。所以，Fernández 是 se encogió 和 silbó 的主语。在本章的第二节里我们可以审视一些可能的转换形式。

主从复合句严格来讲意味着从句应该扮演着主句中一个元素的角色，更确切地说，它代替了名词词组的一个元素：核心或邻接词。

这种对从句的定义意味着只有**名词从句**和**形容词从句**才是真正意义上的从句，因为只有它们才能代替"主句"名词词组里面的一个元素，名词从句代替名词词组的核心，形容词从句代替毗邻词。

那么我们怎么解释传统语法上的副词从句呢？答案很简单，那就是副词从句不是主句的从句，而是一种特殊的并列句，因为它不是"主句"中的一个元素，而是与主句整体相关联。这种关系是一种语义限制：副词从句指示了主句得以成立的逻辑景况。这些景况就是在上一章中我们讨论过的逻辑关系：地点、时间、条件、原因、目的等等。

> 这种区别并不是新鲜事物。阿马德·阿隆索（Amado Alonso）和恩里克斯·乌雷纳（Enríquez Ureña）已经划分出主句内含句（inordinadas）和从句（subordinadas）的区别，他们认为主句内含句是主句中的一个元素，而他们定义的从句并不是很清楚，在此我们暂且将它们规划为副词从句。当我们把主从复合句减缩为名词从句和形容词从句时，显然我们把并列复合句的概念复杂化了，但是，正如我们很快可以看到，副词从句实际上是一种限制并列从句。

为了澄清这些概念，让我们来看看主从复合句的形式 (名词从句和形容词从句) 是如何与副词从句相异的。此外，副词从句实际上与传统的并列复合句相同。

主句 + 名词从句：

Espera que le digamos.

Gracía Hortelano

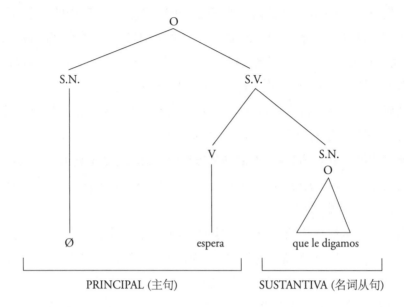

Será mejor que nos acerquemos.

Gracía Hortelano

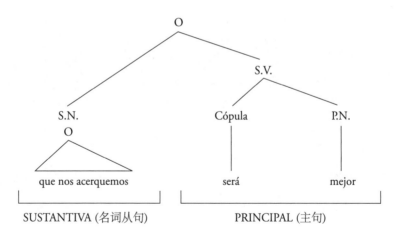

名词从句在第一个例句里是直接宾语 (lo espera)，在第二个例句里是主语 (eso será mejor)。

主句 + 形容词从句：

Es una ocupación que se proporciona.

Juan Valera

这句话等于 es una ocupación proporcionada：

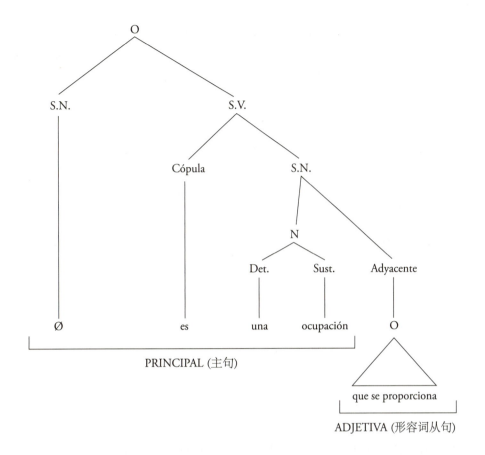

PRINCIPAL (主句)

ADJETIVA (形容词从句)

当我们谈到形容词从句时，在我们的描述里，我们给形容词从句贴上一个大大的"邻接"标签。这丝毫不是对形容词从句可能出现的一种转换层面的解释。它只是描述结构的一个再现标准，并非解释，我们也并不试图在此解释。描述和表征是一面，另一面是解释，我们坚持两者之间的区别，因为人们滥用了树形图表把我们带进一个很大的误区。我们希望挣脱这个误区（这就是为什么我们尽量不多用图表，虽然明知在有些情况下它们清晰而实用）。

让我们现在来看看，副词从句是怎么**表现**得与传统的并列从句相同的。

我们已经说过，把副词从句当成主从复合句中的从句，意味着遵循今天已不太被人接受的传统句法分析。就像我们在底下这个图表可以看到的，副词从句的结构和并列从句的结构相似，而不是和名词从句或形容词从句的结构相似。在图表顶端，为了突出这种差异，我们使用了希腊字母 Σ。

Si el güisqui crease charca, tendría ya ranas en el estómago.

García Hortelano

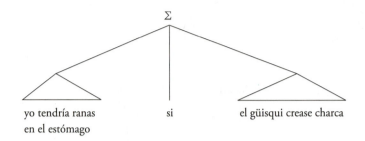

为了更清楚地表明两个句子具有相同的价值,我们可以换一个格式来表达:

El güisqui crea charca /y/ yo tengo ranas en el estómago.

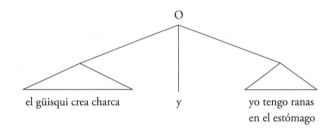

这个 /y/ 的形式不是真正的并列连词,而是一种意义上的限定:

Para que se produzca el hecho de que yo tenga ranas en el estómago, es necesario que el güisqui cree charca.

应该说,并不是所有的副词从句都一概与任何并列从句相似,而是只与一种并列从句相似——限定并列句。因此,应该可以说,逻辑上有三种并列从句: a. 包含并列句 (联系并列句) b. 排除并列句 (选择并列句) c. 限定并列句 (或反义并列句) 。

联系并列句,包含或增补句

在形式上,这些句子通过连词 y、e、ni 和古语中的 que 组合而成。这种 que 的连词出现在类似 dale que dale、erre que erre 的固定短语中。

在语义上它们表达增补: 一个句子的语义内容加入另一个句子。所以,从逻辑关系上来表达,我们用逻辑合取符号 ($\wedge$) 来表示: $A \wedge B$。

连接词 y 适用于肯定组合: 当下一个单词的第一个元音是 i, y 变成 e (但这不包括二重元音里的第一个半辅音,如 ie) 。

hermosos e inútiles	Blasco Ibáñez
es muy justa y me enorgullece	Blasco Ibáñez

piedras y hierros, tierra y hierbas, 等等。

当一系列的句子一个接一个地组合成并列组合句时，只有最后的一个句子需要用连词与前面的句子相接：

> Él lloraba, no sabía qué hacer y llamaba a voces a Cloe.

> J. Valera

> Sálvate tú, salva a Dafnis, véngame y piérdelos.

> J. Valera

连词ni连接否定句子：

> No se moría nadie en la escena, ni salía gente de luto, ni se lloraba.

> Pío Baroja

为了加强否定的语气，可以重复使用ni：

El vagabundo, recordando aquellas sabias palabras que aconsejan no meterse en disputas ni con clérigos ni con el consonante, dio los buenos días y se marchó.

> C. J. Cola

连词y构成的联系并列句是最常见的联系并列句之一。它也可以拥有转折或者条件的意义；转折的意思在y no的用法里十分常见：

> Eres muy listo y no me engañarás = eres muy listo, pero no me engañarás.

在对复合句进行分析和分类时，似乎句子的语义内涵比纯粹的形式更为重要。

选择或排除并列句

从形式上来讲，这些句子通过连接词o彼此相接，但在以元音o开头的单词前o改为u。

> uno u otro, hielos u hogueras

在语义的层面里，这些句子表达互相排斥的看法；句子中的每个结论都在相互排斥。

> Al que tiene mujer hermosa, o castillo en frontera, o viña en carretera, nunca le falta guerra.

> Refrán antiguo

因为语义上这种分离并列句隐含一种排除，我们可以用逻辑析取符号（∨）来表达：$A \lor B$。

选择并列句各式各样的形式涵盖许多不同的语义，但正如与前面提到的y一样，联系词o可以用来表达不同语义的细微差别。

可以用来开始一个声明，作为解释：lililíes, o gritos de guerra de los moros

这里连词用来解释在西班牙地区的阿拉伯语的发音里：La llah ila Allah (no hay sino un

Dios; no hay Dios sino El Dios) 是打仗时的呼语，发音为：Li llih ili-l-lih。

　　另一种 o 很常见的文体使用方法 (诗人维森特·阿莱桑德雷 /Vicente Aleixandre 在其作品中经常使用)，是被称为 o 的联系词用法。这是连词解释的另一种方式，可以称作"等同符"：

La destrucción o el amor

　　也就是说，摧毁和爱情是并存、同等的，它们之间没有互相排斥。

　　从选择并列句出发，为了强调并从语义出发，又分列出一个叫<u>分配并列句</u>的次类。

　　这种句子<u>形式上</u>的特点就是句子之间的<u>对应关系</u>：第一个句子里的第一部分和第二个句子的第一部分。没有单独的小品词，而是两个相对应的成分：uno ... otro, este ... aquel, cerca ... lejos, aquí ... allí, cual ... cual, ya ... ya, ora ... ora, bien ... bien, sea ... sea，等等。

　　从这种句型的<u>语义</u>出发，应该指出的是，它们与选择并列句的不同在于句子之间没有相互排斥，句子之间有所不同，但不互相排斥。

Ora se tornaba verde, ora tal como cera.

Berceo

Ya lo suben, ya lo bajan.

Canción popular

Uno piensa el bayo, otro el que lo ensilla.

Refrán

反义或限制并列句

　　<u>形式上</u>，这种句子之间用连接词 pero, mas, aunque, sino, sin embargo, menos, excepto, salvo, antes, antes bien 等等连接。

　　从语义上来讲，这种句型可以分成两种类型：修正并列句和排斥并列句。它们的共同特点就是二个句子之间<u>语义相反</u>。

　　修正并列句：

　　限制两个句子之间的语义相等，后面的句子对前面句子的语义加以修正，但是两者之间的平等关系仍然存在。前面列举的连接词中 pero, mas, aunque, menos, excepto, salvo 还有文学用语 empero，都适用于这种句式。

No tienes a nadie más en el mundo, pero yo trabajaré por ti, yo te defenderé.

V. Blasco Ibáñez

　　排斥并列句：

　　这种并列句不允许两种相连接的成分同时存在，因此使得句子包含了一些否定的含义。句子使用连接词 sino 和 antes 以及各种相关的组合。

Este libro no es una tesis doctoral, sino más bien todo lo contrario.

C. J. Cela

传统的反义并列句,也就是说,我们上面刚讨论的修改并列句和排斥并列句,其实只是一种可能的逻辑限定形式,它们涵盖了许多细微差别。它们中有的句型极为相似,所以,正如我们之前有机会指出的,反义并列句与陈述式让步从句形式上相同,根本没有可能在形式上把它们区分开来。在我们前面讨论传统的并列复合句的两种类别时,我们得以列举一些语义差别非常大的例子,并证明以形式标准划分复合句之不可行。我们必须在此重申这个观点,并把各种可能的副词从句和限定并列从句留到下一节讨论。

2 可能的从句转换形式

我们在广义上自由使用"转换"(transformaciones) 这个术语,我们称之为"转换"的名词无关各种现代科学研究的具体定义。所以说,只要在一个话语链里有一个元素被其他元素代替了,我们就称之为转换。为了进一步缩小我们的范围,我们只涉及词法和句法元素的转换,也就是说是代替词组或词组的一部分词 (核心词、邻接词)。

实际上,显而易见,一个复合句就是由几个简单句通过一系列转换后组成的: 包含: 引入或包括一个元素; 删除: 就是删去某元素。我们在此只大体研究几种形式,总是局限在我们上一段落所讨论的范畴里。

当主句词组与谓语从句拥有同一谓语核心时,联系并列句中的省略属于典型的转换: 在系动词从句里有典型的省略转换

> Tomó la caña.
> Tomó el cesto.　　$\Rightarrow$　　Tomó la caña y el cesto.

当需要增加解释和说明时 (一般是形容词从句) 最常用的就是元素包含法:

> Siempre hay algunos que le tienen ganas al que se destaca por algo.

Francisco Ayala

> Siempre hay algunos.
>
> Algunos le tienen ganas a alguien.
>
> Alguien se destaca por algo.

前面我们看到一些主语省略的例子:

> Antonio corre y se cae.
>
> Antonio corre.
>
> Antonio se cae.

如果我们从语义的角度来看，简单句是一个语义单位，那么复合句也是一个语义单位，只是这个语义整体必须通过各个单句把意思联结在一起。

这些组成复合句的句子，究竟是并列复合句还是主从复合句，从语义上来看，是一个重要的问题：在并列复合句中，当连接词被省略时，语义有轻微改变，但句子整体的意思没有改变。相反，形容词从句和名词从句，它们的语义已经镶嵌在主句当中，如果把它们与主句分割，句子的意思将会大大改变。当然了，还是有一些例外的：

例如，并列复合句"Antonio corre y se cae."可以分为"Antonio corre."和"Se cae."两句话。句子意思没有改变；相反，名词从句 espera que le digamos 不允许轻易地分成两句话，因为 espera 和 le digamos 各自没有<u>独立</u>的意思，至少没有像复合句一样让人一目了然的意思。在语义上，从句与主句总是比并列句更加相互衔接与依赖。

<u>名词从句</u>有三种可能的语义对等的转换：

名词：

Espera oír **tu confesión**.

原形动词：

Espera oír**te confesar**.

名词补语从句：

Espera oír **que (tú) confiesas／confieses**.

但同时却不可能在其他例句里如此替换。可以用原形动词说 espera **oír**，而这个 oír 不能被名词代替，也不能被名词从句替换。我们不能说 (él) espera **que (él) oiga**。

就像我们已经说过的，在解释性从句和限定性从句里，<u>形容词从句</u>有被替换的可能。

解释性从句：La niña, **adormilada**, empezó a llorar.

La niña, **que estaba adormilada**, empezó a llorar.

限定性从句：El galgo **negro** venció.

El galgo **que era negro** venció.

至于<u>副词从句</u>，就像我们前面指出的一样，从逻辑语义关系上来看，它们与限定性联系并列句是相通的。现在我们可以回过头来从这个角度再看看前面所举的例子。

时间：

Siempre que hablaba se reía la gente.

Hablaba y la gente se reía, **siempre**. (在如此情形里)

地点：

Aquí es **donde nació Lucita**.

Lucita nació y fue aquí. (在这个地点)

方式：

Como se ve, Cervantes no conoce límites.

Cervantes no conoce límites, y **eso se ve**. (以此种方式)

比较：

Recogió tanto **como pudo**.

Pudo recoger x y recogió x. (限定在可行的范围里)

结果：

Posee tanto dinero **que no lo puede contar**.

Posee una gran cantidad de dinero **y no puede contarla**. (他的能力被钱的数量限制住了)

原因：

Fue meramente **porque no quisieron**.

No quisieron y ocurrió. (正是因为这个原因)

目的：

Llévatelo **para que adornes esa pared**.

Llévatelo **y adorna esa pared**. (如此去做吧)

条件：

Si me había despertado, me gustaba ver amanecer.

Me había despertado y me gustaba ver amanecer. (正因为有了实现这部分的前提条件)

让步：

Son muy ricos, **aunque no lo parezcan**.

Son muy ricos **y no lo parecen**. (恰恰发生了意料之外的事)

以上句子转换时我们只用 y 替换，尽管我们还可以找到其他的连接词，因为我们不想证明只存在一种语义对等，而是指出一种替换的可能性，添加了一些副词从句可以补充的内容。很显然，如果我们用一个联系并列句、选择从句或反义从句代替，结果完全一样，那么就完全没有必要造出副词从句了，语法学家也无法把它们区别开来，正如以前传统的语法学家对此束手无策那样。

我们应该再次强调这一点：副词从句是可以区分的，但是不应该和主从复合句放在一起，因为就像我们在图表上可以看到，副词从句没有一个这样的格式，它们只能和并列复合句合在一起使用。为了证明这一点，我们已经展示了用连词和一些增添的内容来维持副词从句的意思，但其实两者之间并不完全相同。如果有人问，副词从句可以与什么样的并列复合句逻辑上相搭配，答案就是限制性复合句 (传统上反义并列句被归纳在这一类型里)，因为副词从句，从它的实质构造或者语义逻辑来讲，是一种被各种类型限制的并列复合句：时间、地点、方式、比较、结果、原因、目的、条件或让步。

我们可以这样归纳这一段的基本要旨：

一个句子各种细微的语义区别一般来讲与一定的句子结构相联系，但并不一定
总是这样。句子的简单结构分析和句子语义分析并不需要相同。

这是我们前面不断分析讨论的，就像我们说过的，一个联系并列句可以隐藏着一种逻辑条件关系，或者其他混合关系：

Vienes y te pones el termómetro.

Si vienes, te pones el termómetro.

Cuando vengas, te pones el termómetro.

或者包含了一种不同的语式：

¡Ven y ponte el termómetro!

从文本分析的实用角度来看，这种观点可以产生直接效果：一个文本的句子不必只有一种独一无二的解释，相反，可以同时解读出多种细微的差别。

3   并列关系与主从关系在行文中的意义

传统的主从关系包括了也是传统概念中的副词从句，对此我们已经引用了足够的论据予以反驳。因此，我们最好以此方式再次区分：并列是由各种简单元素黏着的结构，主从则是元素在各种复杂结构里组合而成。似乎这样比简单地用并列和主从来分辨更为妥当。按照这本书惯常的方法，我们通过两个文本来阐述这些观点。

黏着结构的意义

这种方式的句子组合清楚体现在并置复合句里，因此我们决定用阿索林 (Azorín) 的一段文字作为范本。

UNA HORA DE ESPAÑA

Enrique I era hijo del noble vencedor de las Navas, Alfonso VIII. Tenía once años cuando fue proclamado rey. Un magnate codicioso lo arrebató violentamente de entre las manos de una hermana del niño. El pueblecito parece, desde lejos, con su castillo, una ciudad; pero su caserío es reducido y pobre. El niño ha sido exaltado ya al trono, pero todavía no es rey. No lo llegará a ser. No llegará tampoco a ser ciudad el pueblecito.

Azorín（阿索林）

在这段文字中作者把亨利一世和托莱多的马凯达小镇做平行对比。我们不想做进一步精细的分析,但是我们必须指出,这个平行对比的要点就是他们的失望,一个因为无法成为城市而失望的小镇,和一位因为没有成为国王而失望的君主。我们现在更关心的是文本精确的布局。

关于小男孩和小镇的描述由三个部分组成:

开头介绍,在并置复合的基础上。

以反义并列句引入限制和危机: pero,强调。

否定结论: **no** llegará, **no** llegará tampoco.

读者可以看到, 从构思到布局都不简单; 唯一简单的就是文字处理, 这些黏着的元素被很有技巧地以简单的方式铺排开来。文本分析让我们看到了艺术的编排, 与此同时, 简单化的阅读会使人以为作品缺乏艺术技巧, 而这其实与现实相悖。

这种隐藏着技巧的文字处理效果极好, 因为读者可以容易地进入文本的内容, 接收到作者的信息。正因为如此, 这种文字处理方式很难, 容易让人在表面上模仿, 但却无法模仿它隐含的复杂的构建风格 (就像阿索林常被人仿效的情况一样)。

在形式上, 毫无疑问, 这是元素的黏着, 除了其中的反义并列句以外, 句子没有通过连词相连接。然而读者慢慢可以领会作者所呈现的内涵。这种句法结构并不粗浅, 虽然表面上看上去很简单。

组合结构的价值

在这个小分段里, 我们来看看主从复合句和副词从句的类型。我们在上一章开头使用的《卢卡诺伯爵》的现代版文本, 就是一个复杂结构的最佳例子, 但是除了那段文字, 我们还要引进一段埃·萨瓦托的作品《隧道》, 因为在这部作品里作者不能避免组合体的句型构造, 虽然从一开始他一直努力用黏着体, 但在小说中一路的独白里, 文字段落越演越复杂:

Nadie se fijó en esta escena: pasaban la mirada por encima, como por algo secundario, probablemente decorativo. Con excepción de una sola persona, nadie pareció comprender que esa escena constituía algo esencial.

Una muchacha desconocida estuvo mucho tiempo delante de mi cuadro sin dar importancia, en apariencia, a la gran mujer en primer plano, la mujer que miraba jugar al niño. En cambio, miró fijamente la escena de la ventana y mientras lo hacía tuve la seguridad de que estaba aislada del mundo entero: no vio ni oyó a la gente que pasaba o se detenía frente a mi tela.

La observé todo el tiempo con ansiedad. Después desapareció en la multitud, mientras yo vacilaba entre un miedo invencible y un angustioso deseo de llamarla. ¿Miedo de qué? Quizá, algo así como miedo de jugar todo el dinero de que se dispone en la vida a un solo número. Sin embargo, cuando desapareció, me sentí irritado, infeliz, pensando que podría no verla más, perdida entre los millones de habitantes anónimos de Buenos Aires.

Ernesto Sábato（埃内斯托·萨瓦托）

　　这个场面的构建简单却重要，因为整个最重要的故事从这里开始，最后发展到极点——一场谋杀：(1) 画家在观察画廊的观众，(2) 没有人注意到一幅画的一个场面，(3) 只有一个陌生的年轻女人凝视着画面。(4) 画家不敢招呼她，(5) 女人消失了。

　　正如我们分析罗列出来的一样，从故事情节的角度看，最基本的故事可以通过五个并列或并置的句子表达出来。然而，作者编织了一个复杂的文本，带着许多断断续续的解释性插入语。故事情节不是线性向前发展，而是随着主人公的感情摇摆，走出去又转回来，前进一步又后退一步。因此，作者必须把各种建筑元素巧妙地安排，编织出十分复杂、远比阿索林作品复杂许多的段落结构。仅仅在文本的第二段里作者就用了三个时间副词：después、mientras、cuando，玩弄时间游戏，过去时可以是完成，或者是未完成的体貌，如此一来读者可以目睹主人公的犹豫不决，不知道，在这个段落里，离开的女人是否会重新出现，或者作者另有安排，或者主人公决定去寻找她。

　　这段文字繁多的插入语，副动词、形容词、过去分词和一些相应的从句，大大影响了行文的进展，并且必须使用大量的连词，使段落拖长，在开始简单的两句并置句之后，紧接着是两个插入语 (como ...，decorativo)，把原先的快捷拖长，并使之影响整段文字。作者希望精确表达一切，明白说明一切，像人们所说的，不能留下任何一个疑点的心愿 (符合他的主人公多疑的心理特征)，逼得他必须营造出越来越复杂的语言结构。他原本希望缓慢简洁叙述的努力似乎都落空了。

　　把本章两段范文的文字加以比较，也许可以得出对我们有用的结论。

　　第一个文本的语言构造是黏着并列，像传统的意合并列，比较简单，而第二个文本是组合体语言构造，也就是传统的主从并列，更复杂。

这种分析也只是表面的，因为，用很简单的处理方法，逻辑的构造可以产生复杂的效果，就像我们看到阿索林是怎样建立起三个部分和一个平行对比，而他只使用和穿插了一个简单的联系词 (最纯粹传统的连词用法)。

黏着或意合并列句是线性的向前发展，它让句子借助的语言手段平行前进，也让读者一步步向前了解文本。

组合或者从属句适合 (但不绝对) 书写非线性发展的段落，作品呈圆周式发展，所使用的语言手段向前推进时不一定使读者能同步增加他们对文本的理解。

4 练习

1. 下面这个 E. Sábato 的文本是一段组合结构句法的范本。请：

    a) 找出文中使用的联系词 (nexo)

    b) 找出文中使用的动词

    c) 把从句改写成并置复合句

    例：

    "Podría reservarme los motivos que me movieron a escribir ..."

    = "Podría reservarme y no decir los motivos de escribir ..."

> Podría reservarme los motivos que me movieron a escribir estas páginas de confesión; pero como no tengo interés en pasar por excéntrico, diré la verdad, que de todos modos es bastante simple: pensé que podrían ser leídas por mucha gente, ya que ahora soy célebre; y aunque no me hago muchas ilusiones acerca de la humanidad en general y de los lectores de estas páginas en particular, me anima la débil esperanza de que alguna persona llegue a entenderme. Aunque sea una sola persona.

2. 句型分析练习：

    a) 请标出句子中的各种联系词和动词形式。

    b) 解释句子结构：

    并列结构？

    主从结构？ (名词从句、形容词从句、副词从句？)

    (1) Las carboneras de las casas estaban aterradas y las cocinas se llenaban de los escalofríos de sus azulejos blancos. (R. G. de la Serna)

(2) Yo no le había dado libertad por miedo de que se muriera de hambre o de frío, o de que se lo comieran los gatos (J. R. Jiménez)

(3) Primero porque me arrojó, porque quiero morir. (V. Aleixandre)

(4) No estás vivo, ni tampoco muerto, porque no existes. (M. de Unamuno)

(5) Un hombre dormido e inerte en la cama sueña algo. (M. de Unamuno)

(6) Siempre que el hombre obra debe tener presente el fin que se propone, y no como quiera, sino de un modo bien claro, determinado, fijo. (J. Balmes)

(7) Y los unos crujían, y los hombres jadeaban, y la lancha seguía encaramándose, pero ganando terreno. (J. M. Pereda)

(8) El hombre en todas las condiciones sociales, en todas las circunstancias de la vida, es siempre hombre, es decir, una cosa muy pequeña. (J. Balmes)

第九章　文本写作中的超句单位

1 段落和文本的句法
2 文本的决定因素：情景和语境
3 故事的结构：主题力量和行动元
4 练习

1　段落和文本的句法

从交际的角度出发，一个可以接受的语言信息应该满足最起码的语言要求，也就是说句子应该是精心打造的。这个最小的可以被接受的语言信息，或者说语言单位，就是话语[1]。话语可以是一个词，但是在**句法上**，它等同于一个句子。从**符号学**的角度讲，句子表达话语，而话语是语言交际的最小单位，正如我们说过的，从**逻辑学**的角度讲，命题是语言交际的最小单位。

然而，这些最小的语言单位经常并非单独存在，而是聚集在更大的语言单位里。最大的语言交际单位就是文本 ——一个带着目的的语言单位：它聚集了各种不同的话语，彼此共同的目的就是传达信息，为了传递一个信息。这绝不是一个简单的问题，也不可能是。我们可以说，作者的写作就是创造出一个文本，传达信息就是他整个作品的目的：他为什么而写作。解答这些微妙的问题绝非易事。

到目前为止，我们已经见过一些简单句组合后，可以造出复杂的句子，组成一个段落。简单句"Entonces respiré tranquilo"通过并置复合句和并列复合句，(在我们的范例里)可以与其他句子组成以下的段落：

> Entonces respiré tranquilo; di unas vueltas por el corredor, fui hasta el extremo, miré el panorama de Buenos Aires por una ventana, me volví y llamé por fin el ascensor.

---

1 也有文本译为"话段"——译者注。

这段话遵循一个定义：段落就是被句号分开的句子总和，但是我们更可以把它限定为段落是句号换行之前所有句子的总合，也就是说段落可以像以下的例子一样扩展：

> Entonces respiré tranquilo; di unas vueltas por el corredor, fui hasta el extremo, miré el panorama de Buenos Aires por una ventana, me volví y llamé por fin el ascensor. Al poco rato estaba en la puerta del edificio sin que hubiera sucedido ninguna de las escenas desagradables que había temido (preguntas raras del ascensorista, etcétera). Encendí un cigarrillo y no había terminado de encenderlo cuando advertí que mi tranquilidad era bastante absurda: era cierto que no había pasado nada desagradable, pero también era cierto que *no había pasado nada en absoluto*. En otras palabras más crudas: la muchacha estaba perdida, a menos que trabajase regularmente en esas oficinas; pues si había entrado para hacer una simple gestión podía ya haber subido y bajado, desencontrándose conmigo. "Claro que -pensé- si ha entrado por una gestión es también posible que no la haya terminado en tan corto tiempo." Esta reflexión me animó nuevamente y decidí esperar al pie del edificio.

当我们把句子的整体扩大时，我们同时也限制了许多理解句子的可能性。"Entonces respiré tranquilo"这个句子可以引申出许多不同的解释意思，但当它隐身于后面这一大段话时，这些可能都消失殆尽了。当我们探讨上下文时，我们再回来讨论这个问题。现在我们只想说明这些段落可以如何慢慢组合起来，从一个起点，起码走到一个终点。从起点到终点，这两点之间划定了我们称之为文本的带有交流目的的单位。

看来我们可以根据一些最起码的条件来定义文本，同时，还必须考虑到这几个方面：

从意义和交流上来看，文本隶属于一个高级的交际系统。我们所说的语言学上的文本，也就是使用某种语言书写的文本，而且必须使用这种语言书写。文本构成了书写的语言的一部分，它镶嵌在这个高级的交际系统里。

从结构上来讲，文本是封闭的，这意味着它有界限，有开头和结尾。这些界限可以是标题的第一个大写字母和最后的句号，或者可以扩展到作者的所有作品，甚至到一个语言的所有文字 (或者，如果是口说语，是所有该语言所说的话)，但是，毫无疑问，文本永远有一个界限。如果文本是如此庞大，漫无边际，当然，我们就无法操作，无法对其进行分析。文本的封闭结构包含了三种文本里的顺序或者子系统：

组成一个文本的句子，拥有逻辑顺序。一些逻辑语义方面的因素在文本里排列。这种排列完全以作者的意愿自由出现，但是它永远存在。

文本里还应该存在着一个带有逻辑性的时间顺序，因为时间是句子逻辑结构的一部分。从这个意义上讲，我们将会看到时间是如何根据至少两个参数在文本里排列：叙述者的时间，和情节或主人公的时间。一如既往，作者可以任意安排，这些时间参数可以变得十分复杂，但是一个时间的顺序，不管是何种形式总是不可避免的。

最后就是空间顺序，我们不应该把它等同于文本里一个个具体的地点空间，我们指的是文字元素在文本里的分布，包括各种语言元素，例如节奏。文学语言大量使用了这些元素，我们会在相关的章节里研究。

当我们讨论过以上这些特点，并且现在只是纯粹关注文本的句法问题时，结论非常简单。句法上，就像段落是一些句子的组合，文本是段落的组合，或者更简单地说，是一个广义的句子的组合。像所有的组合一样，它可以是由一个单位组成，因此一个文本也可以等同于一个句子。感叹词可以是一个极端的例子，它给我们带来压缩到最小单位的表达，而且它的功能不是表征，而是纯粹的表述或认知：它不传递概念上的意义，而只是表达感觉或在交际中寻找交汇点。也有人谈到谚语作为最小单位的文本，但是一般来讲谚语都有两个句子，因为它们经常是正负相反的两句话（虽然谓语没有被表达出来："cuanto más bruto [sea], más fruto [dará]"）。当然有的谚语是一句话和一个文本的："año de nieve [es], año de bienes"。

简单地忽略这些极端的例子，其实我们可以指出，一般来讲文本是由一系列的段落，或句子组合构成的。

文本没有强加比句子或段落的构造更多的句法限制。它在一些方面可以允许很大的扩展性，但是这局限在句法语义方面，比如在指代方面，这个现象是它扩展性的结果，也就是说是因为文本的客观环境造成，而不是因为它的结构因素：我们可以回过头来谈到几个段落之前提到的事情，或比如在一部小说的最后一章，回头来谈到在小说开头提到过，之后从未提及的事情（这是许多侦探小说常用的叙事结构）；这种做法跟句法顺序没有关系，而是一个情节构造的问题，或一般来讲，是整个文本的表述系统的问题。

2 文本的决定因素：情景和语境

文本的作者，归根结底，就是说话者，处于一个将语言使用局限于某些一般条件下的文化和特定环境中。对此，在广义上我们称之为情景语境或人类学情景语境，因为这是一个人类学的基本概念。在这个意义上让我们看看马林诺夫斯基的定义：

> 语境的概念必须超越纯粹的语言界限，进一步分析使用该语言时的一般条件。当我们研究任何一个民族使用的语言，当他们生活在与我们不同的条件下，拥有不同的文化背景时，我们应该同时研究他们的文化和环境。
>
> 马林诺夫斯基（Malinowski）

因此，可以推断出在所有的文本里我们应该研究一系列的语言因素和另一系列的非语言因素，这些因素被称为言外因素 (介于封闭式语言事实之外) 或者也可以被称为语言实现的社会条件因素，或社会语言学，甚至社会语用学因素。

在前面那个段落里，我们可以看到"entonces respiré tranquilo"这个句子，在开始单独使用时，有一系列的诠释可能，但是，随着文本的慢慢展开和作者 (E. Sábato) 通过其他句子为我们提供更多的细节时，这些可能一一被限制。这个例句的意思逐渐被限定，它遵从了语言的一些因素——我们称之为上下文语境因素。

具体的语言表达所在的语言位置就是它的上下文语境 (简称语境)。所以，如果一个词出现在一个句子里，我们说这个句子就是它的语境。比如：

LA CALLE DE VALVERDE (3.VII)

Las revoluciones las hacen los pueblos. Y para que tengan éxito es necesario que coincidan, en el tiempo, con unos dirigentes que sepan aprovechar su empuje. Eso se ha dado muy pocas veces en la historia.

Max Aub（马斯·欧伯）

Pueblo这个词在这个例子里，以pueblos形式出现。整个语言的环境，也就是说，这个词所在的所有词汇的总和就是它的语境。

有一个小语境和一个大语境。小语境可以局限于一个句子，大语境可以延伸到整本小说，甚至是作者的所有作品。

语境最重要的就是它是具体实在的东西，因为这个原因，它限制了置身该语境的词汇的语义。在我们的例子里，我们可以通过pueblo这个词明白这一点。这个词一般来讲有两层含义：1. 一个地方所有的街道和房屋的总和，所以我们说"Cercedilla es un pueblo de la Sierra."；2. 一个国家或一个地区的居民的总合，为此，我们可以说，el pueblo español、el pueblo andaluz、los pueblos mediterráneos，等等。在前面文本的语境里，pueblo这个词只能解释为第二种意思,就是所有人的总合。语境限定了它的词义。

回到萨瓦托的文本里,我们可以看到其他一些情形:它们没有语言特征,而是属于更广泛的制约语言事实的社会范畴。它们是围绕着说话者的外在因素,是说话者所处的外在世界。这些条件构成了情景,并把这句话包容在一系列非语言的信息里:说话者是一位男性,他是布宜诺斯艾利斯的居民,他原本很不快乐,但现在心情好多了(后来又变坏了),他是一个心理不稳定的人,他在一栋高楼里,他人很害羞内向,高楼大约是一栋公共建筑(因为楼里有开电梯的员工),还有一些相关的事实,例如,他与一个女孩子的关系,那个社会里的劳工组织(官僚、办公室),等等。

这些整体的条件,我们称之为情景,它出现在所有的语言现象里。让我们来设想一句最微不足道的话:"está lloviendo"。

解释这个句子不会存在任何疑问,语境的介入允许可以产生各式各样的理解。让我们来看一看这句话是在什么情形下说出的:

我可以在任何一个冬天或下雨的季节讲这句话,这个情景将会非常正常,也不会显得突兀;我也可以,在经过一个漫长的旱季后,用激动快乐的语调讲出这句话,或者是十分厌烦地说出这句话,因为下雨让我无法去郊游,或者因为一年连绵的雨水影响了庄稼的收成;也可以是我喜欢下雨,或者雨天令我忧郁,令我心烦。所有这些情形:干旱、庄稼的收成、个人喜好和其他许多因素组成了情景。

情景可以定义或者界定一个词的语义。

那我们来假设这个句子:"ha salido el rey",在以下这些情境里:

a) 一群人围着桌子打牌;这就意味着国王的牌出来了。

b) 一群人正好站在皇宫的出口;这就意味着国王已经出来散步或做其他活动。

c) 一群政府官员脸上表情紧张、阴沉,高兴或兴奋;这种情况有可能是国王刚刚输掉公投而要离开国家,这些官员各自脸上的表情取决于他对王室的感情。

情景和上下文语境绝对是影响所有文本的因素,而且所有人在说话时都会自然受它们的影响。在构造文字作品时,其重要性无与伦比。在进行文学语言分析时,尤其重要。

下一节让我们来探讨文学语言分析的一个重要内容。

3 故事的结构:主题力量和行动元

我们接下来分析一篇短篇故事,我们认为,这是一个封闭式的文本,它将帮助我们运用上面所阐述的理论,同时可以扩展开来进一步探讨上述理论的各个成分。

当我们讲到这个文本的总体情景时,我们应该记得这是一篇短篇故事,或一个现代短篇小说，也就是说，应该记得现代西方社会的条件和结构，而且小说所描绘的是一个时间和空间都距离我们遥远的世界（几百年前的亚述），现代读者可能需要，或者不需要，寻找与那个世界的交汇点（故事发表在 Camilo José Cela 主编的 *Papeles de Son Armadans* 杂志上，1975 年 11—12 月）。

EL PALACIO DE ASURBANIPAL

Una tarde densa, de aire amazacotado y polvoriento. Tras los pesados tapices que ocultaban las calientes vidrieras soleadas, la reina madre luchaba consigo misma, tratando de ocultar su preocupación y su ... miedo (¿por qué no decirlo?). Icha Sernasicás era una mujer fría y dura. Los años habían ido acentuando los rasgos enérgicos, casi despiadados, su rostro apergaminado, en el que destacaban los ojos grandes y profundos sobre la nariz afilada, como una amenaza que saliera de la cara blanquísima, jamás expuesta al sol. A lo largo de los años en que había sido la dueña absoluta de aquel rincón de Asiria, jamás se había sentido preocupada, jamás había vacilado ante una dura decisión, por atrevida que hubiera de ser. Su pulso no había temblado ni siquiera para la sentencia de muerte de su mejor amigo, el general Paltasar, despeñado por ciertas veleidades sucesorias. Pero ahora ...

Cardianabbí, el médico mayor de palacio, recorría inquieto sus habitaciones. Los últimos años habían ido eliminando de su alma la incontrolada alegría que le había abierto los corazones de las jóvenes asirias, en sus años de mocedad, y que había dado tantas preocupaciones al palacio, ansioso de velar por una aparente piedad en la ortodoxia de Ahura-Mazda. Se asomó a la balconada y apoyó sus manos en los ladrillos rojizos y ardientes. Por encima de la estrecha franja verde, a ambos lados del río, por detrás de los palmerales esbeltos y gráciles, como danzarinas cretenses de pechos desnudos, el sol ponía la roja nota de su ocaso en la dorada arena, como una bandera definitivamente arriada. Los campesinos, con sus rayados albornoces pardinegros, cubiertos los rostros, abandonaban la amplia plaza del palacio, donde los guardias se aprestaban a cerrar las puertas. En las espaldas cansadas de los porteadores se acumulaban los cestos ligeros, con su alta panza vacía y abierta, esperando la carga de los días infinitos por venir. Así había sido y así sería siempre. Nada parecía cambiar y nada parecía avecinarse, no se movía una hoja de árbol en el país sin que lo conociera el palacio, la casa de la seguridad. Cardianabbí, pese a todo, sentía oprimido su pecho por la punzante necesidad de saber y la amarga dolencia de la espera. Una nube de polvo fue llenando, despaciosa, un punto cualquiera del horizonte. Las manos del médico se aferraron a los ladrillos, sobre los que se crisparon. No cabía duda, un carro se acercaba velozmente a la puerta. Desde debajo de su imponente manto purpúreo se podía oír el angustioso palpitar del pecho casi omnipotente. Separó la mano derecha de la baranda, en una muda seña al jefe de la guardia para que mantuviera franca la puerta. Abajo, en el patio, se oyó el apresurado golpeteo de las lanzas de los guardianes, dispuestos a cubrir la entrada al palacio con sus cuerpos, ante la puerta abierta. La nube de polvo se acercaba sin detenerse. De pronto, en el tenso silencio, que sólo rompía el entrechocar de las ruedas con el suelo pedregoso, resonó una voz potente:

— Servicio del rey.

Los guardianes apenas tuvieron tiempo de apartarse. Dos hombres, cubiertos con ricos mantos verdes, descendieron del carro, todavía en movimiento, mientras dos palafreneros sujetaban los frenos de los espumeantes caballos.

Los dos hombres ascendieron la oscura escalera interior del palacio en la que los hachones, permanentemente encendidos, vieron oscilar sus llamas al pasar velozmente, Sibilgar, ex-jefe de la policía, y Matuzamán, ex-jefe del ejército. En el primer piso coincidieron con Cardianabbí y los tres, silenciosos pero apresurados, entraron en las habitaciones de la reina madre.

Al otro lado del desierto, en la ciudad extensa y populosa, los jefes de las tribus abandonaban la abierta plaza de su reunión. El repentino frío del crepúsculo les obligaba a envolverse en los mantos. Los ojos apenas mostraban un rayo de luz que transportara el secreto de sus almas. Acostumbrados a temer y obedecer se habían acostumbrado también a callar y disimular. La noche, en su rápida calda, envolvía este silencioso misterio común.

No todos se fueron. En la grada central, donde un escaño dorado mostraba la preeminencia, un hombre viejo, envuelto en un amplio ropaje azul, apoyaba una mano pequeña y enérgica en el hombro de su compañero, mucho más joven. El segundo hablaba:

— Creo que no hemos debido ceder, el palacio nos pertenece y ha de pertenecer al sucesor que la asamblea eligió en vida de nuestro difunto rey.

Por el rostro del más viejo se deslizó una lágrima traicionera:

– El heredero será coronado, mandaremos al otro a una embajada lejana, como siempre. Daremos el palacio a Icha Sernasicás, la reina madre. Un palacio no vale la guerra civil.

（请阅读本章结尾处译者对这篇故事的注解）

这篇故事,因为它的短小和简单情节,我们可以用来解释<u>主题力量</u>和<u>行动元</u> (这个词源于法语)。

这种简短故事的特点就是它<u>主题的统一</u>。那些比较复杂的故事,像小说,使用了各种不同的次要情节来使主要情节复杂化,因此带来了主题的多样性,使得较长的文本构造反而轻巧一些。

故事可以使用两种方式展开: 一是<u>分析结构</u>,首先为我们展示主题思想,然后再慢慢通过不同的故事情节演示主题;二是<u>综合结构</u>,作品把几个不同的主题通过故事一一演绎出来,最后把它们全部归纳在故事结尾的主题思想里。

我们这个故事文本是<u>综合结构</u>,出现在作品中的不同主题力量,最后归结在故事的结尾里,这里我们看到了故事的<u>中心思想</u>。甚至故事结尾时有一句宣告或一句话,表达了整个故事的中心寓意,或者更准确地讲,表达了作者希望传达给他的作品的寓意。

1. 第一小段用来介绍太后 Icha Sernasicás,主题就是极权很快将会遭遇限制。

2. 第二段介绍了医生 Cardianabbí,开头他还沉浸在事变后失去<u>无官无责</u>之快乐的惆怅之中。正像我们即将看到的,事变的概念贯穿在两个段落的主题里。

3. 同样在第二段里出现了第三个行动或第三种主题力量: <u>等待</u>。

4. 第三段的主题是信使的到来。

主题组 A: 到这里开始出现了一个统一的主题,一系列的人物,都和去世的国王所代表的政权有关。对即将到来无法避免的变革,他们非常紧张。这个主题或者次主题 A,将是<u>抵抗变革</u>,当然,是怀着恐惧的抵抗。

5. 在第四段里部落首领们出现了,也就是说,民意代表出现了: 会议刚结束,可以觉察到众人的<u>沉默与掩饰</u>,这一切都印证了恐惧的主题。

6. 两位新的人物,一位老的和一位年轻的,对主题持不同意见,虽然至此我们还不知道主题是什么: 皇宫是属于人民的,还是属于去世国王的后裔 (= 前朝)。

主题组 B: 人民代表们的态度似乎也笼罩着恐惧,可以看到不同意见和羞愤 (= 眼泪),但是出于谨慎,决定让步,为了变革。

故事结尾重拾所有这些主题:围绕着是否让出皇宫的恐惧和谨慎,并点出故事的中心主题:"人民派"拱手让出皇宫是一举谨慎的让步,以此换来继承人的登基,取代王室的继承候选人。双方内心的恐惧界定了他们的谨慎,最后归结于一句赤裸裸的明言:"不值得为一个皇宫发动内战"。做出让步赢得了最重要的变革。

正像我们可以看到的,不同的主题力量介入故事,带给它特殊的主题结构。我们试图从现在的角度来诠释这些主题因素,但我们并不知道,作者当初是带着某个目的讲述了这篇故事,还是仅仅出于一个美学目的。在人类历史上经常有些以往的文学题材被反复应用,其目的只是为了唤醒民众的情感:比如塞万提斯的剧本《努曼西亚》(Numancia) 曾经在不同的场合、不同的时代成为凄凉的自由象征。如今,在我们的这部短篇小说里,作品的主题却是从抗击外来侵略者变成抗击压迫者。

主题最大限度的提炼常常可以归纳为一个字或一句话,它们就是作品的主旨。看来我们可以说这篇故事的主旨就是变革。

我们接下来看行动元,或参与故事行动的人物之类型。注意行动元不是一个具体的人物,而是人物的一种类型。

行动元的概念出自法国教授特思尼耶尔 (Lucien Tesnière) 的《结构句法》,定义为:

> 行动元是任何人或任何事物,可以是微不足道的跑龙套,或以最被动的方式,为了任何目的或以任何方式参与行动(指的是动词的行动)。(也就是说,行动元是行动的参与者)。
>
> 因此,在 "Alfredo da el libro a Carlos。" 这句话里,Carlos,包括 libro,虽然都不是主动参与行动,他们却和 Alfredo 一样是实实在在的行动元。
>
> 行动元总是名词或相当于名词,反之亦然,原则上名词总是在句子里担当行动元的角色。

从这个广义的、纯粹句法的角度讲,很明显在以上这个故事文本里,名词是行动元,因为它们是名词,而且参与行动。

然而,文学批评理论确定了行动元的模型,在西班牙语里我们称之为 estereotipos de participantes (刻板的参与者)。我们可以把立陶宛-法国符号学家格林马斯 (Algirdas Julien Greimas) 的定义以公式表达出来:

故事的角色和行动元不同,因为故事的角色是一个具体而特定的人物 (如罗密欧、哈姆雷特、堂吉诃德、福尔图娜塔),而行动元只是一种类别、一个种类。

有六种类型或者组别的行动元：

1.动作或行动过程的主体 (主人公)。

2.动作或行动过程的客体。

3.根源或发出者：传达信息的人 (在文学上是叙事者)。

4.接收者：信息的接收者 (在文学上是读者)。

5.协助者。

6.反对者 (叛徒或反面角色，反对故事主体行动的发展)。

有一些类别可以或需要进一步细分。信息发出者和接受者的角色在交际理论里相当于信息发送者和接收者，可以把他们以另一种方式细分为不同的种类：在一个书信体的小说里，他们就是所谓的书信文本的作者和所谓的收信人或接收者，也就是说，在文学这个类别中被我们抽象划分的概念现在得到仔细划分，落实下来了。

在文学之外，有趣的是，我们还可以在这里再现法国语言学家格雷马斯 (Algirdas Julien Greimas) 用这些行动元来分析古典哲学与马克思的辩证哲学区别的例子，也许这对我们颇有启发意义。

	哲 学	辩 证 法
主　体	哲学	人
客　体	世界	无阶级社会
发出者	上帝	历史
接收者	人类	人类
反对者	物质	资产阶级
协助者	精神	工人阶级

在我们的故事里，我们必须决定谁是根源或发出者，谁是接收者，因为其他的角色都已经配置好了。

主体：人民的意志。

客体：变革。

协助者：皇宫。

反对者：王室"延续"派。

也就是说，人民的意志 (首领议会) 希望变革 (王位继承人登基)，而他们可以使用的协助就是把皇宫交出去来击败对手的反抗，即皇太后和她的追随者。

如果我们假设文本是要用来给予警告，接收者就是内隐的观众，根源就是恐惧或者更具体点，是作者的恐惧。如果，像一般情况一样，文本只带着文学上的目的，接收者就是亚述人民,而根源就是第三人称的叙述者,或者作者,或者仅仅只是为了创作的需要,就看我们愿意达到什么样抽象的高度。

这种看法最终把我们带到一个至今还未探讨的问题——故事的建构:叙述者可以参与行动(一般来讲是以第一人称,有时候以第二人称),在这里他属于某个刻板的参与者,是一个行动元,可以是主体(主角),反对者或对手(反面角色),或者任何形态。

我们可以从这个文本里看到主体的角色,并不一定要有一个人物来担当。我们已经看到这种情况,这是一个集合体主人公,人民的意愿,这个意愿导致了行为的客体——变革。也有这种情况,像在现代小说里经常看到的一样,有一个小说人物作为主体出现,但他不是唯一的,也就是说,他领衔,但是他和其他人物在一起。这些其他人物不单单是协助者,而是同时也像主体一样介入情节,推动故事进展。

当故事在根源和接收者之间进行时,这已经就达到了故事的一个根本目的,就是通过一种次要的交流程序来传递一个信息。

4 练习

A.分析练习

请找出一篇你喜爱的短篇小说(中文或西班牙文都可以)进行分析(建议可以从以下这些作者的作品中挑选出一篇:

西文短篇小说: Pardo Bazán, Clarín, Azorín, Horacio Quiroga, Juan Rulfo, Jorge Luis Borges, Julio Cortázar, García Márquez, etc.

中文短篇小说:《聊斋志异》、沈从文、鲁迅、白先勇、张爱玲,等等。

请注意一切分析要**立足文本**,从以下这些方面分析(注:**不是所有的文本都有下列这些元素!**):

—文本的上下文语境

—文本的情景

—主题

—行动元:

    主体

    客体

    信息发出者

    信息接收者

    协助者

    反对者

B. 创作练习

　　每个人单独用西班牙文或中文写出一个短篇小故事，也可以是几个同学集体创作。请注意使用一些以上的文本元素。

....

　　El Palacio de Asurbanipal: 这篇短篇故事文字优美，情节也很简练，但中国读者可能有点不太容易理清故事的头绪，为此在这里做一个简单的情节介绍，以便读者理解文本之后的语言与结构分析。故事讲述的是在国王驾崩后的政权更迭。王室有自己的王位候选人。但首领议会却有另一位王位继承人。故事开始时，太后在王宫焦急地等待首领议会的决定。而在故事的另一个角落，首领议会决定把王宫留给太后居住，以此来换取王室不阻碍首领议会决定的王位继承人登基。出让王宫是为了避免政权更迭的战争。

第十章　科技文本的语言

1　科技语言的特点
2　科学词汇
3　科学术语的创造
4　科学表述对语法和语义的要求
5　科学演讲中内容的安排
6　科学文本的理解和综述
7　练习

1　科技语言的特点

ECUACIONES DIFERENCIALES ORDINARIAS

B) Sistemas y ecuaciones lineales

　4. Teoremas de existencia, unicidad y prolongación.

　1. *Introducción*. -Los sistemas y ecuaciones lineales son los más importantes. Son importantes en sí mismos, porque en la formulación matemática de problemas físicos y técnicos surgen espontáneamente y con frecuencia, ecuaciones diferenciales lineales.

　Pero el estudio de tales sistemas y ecuaciones ocupa un lugar preferente, sobre todo porque plantean una extensa clase de problemas que en general pueden ser estudiados más a fondo y más fácilmente que los problemas a que dan lugar las ecuaciones no lineales. De ahí que se linealicen problemas físicos que en realidad no son lineales, pero que como tales son inabordables; y de ahí también que los sistemas lineales sean empleados como medio para el estudio de los no lineales; de donde resulta que poseen además un carácter fundamental. En el capítulo anterior se han tratado los teoremas de existencia con espacios funcionales de funciones reales para datos y soluciones. Por ejemplo, al decir que se requería $f \in C(I)$, se entiende por $C(I)$ el espacio vectorial sobre el cuerpo real $\mathbf{R}$ de las funciones definidas en un intervalo $I \subset \mathbf{R}$ y que toma valores también en $\mathbf{R}$, es decir, si $x \in I$ ha de ser $f(x) \in \mathbf{R}$.

Los resultados obtenidos se generalizan sin dificultad cuando se toman como funciones permisibles para datos o soluciones, espacios vectoriales de funciones definidas en un intervalo real I, pero que toman valores en el cuerpo de los números complejos $\mathbf{C}$. Estos espacios de funciones complejas de variable real resultan especialmente convenientes en los sistemas lineales, como ya puede presumirse de lo dicho en las secciones anteriores de este capítulo.

Por tanto, en este capítulo, cuando por ejemplo pongamos $\varphi \in C^n(I)$, deberá entenderse que φ está definida en un intervalo real $I \subset \mathbf{R}$ y que toma valores en C de modo que $\varphi = \varphi_1 + i\,\varphi_2$, donde φ_1 y φ_2 son dos funciones reales definidas en I cada una poseyendo n derivadas continuas. Evidentemente el espacio vectorial $C^n(I)$ de funciones reales está contenido en el espacio vectorial $C^n(I)$ de funciones complejas.

Asimismo, en $\bar{f} \in C(\mathbf{D})$, siendo $\bar{f} = \bar{f}(x,\bar{y})$, $\bar{y} = (y_1, ..., y_n)$, $\bar{f} = (f_1, ..., f_n)$ debe entenderse que cada una de las componentes f_i es continua en el dominio $\mathbf{D}$ de la variable real x y de las n variables complejas $y_1 ..., y_n$, de modo que $\mathbf{D}$ tiene $2n+1$ dimensiones reales. Finalmente, si se escribe $\mathbf{F}(x, \bar{y}, \bar{m})$, como en el teorema 9.2, debe entenderse que las I componentes $m_1, ..., m_j$, del vector $\bar{m}$ pueden variar en el plano complejo.

En toda la sección presente supondremos el intervalo $I = [a, b]$, $a < b$, compacto y por tanto cerrado. En general, para hacer el estudio en intervalos abiertos o en los no acotados conviene partir del estudio en intervalos compactos $[a, b]$; y la consideración de intervalos abiertos no suele ofrecer dificultad.

2. *Sistema*s. -Sea el sistema lineal en forma normal

$$\frac{dx_1}{dt} = a_{11}(t) \cdot x_1 + \cdots + a_{1n}(t) \cdot x_n + b_1(t)$$

$$\frac{dx_2}{dt} = a_{21}(t) \cdot x_1 + \cdots + a_{2n}(t) \cdot x_n + b_2(t)$$

[4.1]

....

$$\frac{dx_n}{dt} = a_{n1}(t) \cdot x_1 + \cdots + a_{nn}(t) \cdot x_n + b_n(t)$$

que abreviadamente podemos escribir en la forma vectorial

$$x' = \mathbf{A}(t) \cdot x + b(t) \tag{4.2}$$

donde *x'*, *x*, *b* son vectores *n*-dimensionales y *A(t)* es una matriz *n* x *n*. Si *b* es el vector idénticamente nulo, el sistema se llam*a homogéneo*. En caso contrario se llamará *no homogéneo* o *completo*.

Nos proponemos demostrar el siguiente teorema fundamental relativo a la existencia, unicidad y prolongación de la solución del problema de Cauchy para [4.2].

TEOREMA 4.1. – *Sea* **I** = [*a, b*]; *b_i*, *a_{ij}* ∈ *C* (**I**) *para todo i, j*=1, 2, ⋯, *n. Sean t_o* ∈ **I**, *x^0* ∈ *C^n*.

Entonces existe una única función vectorial φ (*t*) *definida en* **I** -que se llama *solución particular, integral particular* o *curva integral* que pasa por (*t_o.x^0*)- tal que:

1) *tiene derivada continua:* φ ∈ *C*^1 (**I**);
2) *satisface la ecuación vectorial*

$$\varphi'(t) = A(t)\, \varphi(t) + b(t),\ t \in \mathbf{I}$$

3) *verifica* φ (*t_0*) = *x^0*.

Alberto Dou（阿尔贝托·杜）

科技语言的第一个特点就是它的限定与"秘密"的语言群体性。只有群体一小部分受过训练的人可以理解一个像上面这样的文本，其实，一旦进入这个"特殊群体"，这个文本根本没有难点，因为它是普通文本，起点低。

科技语言不是面对整个社会群体的，它拥有着封闭和限定的特点。

如果是用来教学的技术语言，它只是借用了普通常用的语言手段来做专门的解释。像我们在前面文本看到的一样，作者使用了平常的语言来解释并深化一些特殊的技术问题。

科技语言借助普通语言的元语言功能——用它来解释问题。

这种普通语言不仅是科学表述的基础，还有另外一个至关重要的特点，那就是它必须精确,必须避免任何形式的歧义,带着专业语义的特点:所有使用的术语,都必须有唯一的指称对象,永远不能使用同一个术语来指称两个不同对象,也就是说,两种不同的实体或概念(不同的东西或观念)。

科学语言必须避免歧义。

为了避免歧义,就必须有一个公认的用法,因此这个语言又有另一个特征:它的约定俗成。科技语言是使用者之间达成协议的结果,这种共识有时候是不言而喻的,换言之,它虽然没有明文规定,却是有效的。

科学语言是约定俗成的。

所有这些可以归纳为:
——日常语言是科技语言表达的基础。
——科技语言主要依赖元语言功能,用这种语言进行表述,使人理解。
——科技语言的终极理想就是每个概念只能被一个术语表述,反之亦然,一个术语只能代表一个概念。也就是说,应该避免歧义。
——为此,人们建立了一种常规语言,所有的术语被定义,也被绝大部分人所接受,所有人都以同样的方式使用它。

科学语言的最高宗旨就是精确和清晰。

为了达到这些宗旨,经典的标准就是不断寻找令人满意的定义。为了做到这点,每一位作者都要事先想好他想通过这个定义所表达的概念,或者是他要遵循的理论体系。做到这点以后,毫无疑问,他就要坚持这个定义,这个理论体系。

科技语言的基本要求就是保持术语的一致性:一旦一个术语被用于
某个特定的概念或者特殊的意义,就必须保持。

传统的语言系统经常展开空洞的讨论,完全是唯名论,也就是说,经常争论术语名称本身的意义,而不是注重它们所涵盖的概念。现代科学为了避免传统语言系统的索绊,经常借助于语言的规范化。他们寻找一种规范了的、明确的语言,这种规范化从一开始就规定了每一个语言符号只能拥有一种解释。

规范化是使得科学语言清晰明确的途径。

不是所有的学科都能在同一程度上接受语言规范化,数学或控制学比较能够接受,因此它们能够创造一个自己的词库,它们的专有词汇。

在我们这个文本里有大量的语言元素，它们被突出显示，说明拥有专门的含义。

R (粗正体) 是<u>实数</u> (所有实数 $[-5, 7, \sqrt{4}, 3/4]$，以及加法和乘积运算)。

f (斜体) 是一个函数。

I (粗体) 是一个<u>区间</u>，即整个集合 **R** 的具有特征属性的一部分 (**不是**任何子集都是<u>区间</u>)。

C (粗斜体) 是实数 **R** 上连续函数的<u>向量空间</u>。

I 周围的括号表示这些函数是定义在 **I** 上。

⊂ 表示其前的集合<u>包含</u>在其后的集合中。

∈ 表示其之前的元素是其后集合的<u>元素</u>。

C (粗体) 是复数的集合。(一个复数是一个虚数 $[\sqrt{-5} = \sqrt{5}\,i$，其中 $i = \sqrt{-1}$ 是虚部$]$。每个复数都有一个虚部和实部。)

因此，我们使用了一些特殊或专用的符号，这些不是我们日常用语的一部分，但同时，我们的日常用语也被赋予一些特殊的含义。让我们接下来进一步分析。

2 科学词汇

除了我们在上面总结出来的这个符号学的应用，我们也提到了构成科学词汇的专有名词。这些专有名词的诞生是为了避免歧义，力图达到最大程度的清晰与准确。

因此，让我们还是回到这一章开头所引用的文本，我们可以看到文本里的那些专有术语，例如："<u>系统</u>"或"<u>结构</u>" (一系列的运算)、"<u>方程</u>" (等式)、"<u>线性和线性化</u>" (一阶)、"<u>微分方程</u>"、"<u>函数</u>"、"<u>向量</u>"、"<u>向量空间</u>"、"<u>实数</u>"、"<u>定义</u>"、"<u>区间</u>"、"<u>复数</u>"、"<u>变量</u>"，等等。

这些词汇都可以在常用的词典里头找到，但是在词典里每一个词都有一系列不同的含义，而在我们所引用的文本里，每个词只能有一个含义。只有在某些情况下常用的词典可以为我们澄清一个常用词的特殊含义。所以1970年版的西班牙皇家学院词典增加了对 función 一词的修正："5. *[修正]* 数学. 通过对一个或多个数字进行特定的运算而得出的数字"。因此，该词典向我们表明，对函数的使用 (含义 5) 仅限于数学。

不同学科经常使用属于别的学科专有的术语，比如数学和物理学之间就常有此现象。上文使用的向量一词在1970年的皇家学院词典里是如此定义的："[对含义1的补充] *物理*. 具有大小的量，除了数量外，还必须考虑其应用点、方向和意义的大小。力是向量。"

为了深入了解一个类似我们正在讨论的文本的真正意义，我们必须拥有以下两个条件：

——拥有这门学科符号学的知识，也就是说，了解这门学科的符号和它规范化的系统。

——了解这门学科所使用的日常用语的因素,以及它是怎样从这些日常因素出发,建立自己的专有词汇。

让我们继续讨论我们的文本及其所属的学科。在数学和物理学中,我们在这里看到的两个概念是基本概念,即常数和变数。一方面,很容易给两者一个直观定义,这与通常的用法非常一致:常数用于不发生变化的量,或者换句话说,表示符号和内容的关系是恒定的。而变数是允许变化的量,即符号和内容之间的关系是可变的。

让我们看一些实例:5(阿拉伯数字)或V(拉丁数字)是常数,它们的内容始终相同,就是"5",所有和数量对应的数字皆如此。另一方面,拉丁字母通常在这些学科里中用于变数,尤其是字母表中的最后几个字母,这就是我们所说的:

$$5 + 3 = X$$

$$6 + 3 = X$$

$$5 + 1 = X$$

X依次为8、9和6,可见X是一个变数,因为它的内容不是永久的,而是取决于在每种情况下其他因素想要任意赋予它的值。

根据这个道理,我们现在可以理解文本的另一个含义,适合数学语言的解释:x可以用于任何"实变量",y用于任何"复变量";n通常是一个不确定的数字,m_i是$\vec{m}$的任意分量,而$\vec{m}$又是任何向量。

3 科学术语的创造

在目前来讲,英语词汇的大量渗透,对我们现有的语言如何生存而言,带来一个很严重的问题,因为英文可以很容易从拉丁语和希腊语改造术语,而且它创造简短复合词的能力有时候是其他语言无法复制的。仔细想想 input 和 output 这两个词,在计算机领域里原意就是"数据和程序的输入"和"数据的输出",广泛地来讲,就是西班牙语里的 entrada(输入)和 salida(输出),想想其他生造的甚至难听的词, inducto 和 educto。对于一位讲英文的人来讲, *input* (in = en, put = poner) 和 *output* (out = fuera) 的用法一目了然,我们无法用上述拉丁语的构词来代替这两个词。在此类情形里,简易方便占了上风,因为在科学上,它源于清晰无歧义的需求,所以我们最后(错误地)在西班牙语里使用了 *input* 和 *output*,在我们的语言里又增加了两个英文外来词。

情况是如此严重,我们所有的人都义无反顾地要贡献我们的才智,想办法避免外来语的侵入,或者由此引发的多重问题,否则,另一个危险就是每一个人都可以根据他的喜好任意创造或翻译出一个新词,最后问题变得不可收拾,大家只好再回到英文,方能达成共识。

当然，还是有一些办法，比如联合国教科文组织专门组织一个机构来规范科学用语，或者是语言学院们的不懈努力，在他们的词典里不断增补新的科技用语。有些大的企业，比如I.B.M.也曾经做过努力，但是总的来讲，目前我们仍然没有一个现行的机构可以做到使科技语言统一规范。

在西班牙语语言发展史上，借用古典语言曾经获益良多 (法语也是如此) ，但现在却是日益艰难，因为目前对学习古典语言的疏忽，甚至需要拥有超乎常人的知识才懂得 odontólogo = dentista 这个词。类似的情况层出不穷，其实在不久之前，这些都属于基本的文化常识范围之内。在这种情况下，试图再用拉丁语或者希腊语来代替英文，其实也是一样的生硬，甚至非常令人不舒服。

试图努力创造出自己的术语，不管是卡斯蒂利亚语、巴斯克语、加泰罗尼亚语或加利西亚语，都是一件为自己文化奋斗的工作。如果有人以为只要立足于自己的文化，不需要时时警醒，随时随地根据需要改变扩充自己的语言，那是自欺欺人，因为人们往往是需要时哪里见到就信手拿来应用，而这样必然导致大量外来语入侵，结果将会十分严重。

在历史上，科学上引用外来语的年代，比如13世纪 (阿拉伯语) 和18世纪 (法语) ，当时的标准就是如果西班牙语里面没有相等的词汇，那么就使用外来语；如果西语里有相等的词汇，就用西语代替外来语。要做到这一点，我们不仅仅需要有语法知识，还需要有通过文本阅读后对该语言的真正了解，更重要的，是一种对语言的关爱，以及保护与其息息相关的文化的使命感。我们的语言与文化并不归我们独有，我们无权为所欲为，随意改变它。传播这个文化，略尽绵薄之力，使之与时俱进、丰富多彩，才是我们的神圣使命。

智者的信

让我们坦白承认，一般来讲，在母语里引进外来或者不同的词汇与用法是一种恶习。为什么呢？因为很少有人具备这种把两种语言巧妙混合的能力。我想，能为者，必须具备敏锐的辨别力，懂得含蓄，语气也不能矫揉造作，不能过分张扬。同时，我也主张，当母语里没有等同的用语时，可以名正言顺地使用外来语。虽然有时可以用母语里的两个或三个词来表达同一个意思，最好还是用最简洁的一个词来表达，不管这个词来自何方。基于这个原因，在不到一个世纪里法语就引进了1 000多个拉丁语和其他语种的词汇，而西班牙语则引进更多拉丁语和法语的外来语……只有无知的人才会认为西班牙语或世界上任何一种语言已经拥有了完整无缺的语言体系,因为浩瀚无际的思想需要各种不同的声音。

菲赫修道士(Fray B.J. Feijoo)

4 科学表述对语法和语义的要求

我们已经讨论过,虽然科学表述拥有一些自己的专有名词,但它仍然使用日常用语。从语法的角度讲,我们每天使用的句式规则和科学表述的规则是一样的:从来没有说,有些句子可以用来阐述一个化学问题,但不能用在正常的对话中,反之亦然。

科技语言和日常用语拥有同样的语法基础。

没有任何理由可以允许一个科技文本使用不正确的语言:即使是为了简明扼要,或为了 (所谓的) 清晰,或者 (错误地) 认为科技文章的语言并不重要。令人悲哀的是,许多科学家作者措辞行文粗心大意,更有甚者故意在科学论文里忽略语法规则,似乎要以此来掩饰他对语言的无知。

最可怕的危险是,起因于劣质的语言表述,我们的思想不被理解。一个错误的句子可能带来歧义,在科技语言中,这是一个可怕的错误,或者不能被理解,这也和科技文章必须清晰的要求背道而驰。在本章开头引文的第五段中,作者使用:"φ_1 y φ_2 son dos funciones reales definidas en **I** cada una poseyendo n derivadas continuas." 毫无疑问,副动词 poseyendo 会比 de las cuales posee 看起来更简短,但是,由于它的句子构造 (因为文本厌恶使用逗号),句子可以理解为 (严格来说,即使它是不准确的,也应该被理解为这样) "有两个实函数,每个实函数都在 **I** 上定义,并且具有 (不知道是其中一个或者是每个函数都有) n 个连续导数"。正如我们所看到的,它们含义是不同的,因此应该避免使用这种类型的副动词,虽然它们用起来是如此的方便 (也如此容易误导)。

从语义的观点出发,我们必须坚持我们反复强调的:科技语言需要清晰和准确,为此它逼迫我们十二万分谨慎地选择术语,应用必须准确统一,也就是说,要一以贯之地保持它们的意义和应用。要做到这一点,我们就必须对各种语义成分了如指掌,知道它们的精确定义。

在我们日常的生活语言里,我们可以常常看到一些科技语言被歪曲的情形。现在让我们挑选其中一个例子。这个词被反复使用,甚至引起了语义变化,使人们陷进理解的误区。这个词是 álgido,常常在句子中以 punto álgido 出现。这个词的原义是冰冷,在医学上,它用来形容可能导致死亡、体温骤降的那一瞬间,比如霍乱中的体温骤降。这种体温的骤然变化与病危息息相关，所以后来很多人把它等同于病危。但病危往往是与高烧有关，而不是与冷有关，所以用 álgido 形容发高烧的病危是语义错误。momento álgido 或 punto álgido，从原来形容病人进入危险状态的时刻，转义为 momento culminante 或 momento crítico (因为它意味着生命安危的一个转折点)。之后，这个词的一系列引申和转义接踵而至。因为它原来的"危险或关键"与热度有关系，所以一场讨论的 el punto culminante (关键时刻) 后来也用 el punto álgido 来形容。álgido (错误地) 转变为形容"热烈"或"炽热"，走到它"极寒"原义的对立面。如果有个说话者使用这个词"极寒"的原义，而另一个说话者却使用了 (新的、错误的)"炽热"的语义，那么一场语义混乱在所难免。

在严格的科学领域，当一个术语没有统一时，类似的问题就会层出不穷：这种情形就发生在我们身边。比如，在语言学上，morfema 这个词对美洲结构语言学家来讲，是包括词素和语素 (morfemas léxicos 和 gramaticales)，而对欧洲的语言学家来讲，它们只包括语素 (gramaticales)，逼得我们欧洲的语言学家要用 monema 这个词来翻译美洲的 morfema。

科学语言没有任何理由不去努力调整，使自身具备日常语言的优雅与顺畅，

但同时它也应该努力避免任何由语义或句式引起的歧义。

5　科学演讲中内容的安排

清晰不仅仅是选用科学术语的最基本条件，在文本的结构上，它同样是根基与基本条件。

我们在这一章的开头引用了 A. Dou 的一个文本。在这个文本中我们可以看到科学文本架构的基本形式：

文本以一个大标题"线性系统和方程式"开头，告诉我们将要讨论的内容。让我们假设这是本章的主题，旨在最大可能地为读者指引一个大方向。

这个大标题过于松散，因此必须有一个副标题或摘要标题或第4章，"存在性、唯一性和延展性定理"这个副标题为我们提供了更多信息，同时也限制了理解的范围：毫无疑问，听说过线性系统和方程式的人 (即使是浮光掠影) 的数量要比听说过存在性、唯一性和延展性定理的人多得多。

因此，本章的标题或主题，以及第四节的副标题，起着重要的信息作用，它们是一个构造正确的科学文本必不可少的条件之一，因为它们为我们提供了第一信息，同时，一语代之地对文本的内容进行了简要的总结。

标题之后是引言，是将要覆盖的内容的规划，完整的引言必须满足三个条件：

——问题的以往历史。

——问题的状态,问题的现状和理论意义。

——作者选择的研讨方法。

我们的文本是一个较大文本的一部分,因此它不提及任何第一章的内容。但在讨论第二章时,它告诉我们"这些观点本身很重要……""它们提出了更广泛的问题……",如此来突出这一章节的重要性。明显地,本章使用的理论方法与前一章的方法相一致(文中会不断提到"上一章")。使用这种理论方法是由于线性系统自己本身的基本性质所决定,并且也是由于它将是研究非线性系统的一种方法,因为"在物理和技术问题的数学表述中,线性微分方程常常出其不意、并且频繁地出现。"

这种理论方法还引用了与此学科有关的技术数据加以佐证,但这里我们对这些数据不感兴趣,因为比起文章所表述的内容,我们对内容表述的方式更感兴趣。从这点上讲,与$f \in C(\mathbf{I})$,$\varphi \in C''(\mathbf{I})$和$\bar{f} \in C(\mathbf{D})$有关的所有符号是严格意义上的技术表述。

接下来分为三部分,文章进入了主题。然而,我们在此仅仅收录了前两个部分:第一部分"<u>系统</u>",通过阐述这一数学问题的背景来证实论证的正确与错误。换句话说,它规定了即将进行的理论研究的范围。这种限定是科学的特征,必须严格遵守。

紧接着文章马上阐述了它所论证的问题,也就是它要证明的数学<u>定理</u>。该定理提出了一个逻辑条件:如果确实满足了这样那样的条件(在这个章节里具体一一罗列出来),那么就应该有这样那样的结果。在我们这个案例中,满足前提条件后将会出现三种结果,它们分别在1),2)和3)清楚说明。

在提出定理之后,就是<u>论证</u>(我们没有收录在此)。最后就是<u>结论</u>。在这一部分里,文章在分析论证的基础上证明该定理是否得到证实,是否可以接受。

总而言之,这是一个<u>课题</u>的论证,它试图通过<u>论证</u>和<u>推理</u>来证实这个定理是否正确,是否可以接受。

一篇科学论文的成分是如此排列的:首先提出一个课题,然后限定或说明该课题,假设一个论点或定理,论证与推理,结论(肯定或否定)。

毋庸赘言,这是一篇科学论文的逻辑顺序,改变这些元素之组合只会造成混乱,阻塞科学的沟通,引发完全错误的理解。

6 科学文本的理解和综述

接下来,我们将尝试从语言的角度理解本章开头的文本,以便进一步综合归纳其要点。

在所有系统和方程中,线性方程是最重要的。因为,线性微分方程本身在物理和技术问题的数学表述中常常自发、频繁地出现,并且最重要的是,因为它们呈现了类别繁杂的问题。其中两种类型是在非线性方程的问题里所没有的:人们完全可以更进一步, 更轻松地研究它们。为此, 这引起了人们将非线性问题"线性化"的兴趣, 那就是用线性系统作为研究非线性系统的一种手段, 由此构成了线性方程的基本特征。

我们引用的文本作者, 在同一本书的前一章里介绍了这种类型的情况:

$$f \in C(\mathbf{I})$$

1) "f是$C(\mathbf{I})$的函数"。

2) "$C(\mathbf{I})$读作C在$\mathbf{I}$上, 或直接读作$C\mathbf{I}$"。

3) "$C(\mathbf{I})$是定义在实数区间$\mathbf{I}$上的连续函数的向量空间, 并在$\mathbf{R}$中取值"。

4) 向量空间是四个元素的集合: 第一个是需要结构的集合 (例如, 此处的函数是连续的, 也就是我们所说的C) 。

第二个是一组标量 (标量是数字, 与向量相比, 是没有方向或意义的度量) 。

第三个是内部运算"加法"(内部运算就是两个元素属于在其定义上操作的集合体: 3个梨+8个梨, 但不是3个梨+8个苹果; 这里相加的是C的函数) 。

第四个是外部运算"乘积", 它是通过将一组标量 (数字) 中的一个元素与第一组中的元素 (在我们的情况下为C) 进行运算而获得的。

我们刚刚定义的这四个元素集合 (有关加法与乘积) 必须具有赋予该结构的特征属性 (我们在此不深入讨论该属性) 。请记住, 我们感兴趣的不是解释数学问题, 而是努力探寻隐藏在科学文本之下的语言特殊性。

5) 我们已经知道, 实数是三个元素的集合: $\mathbf{R}$ (实数) , + (加法) , · (乘积) 以及这些运算必须遵守的属性。

6) 在区间$\mathbf{I}$上定义的函数是函数$f(x)$, 其中变量x取区间$\mathbf{I}$的值。

7) 说函数"在$\mathbf{R}$中取值"是指$f(x) \in \mathbf{R}$ ($f(x)$属于$\mathbf{R}$) , 即永远必须以一个数字代替x, 但后来指定为对应的数字之一在区间$\mathbf{I}$处, 即只是$\mathbf{R}$的一部分。

接下来, 我们可以再次简单概括推理的结果, 重申所讨论的内容。

把本章内容用公式表达:

$$\varphi \in C^{n}(\mathbf{I})$$

读为"函数φ是$C^{n}(\mathbf{I})$的元素"(n表示C的所有n阶可微函数 (φ))。

也有人说函数 (φ) 在C中取值, C是复数的集合, 也就是说, 它们将具有实部和虚部

$$\varphi = \varphi_1 + i\varphi_2$$

这意味着函数φ等于实部$\varphi_1 \in C^{n}(\mathbf{I})$和另一个虚数$i\varphi_2$, 其中$i$是虚数单位$\sqrt{-1}$, 和$\varphi_2 \in C^{n}(\mathbf{I})$。

我们将不讨论向量函数 $\bar{f}$，因为我们处在一个非常复杂的平面中，因此我们将不得不解释域 **D**，微分系统 F 的方程式和定理 9.2。我们只会说一个向量是由一个字母表示的，在该字母上带有线条或小箭头的字母表示 m，它是相应的派生词，而 **I** 是下标集。在整个段落中，强调了这种语言的极端简洁。

引言以区间 **I** 的定义结束。**I** 是实数集的子集，它包含数字 a 和 b 以及它们之间的所有数字。像这样定义，它是 **I** = $[a,b]$。例如，如果 a=5，且 b=6，则 **I**={5, ..., 5.5, ..., $\sqrt{30}$, ..., 6}，a 小于 b，并且也是紧集，一个基本的拓扑概念，但在此我们无法伸展进行讨论；"[" 闭合表示 a 和 b 是 **I** 的元素，与所有中间的元素在一起；如果它是开括号 "("，则仅仅 **I** 的元素将是 **I** 的元素，而不是 a 或 b。开区间符号为 **I** = (a,b)。

文本接下来继续定义<u>系统</u>：<u>线性系统</u>，因为它只有一阶导数，所以只求导一次；通常，这意味着系统将所有可能出现的因子最大限度地相加，同时又是最简单的，因为一切都是显性的，没有什么没有表达。实际上，作者立即对一个可能性发表评论。他说"如果 b 是恒等于零的向量……"，这意味着 b 的所有分量 (即 b_1, b_2, ..., b_n) 均为零。在这种情况下，我们的等式最后求和为零，该系统将被称为<u>齐性的</u>。否则，这里的系统是<u>完整的</u> (即非齐性的)，所以它被称为系统。

在本文中表示的是由 n 个方程组成的系统，其中出现了相对于 t 的导数，表示为

$$\frac{dx}{dt}$$

x 是变量 t 的函数。

该定理试图证明系统的单个解的存在，为此，它必须满足列出的三个条件，并且位于由区间 **I** = $[a,b]$ 和连续函数给出的框架中 $b_i, a_{ij} \in \boldsymbol{C}(\textbf{I})$。

$\varphi(t)[t$ 的 $\varphi]$ 是一个解，由条件 2) 精确给出，也就是说，它满足文本中缩写的向量方程

$$x' = \boldsymbol{A}(t) \cdot x + b(t)$$

[对于 φ 它将是：$\varphi'(t) = \boldsymbol{A}(t)\varphi(t) + b(t)$；我们已经说过 t 是属于 **I** 的变量，即 $t \in \textbf{I}$]。

第 3 节指出了要寻求的方程解的确切含义，我们已经说过，它必须是唯一的，因为在没有条件的情况下，它可以有无数个解。[$\varphi(t_0)$ 必须属于一个复空间 $\boldsymbol{C}^n$ 且等于 x^0 ($\boldsymbol{C}^n$)，也就是说，我们事先同时设置了 t_0 和 x^0]。

在综述总结这个文本时，我们遵循其构造的基本流程：

a) <u>引言</u>：它引证了先前阐述的理论，旨在证明线性系统和方程式重要性。尝试在每种情况下建立精确的符号方面的概念。它定义 $f \in \boldsymbol{C}(\textbf{I})$, $\varphi \in \boldsymbol{C}^n(\textbf{I})$，并指定谁是 **I**。

b) <u>系统</u>：它解释了线性系统，线性系统将陈述存在性定理和唯一性定理。

c) 阐述<u>定理</u>，该定理指出存在一个满足三个显式条件的函数，并将其称为<u>特定解</u>。

请我们不要忘记在此之后紧接的是论证，来证明该定理的正确性 (我们没有收入在此) 。

毫无疑问，这个文本非常复杂，因此被选为最精确和形式化语言的最佳案例。

7　练习

I.

Texto A:

> *QUÍMICA GENERAL (traducción)*
>
> 1–1. *Materia y Química.* - El Universo se compone de sustancias (formas de materia) y energía radiante. La Química es la ciencia que estudia las sustancias: su estructura, sus propiedades y las reacciones que las transforman en otras sustancias.
>
> Esta definición de la Química es, a la vez, demasiado limitada y demasiado amplia. Es limitada, ya que el químico, en su estudio de las sustancias, debe considerar también la energía radiante -luz, rayos X, ondas electromagnéticas- en su interacción con aquéllas. Debe interesarse acerca del color de las sustancias, que se produce por la absorción de la luz, así como de su estructura atómica, determinada por difracción de rayos X, o aun por absorción o emisión de ondas electromagnéticas por las sustancias.
>
> Por otra parte, la definición es demasiado amplia, ya que casi todas las ciencias podrían incluirse en ella. El astrofísico estudia las sustancias que están presentes en las estrellas y en otros cuerpos celestes, o que están distribuidas en concentración muy pequeña por el espacio interestelar; el físico nuclear, las que constituyen los núcleos de los átomos; el biólogo, las presentes en los organismos vivos, y el geólogo, las llamadas minerales, que forman la tierra. Es verdaderamente difícil delimitar la Química de las otras ciencias.
>
> *Linus Pauling*
> (Premio Nobel de Química, 1954)

这是 1954 年诺贝尔化学奖得主 Linus Pauling 的一段文字。在仔细阅读后，请：

1. 两人一组，用西班牙语回答以下九个问题。

   a) ¿De qué se compone el Universo?

   b) El primer párrafo contiene una definición de la Química, ¿qué parte de la composición del Universo estudia?

c) ¿Por qué es demasiado limitada esta definición de la Química?

d) ¿Por qué es demasiado amplia?

e) ¿Cómo se entiende que una definición pueda ser a la vez amplia y limitada?

f) ¿Qué conclusión saca el autor acerca de la delimitación del campo de la Química?

g) ¿Qué ciencias se relacionan con la Química?

h) ¿Qué conclusión saca el lector?

i) ¿Por qué el lector está o no está de acuerdo con el autor?

2. 请把此段文字翻译成中文 (请注意科学文本语言简洁与明了的特点)。

Texto B:

1–5. El método científico. - Un motivo importante para el estudio de la ciencia es aprender el método científico de abordar un problema. Este método puede ser valioso no sólo en el campo de la ciencia, sino también en otras actividades: mercantiles, jurídicas, sociológicas, etcétera. Es imposible presentar una relación completa del método científico en pocas palabras. De momento, se da una visión parcial que se ampliará ... Aquí deseo expresar que el método científico consiste, en parte, en la aplicación de los principios del razonamiento riguroso que se ha desarrollado en las Matemáticas y en la Lógica a la deducción de conclusiones ciertas a partir de una serie de postulados aceptados. En cualquier rama de las Matemáticas, los postulados básicos se aceptan como axiomas, y después todo lo demás se deriva de estos postulados. En la ciencia y en otros campos de la actividad humana, los postulados básicos (principios, leyes) no se conocen, sino que deben ser descubiertos. El proceso de descubrimiento se llama *inducción*. El primer paso para aplicar el método científico consiste en buscar algunos hechos por observación y experimentación; en nuestra ciencia, estos hechos corresponden a la Química descriptiva. El paso siguiente comprende la clasificación y agrupación de los hechos por medio de una relación. Si ésta es tan general que incluya en sí misma un número grande de hechos, se llama *ley,* a veces *ley de la Naturaleza.*

1. 请列出一个单词表, 找出所有常用的科技词汇, 中西对照。

2. 请列出科学研究方法的一些要点, 中西对照。

146

Texto C:

*LOS ELEMENTOS DE EUCLIDE*S (traducción)
NOCIONES COMUNES (*κοιναὶ ἐννόιαι*)

Las nociones comunes o axiomas vienen a ser distintas de los postulados, según Proclo, no tan sólo por el carácter constructivo de estos últimos, de los cuales sobradamente se ha hablado, mas también por ser los axiomas principios comunes a varias ciencias (o relativos a la magnitud en general) y de los postulados pertinentes a la particular disciplina geométrica. Una distinción del mismo género, entre principios o cosas comunes (*τά κοινά*) y principios particulares, se encuentra, sin embargo, en Aristóteles (*Analyt. post.* I, II, 77 a 30). Mas es notable que Aristóteles no hable nunca de *nociones* comunes usando el término pitagórico de axioma ἀξιώματα (dignidad); en cambio la palabra ἐννόια no parece encontrarse tomada con significado técnico en Platón o Aristóteles, sino solamente más tarde entre los Estoicos. Pero las deducciones que cada uno (Tannery) ha querido sacar de esta circunstancia, poniendo en duda la autenticidad de las Nociones euclídeas, caen ante la observación que la voz ἐννόια se encuentra en un fragmento de Demócrito. Y porque entre la obra perdida de éste hay un tratado de geometría, que por su disposición recuerda los *Elementos* de Euclides, es lícito argumentar que el texto democríteo pudiese aportar precisamente esta denominación de los axiomas, y que de aquí Euclides la tomara (v. Enriques: *Per la storia della Logica,* cap. I).

Federico Enriques

这段文字比较艰深, 可以当成选修阅读, 供有兴趣的同学自行选择练习。

II.科学小论文练习

这一部分可以当作期中或期末测试。学生挑选一个小课题, 按西语文本上写科学论文的提示写一篇小论文 (必须包含至少三部分: 主题／开题, 论证与推理, 结论)。

第十一章 法律文本和公务文书

1 语言特点
2 (法律)词汇与措辞的固定格式
3 法律文本和公务文书的语义分析
4 练习

1 语言特点

正如科技语言一样,法律用语必须精确,避免歧义。然而两者之间还是有很大的不同:正如我们在前一章所分析的,科技语言需要借助于规范化来获得准确性,法律语言不可能通过同样的途径来达到这种规范化,因此它必须借助于一个特殊的处理方式:

法律语言必须明确提及所有必要的假设和参考。

我们面临着一门词汇丰富宽广的语言,这里大量使用同义词来表达各种不同的细微差别。比如我们现在假设有一份公寓出售(由公证人拟定并注册)的公共契约,其中提到,一方当事人(买方或卖方,在这里是卖方)由其代理人代表,也就是说,他的法定代理人持有经过公证的文件代替他行使法律权力。仅仅提及有一份授权公证书是不够的,而是必须清晰地以这种方式(或其他方式)阐述这个事实:

Intervienen: El primero (ya mencionado antes) como vendedor, en representación de D. XX, según escritura de apoderamiento otorgada en día F. ante Notario de Y, D. ZZ, bajo el número NN, que confiere las facultades siguientes: ---------------------------------------

"Comprar, vender, suscribir, canjear y pignorar valores y cobrar sus intereses, dividendos y amortizaciones. Comprar, vender, permutar pura o condicionalmente, a retro, con precio confesado, al contado o plazos, toda

> clase de muebles, inmuebles, derechos reales y personales.------------------------
>
> En lo omitido no hay nada que limite, modifique, condicione o restrinja lo inserto literal y parcialmente.------------------------

除了在法律语言中使用同义词这个特点外,上面文本还揭示了第二个特征:

法律语言的另一个特点就是使用带拉丁语和古西班牙语的一些固定表达格式。

我们必须从这个意义上理解文本中的拉丁短语 *a retro* 'desde atrás' (一种回购交易合同) 。

这种格式的复杂性必然引导出文本自身非常的复杂化。我们将在随后的各个范例中看到这一点, 但它们可以在某种程度上使用一系列常见的缩略语来解决这个问题。这些常规的缩语就是法律语言的<u>格式索引</u>。那我们来看看取自于最常用法律手册的一个样本:

> *MANUAL DE FORMULARIOS CIVILES* (17ed. por Arturo Majada, t. 1)
>
> ABREVIATURAS MÁS FRECUENTES
>
> Abog.: Firma del Abogado.
>
> ADC.: Anuario de Derecho Civil, Madrid.
>
> Continuidad del asunto, *números* ...: Se refiere a que los formularios aludidos en dichos números forman parte todos del mismo pleito.
>
> C. civil: Código civil.
>
> C. comercio: Código de comercio.
>
> C. penal: Código penal.
>
> D. A.: Demandante.
>
> D. B., D. L.: Demandado.
>
> D. C., D. F., D. S., D. T.: Testigos o peritos.
>
> D. H., D. J., D.O., D. 1., D. U.: Otras personas que intervienen en el pleito.
>
> DGMA: Dios guarde a V. muchos años.
>
> D. L.: Secretario.
>
> D.N., D. M.: Procurador.
>
> EDH.: Antes del número indicador del modelo, se refiere, en general, a

aquellas actuaciones que en definitiva figuran en el expediente de declaración de herederos *abintestato*.

J.: Esta llamada remite a la jurisprudencia, inserta al final del Apartado en que se encuentra el respectivo artículo. La jurisprudencia ha de consultarse también, en su caso, en el correspondiente Comentario práctico.

Ley de E. civil: Ley de Enjuiciamiento civil.

L.M., L. N.: Abogado.

LyF.: Lugar y fecha.

N.M., M. M.: Juez, Magistrado.

N. N.: Notario.

P.: *Pretor* (Revista jurídica), Madrid.

Proc.: Firma del Procurador.

PSA.: Pieza separada de administración del *abintestato*.

PSP.: Pieza separada de pobreza.

RCDI.: *Revista Crítica de Derecho Inmobiliario,* Madrid.

RDEA.: *Revista de Derecho Español y Americano*. Madrid.

RDP.: *Revista de Derecho Privado*. Madrid,

RGD.: *Revista General de Derecho*. Valencia.

RGLJ.: *Revista General de Legislación y Jurisprudencia,* Madrid.

RJC.: *Revista Jurídica de Cataluña*. Barcelona.

RM.: *Revista de Derecho Mercantil*. Madrid.

RP.: *Revista de Derecho Procesal*. Madrid,

RTS.: Antes del número indicador del modelo, se refiere, en general, a aquellas actuaciones que en definitiva figuran en el rollo de la Sala Primera del Tribunal Supremo.

S.: Se entiende se trata de Sentencia de la Sala Primera -de lo Civil- del Tribunal Supremo, si no se especifica otra cosa.

Secret.: Firma del Secretario, precedida de la fórmula "Ante mí". Rúbrica del Secretario.

Guillermo Mᵃ· de Brocá

这种类型的书籍帮助我们总结出一个新的法律语言特点：

应用格式法的法律语言帮助我们维持这种语言的常规用法，
强迫推行格式使其在所有文件中意义一致。

2 （法律）词汇与措辞的固定格式

总的来讲，借助特定的法律词汇以及措辞格式，法律语言制定了一套刻板模式。我们前面使用的缩略语单词表包含了一些不断重复的词汇模型：abogado、pleito、código、demandante、demandado、testigo、perito、secretario、procurador、expediente、abintestato (拉丁语，'sin testamento')、jurisprudencia (法理依据，带着最高法院的判例，补充并产生法律效力)、magistrado、pieza、fuentes (资料索引，法律杂志和案例汇编)、actuaciones、rollo (这是'卷宗'；这么称呼是因为以前所有的文件都写在羊皮纸纸条上，可以卷起来。现在只是单独用来称呼高等法院里的诉讼公文)、sentencia、sala、proceso、rúbrica。

我们从 L. Prieto-Castro y Ferrándiz 的 *Modelos para la práctica jurídica procesal civil* 取出一段作为法律诉讼的格式。可以看到诉讼文卷里有四个部分：

1. 引言部分：Al Juzgado

2. 事实陈述：Hechos

3. 诉讼的基本法律依据：Fundamentos de Derecho

4. 诉求事项，向法官提出具体请求：Suplico al Juzgado

正如现在这个例子，也可以再追加一些条件，用 otrosí，与 suplico 并用，再次重申具体诉讼要求。

Modelo número 28

DEMANDA DE JUICIO DE MAYOR CUANTÍA

AL JUZGADO:

Don Zótico Bermúdez Biendicho, Procurador de los Tribunales, actuando a nombre y con la representación de "Industrial Arrocera, S. A.", domiciliada en Barcelona, calle de Balmes, 235, y acreditando esa representación con primera copia de escritura de poder que, declarada bastante, acompaño (doc. uno adjunto), ante el Juzgado comparezco y, como mejor proceda en Derecho, DIGO:

Que por medio de la presente demanda promuevo juicio de mayor cuantía contra la Compañía "Exportadora Peninsular, S. L.", con domicilio en Alicante, calle de Alcoy, 28, para reclamar el precio de una remesa de doscientos vagones de arroz, en junto, dos millones de kilos, intereses legales

---

y costas, alegando al efecto:

HECHOS

PRIMERO.-Con fecha 25 de junio de 1967, mi principal recibió, por medio del agente comercial don Próculo Mendoza Lizarriturri, un pedido de dos millones de kilos de arroz en buen estado, entero y de la última campaña, al precio de quince pesetas kilo, importando, por consiguiente, la remesa, treinta millones de pesetas (docs. 2 y 3).

SEGUNDO.-Desde el 30 de junio al 30 de julio de dichos mes y año los 200 vagones fueron remitidos desde Valencia al consignatario designado por el comprador, la empresa japonesa "Fujiyama", en el puerto de Cartagena, siendo cargados con otras expediciones de distintas casas vendedoras, en el vapor "Butterfly", con destino a Nagasaki.

Al tiempo de recibir la mercancía, el representante del comprador no hizo reclamación alguna sobre la calidad y el estado del grano.

TERCERO.-Por el importe de la compra se giró a la demandada la factura, expresándose en ella el modo de remesa, que fue a porte debido.

Y, como facilidad para el pago, se concedió al comprador la de realizarlo mediante ingreso en la cuenta corriente de mi principal, en el "Banco Peninsular Español", Sucursal Urbana de Velázquez, 35, Madrid, en dos plazos; el primero, a los cuarenta días de la entrega del grano, y el segundo, a los ochenta.

Se adjuntan sub números cuatro y cinco de documentos, una copia de la factura y el duplicado del documento en que se convino el pago según lo dicho y donde el comprador se declaraba sometido a los tribunales de Madrid para las cuestiones que en el asunto pudieran surgir, con renuncia a todo otro fuero, documento, ése, firmado por la casa "Exportadora Peninsular".

CUARTO. -Según acredito con una carta original de aquella entidad bancaria, la sociedad compradora no ha realizado el ingreso de la cantidad de treinta millones de pesetas, dentro de los plazos pactados (doc. 6).

La causa alegada por la compradora para incumplir su obligación de pagar el precio, es que, como consta en un cable remitido desde Suez (doc. 7), a los pocos días de navegación del buque, que, según noticias, es de lenta andadura, se había observado que el arroz presentaba síntomas de agorgojamiento y recalentamiento, por lo que la empresa "Fujiyama" pensaba dejarlo de cuenta.

QUINTO.-Es obvio que mi principal rechaza semejante excusa para pretender una liberación del pago, sabiendo, como sabe, que el arroz fue cargado en perfectas condiciones, e ignorando, como ignora, por carecer de toda demostración convincente, que el grano haya experimentado aquella avería, la cual, en el peor de los casos, sería imputable a una negligencia ajena, como, por ejemplo, la mala estiba y los efectos del tórrido calor y de la humedad.

FUNDAMENTOS DE DERECHO

I. Refiriéndose, en primer lugar, a los requisitos procesales, resulta:

a) La competencia territorial corresponde a los Juzgados de Madrid ya que existe una cláusula de prorrogación expresa de la misma a favor de ellos, vinculante según el artículo 57 de la Ley de Enjuiciamiento Civil.

b) Por lo que se refiere a la competencia objetiva y a la clase de procedimiento, dado el valor del negocio, de él ha de conocer un Juzgado de Primera Instancia, en juicio de mayor cuantía, con arreglo al artículo 483 (reformado) de la citada Ley.

c) No es necesario el intento de conciliación, por dispensarlo el artículo 460, 5.° de la repetida Ley.

d) En cuanto a la capacidad procesal de las partes, les está reconocida por las normas materiales sobre sociedades y por el artículo 2.°, II, de la misma Ley.

e) La legitimación existe, por tratarse de un negocio jurídico claro del que resulta la activa y la pasiva por la postura que en él tienen ambas partes litigantes.

II. En cuanto al fondo, aparece, en primer lugar, que nos hallamos ante un negocio jurídico de compraventa, a tenor del artículo 1.445 del Código Civil, del que nace, para el comprador, la obligación de pagar el precio en el tiempo y lugar fijados en el contrato (art. 1.500 ídem), ya indicados.

Asume, además este contrato, la característica de mercantil, dada la calidad de vendedor y comprador (art. 325 del Código de Comercio).

III. Por esa causa, la compradora ha contraído la ulterior obligación de pagar el interés legal (art. 341 del mismo Código), también impuesta por el artículo 1.108 en relación con el 1.101 del Código Civil; es decir, el del 4 por 100 anual, según la Ley de 7 de octubre de 1939 (art. 1°); interés a liquidar en periodo de ejecución de sentencia (art. 360 de la Ley de Enjuiciamiento Civil).

IV. La objeción que la demandada opone para eludir el pago del precio no puede ser acogida por el Juzgado al que tenemos el honor de dirigirnos. Contra ella se alzan diversas normas jurídicas:

a) Ante todo, el artículo 333 del mencionado Código de Comercio establece que los daños y menoscabos que sobrevengan a las mercaderías una vez perfecto el contrato y estando los géneros a disposición del comprador, en el lugar y tiempo convenidos, son de cuenta de éste; cuanto más, si ya se ha hecho cargo de ellas. El "periculum" no alcanza al vendedor.

b) La segunda posibilidad de redhibición se excluye en este caso por lo dispuesto en el artículo 336 del mismo cuerpo legal mercantil.

c) Por último, hasta el momento de la presentación de esta demanda, el comprador no ha hecho reclamación alguna dentro de los treinta días a que se refiere el artículo 342 de aquel Código, fundada en vicios internos del grano, y, por consiguiente, ha precluido cualquier posibilidad de resistencia a la imperiosa necesidad de pagar el precio.

V. Según el principio de temeridad que se aplica en estos casos, la demandada ha de ser condenada al pago de las costas si se opusiera a la presente Demanda, que además ha sido provocada por su conducta de incumplimiento (art. 1.902 del Código Civil y doctrina legal reiterada).

En virtud de lo expuesto:

SUPLICO AL JUZGADO que tenga por presentado y admita este escrito de demanda junto con el poder y documentos que se acompañan, y por promovido juicio de mayor cuantía contra la Compañía "Exportadora Peninsular, S. L.", a nombre de "Industrial Arrocera, S. A.", me considere como parte demandante en representación de la misma, mandando que se entiendan conmigo las ulteriores diligencias, y, en definitiva, previa la sustanciación legal, dicte sentencia en la que se declare que la demandada ha incumplido el contrato en cuestión y le condene al pago de la cantidad fijada como precio de venta de la mercancía vendida, treinta millones de pesetas, más los intereses legales a contar desde la admisión de esta demanda, que se liquidarán en el período de ejecución de sentencia, y de las costas todas del juicio, por ser justo.

     Madrid, 2 de octubre de 1967.

Fl. Dr. Leoncio Negro-Campamento

                    Zótico Bermúdez

     OTROSÍ: Como queda dicho, la Compañía demandada tiene su domicilio en Alicante, debiendo ser citada allí, por vía de auxilio judicial; y por ello:

     SUPLICO AL JUZGADO que ordene expedir y que se me entregue exhorto dirigido al Juzgado Decano de Alicante, facultando en él a su portador para instar cuanto fuese menester a su cumplimiento.

     II OTROSÍ: El poder que presento es general y se necesita para otros asuntos: y, en consecuencia:

     SUPLICO AL JUZGADO que mande que el mismo me sea devuelto una vez se haya testimoniado lo suficiente en los autos.

     Lugar y fecha expresados.

Fl. Dr. Leoncio Negro-Campamento

                    Zótico Bermúdez

    前面这个文本为我们展示了各种法律呈文的通用元素 (诉讼、正式申请、普通申请) 的样本。

    在引言部分, 地址或抬头, 标明收件人之后, 直接或通过其律师或代理人提出原告 (或申请人) 的姓名与身份。此项介绍必须完整, 即包括所有与原告有关的重要信息: 姓和名, 或公司名称、地址, 专业范围或职业, 职称 (如有), 以及证明文件 (例如身份证)。

    在事实陈述里, 指出并详细说明了诉讼或请求的每一个具体原因。上述文本显示了事实按需分开与排列, 以便卷宗的收件人可以清楚了解问题的各个方面, 并依次一步步深入了解该问题的每个新层面: 该文本因此设立了五个段落的格式。

    法律依据详细说明了原告或申请人为什么认为法院应接受他诉讼的请求 (或者, 为什么他认为他有权提出诉求)。上述文本提供了一个复杂的法律辩护案例, 它明确地逐条阐述诉讼所立足的每个论点、法律或习俗, 以求以最合理、最安全的方式支持其诉讼。在这里我们还可以看到每个段落又被细分为一些小部分, 这样这些法律依据不会混为一团, 失去辩护的力量, 而是逐一递进积累, 加强争辩效果。

    在最后诉求事项中, 一般是上诉请求, 有一定的格式, 简要概述问题的现状, 具体重申此次诉讼的目的。

这个文本还为我们提供了另一个警示，那就是不能混合几个诉求，而是应该详细阐述最基本的要求，然后，如果还有其他诉求，则必须将它们放在附加条件底下，然后附上各种相应的诉求。

文本的清晰可读还可以通过段落条文的适当分布来实现。诉讼的每个部分分别展开，各个部分中又逐一列出相关的细节，如此为我们赢得一个严格的逻辑进程：随着阅读，我们逐步增加了对事实的了解，不会有混淆或困惑。

常规格式增强了文件的清晰度。比如，没有必要在每种情况下都重复"检察官佐蒂科·贝穆德斯·比恩迪乔先生……Balmes 235"，而是简单使用"原告"一词代替；"出口公司……Alcoy 28"，则简简单单称呼为"被告人"。

另一方面，在每个案件里，实质性的问题都要完整而详细地罗列出来：比如金钱，不能以"欠款"二字一语带过，而是一定要指出金额，同时明确指出利息的数字和法律费用，这些都必须经过合理的陈述与讨论。

法律文本的语言惯例时刻都存在，但每个案例的特有元素都会被特别和完整地提出。

在这种诉讼要求或申请中，最简单的是**申请书**。起草一份申请书需要包括，申请人的陈述、申请的缘由、该申请的法律理由和最后希望被接受的请求。根据已知的模型，我们来构造一个申请实例，一个非常切合实际的例子——申请一份中学老师的工作。

Asunto:

Solicitud de una plaza de profesor de Escuela Secundaria.

Señor/a Delegado/a Provincial de Educación:

El abajo firmante, Nicolás García García, con domicilio en la calle Salve, 000, Zamora-0, teléf. 000 0000, correo electrónico xxxxxxx@xxx.xx y DNI 00 000 000

EXPONE:

– QUE, existiendo vacantes de profesor de Lengua y Literatura Búlgaras en las Escuelas Secundarias dependientes de esa Delegación Provincial.

Y creyendo reunir las condiciones exigidas, a saber,

– SER licenciado universitario, por la Facultad de Letras de la Universidad de Salamanca.

Y poseyendo, además, las siguientes titulaciones, cuya certificación acompaña:

– Certificado del Instituto de Lenguas de Sofía, en el que consta su

---

aprovechamiento en el curso de lengua búlgara ofrecido por este centro en el curso 2011 – 2,

– Certificado del Centro de Control Educativo, en el que se acredita su capacidad para enseñar esta lengua y su literatura.

De esa Delegación SOLICITA

– Que le sea concedida una plaza de profesor de Lengua y Literatura Búlgaras en una de las Escuelas Secundarias dependientes de esa Delegación Provincial.

Gracias por la atención recibida.

Zamora, a veintinueve de febrero de 2013.

Firma y rúbrica

Fdo.: Nicolás García García

SR./A DELEGADO/A PROVINCIAL DE EDUCACIÓN

在书写这种申请时,应该注意到几个问题:

——申请信呈示于省教育厅厅长先生 / 女士。

——申请人必须清楚地陈述个人资料,这样假如有些细节需要补充,或者传达信息,教育厅可以与其联系。

——获得教职的基本要求是大学毕业,所以申请人必须明确写清自己的学历。

——由于很可能有数个申请人,所以必须懂得突出与这个正式公职有关的个人优点,来增强申请者的竞争性。

——文书必须以请求格式结尾,再次重申申请的目的。

——作为一份公务文书,文本必须遵守现行法律,并经过注册,即提供所在地法律所要求的注册编号或印章。

考虑完所有这些信息之后,让我们看一下上述文本:我们仅在文件开头的上一侧添加了一个概述,列在事由 (Asunto) 底下,主要便于官僚机构在各种文档中建档归类。

可以看出,申请文本分为这些部分:

——文件抬头和申请人的自我介绍,这是**引言**。

——**Espone que**⋯⋯一节阐述**事实**。

——列举申请人所具备的职位要求的基本条件,这是基本的**法律依据**,接下来是非必要的文凭,像**追加条件**一样,有助于达到申请的目的。

——最终**申请** (代替了以前的上诉请求) 重拾整个文本的申请目的,再以惯常文体语句告别结尾,包括地点和日期、签名和画押,以及签名者的身份。

——在我们的范例中,我们在页面末尾放置了标题或地址 (Sr./a Delegado/a ...)。它们也可以放置在页面左侧上方。

这个文本充满了典型、规范化的种种格式,它们遵从了法律文本和公务文书的语言常规。这些格式可以用其他几个公式代替,让我们列举其中的几项:

——El abajo firmante,或 el que subscribe。

——Con toda consideración,或 con todo respeto,或 con la mayor consideración,等等。

——Existiendo、creyendo、poseyendo 是公务文书语言常用的典型副动词,它们的简洁性使它们继续被使用,但是用个人动词形式 existen、cree、posee 代替副动词会显得更优雅。在这种情况下,最后的申请应该以 todo lo cual 开头。

——最后的申请格式在现代用法里很简单;在以往的文件中,格式很多样,比如 es gracia que espera alcanzar de V. I.,或者简单一点,如 lo cual espera alcanzar de V.I.,以及其他类似的格式。

——另外一种传统的格式,今天人们不再使用 (至少是在西班牙) 就是 Dios guarde a V.I.。

了解这些已经不被使用的格式还是一件有趣的事,因为我们也许要做文献研究工作,也许它们会出现在文学作品中。

我们应该牢记这些公式刻板的特征。对一般民众来讲,这神语言格式古怪并已过时,所以它们已经消失了。无论如何,如果它们遵从我们前面讲过的基本要素: 文件结构,段落清晰,行文规范与正式,这些格式并不难。这当然是一种技术语言,通常只有专业技术人员 (律师和行政人员) 必须注意其中的各个细节。然而,当今的社会需要普通民众对这些文本的基本格式,即它们的规范语言有最基本的认识。

此外,尽管各个语言学院已明确指出使用所谓的“包容性语言”是不明智的行为,比如在各种情况下都要囊括阴性与阳性,尽管诘屈聱牙,还是要用 ciudadanos y ciudadanas。为了维护“政治上的正确性”,这种阴阳并用正在成倍扩散。其实,应该简单称为“全部”(no marcada) 和“一部分”(marcada) 就够了。有些特殊的场合需要明确标明两个群体;但一般来讲只要用“全部”来泛指整体就够了。把语法概念与性别相混是问题的所在。这种可笑的吹毛求疵总会随着时间而改变。

3　法律文本和公务文书的语义分析

在上一节里,当我们研究诉讼或申请的格式时,其实我们已经提前做了语义分析,因为两者紧密相关。在本节里,我们要研究诉讼的一般格式,并再次强调前面讨论过的各种法律文本要素。同时我们还会增加三个文本：一个是司法呈文，两个是判决书，以此提供一些法律文件范本，令读者得以研讨或作为实例练习。

我们从 Brocá 的书中再引用一份起诉书 (缩写列表也是源于此书)：

Núm. 416

A) DEMANDA DE RECLAMACIÓN DE CANTIDAD

Al Juzgado

D. N., Procurador de D. A., según así resulta de la escritura de poderes que debidamente bastanteada acompaño para que se inserte por copia certificada con devolución del original, ante el Juzgado como mejor proceda comparezco y digo:

Que en la representación que ostento, no habiendo producido resultado la conciliación intentada en su día, he de promover demanda de juicio de mayor cuantía, por la cantidad de ... pesetas, al objeto de que se condene a satisfacer esta cantidad a D. B., que gira en esta plaza bajo la denominación comercial de ..., con domicilio en la calle ...

Formulo esta demanda apoyándola en los siguientes
Hechos

1.° Mi principal D. A., con fecha ..., entregó a D. J. y D. G., dedicados a la industria de ..., la cantidad de ... pesetas, en concepto de préstamo sin interés.

Dicha cantidad se estipuló que sería devuelta antes de la fecha de ... (acompaño, señalado de núm. ..., documento acreditativo de este extremo).

2.° En fecha ..., D. J. y D. G. traspasaron su industria a D. B., que gira en la actualidad personalmente y de modo exclusivo bajo la denominación comercial de ..., con domicilio en la calle ..., de esta ciudad.

El crédito de mi principal figuraba incluido entre las partidas del pasivo de la referida industria, aceptado, como los demás, por los nuevos adquirentes, quienes se hicieron cargo expresamente del activo y pasivo del negocio (así aparece de los documentos que acompaño, señalados de núms. ...).

3.° Poco antes de la fecha señalada en el hecho anterior, D. J. y D. G. notificaron a mi mandante su propósito de traspasar su industria a D. B., manifestando entonces mi principal, por escrito, su consentimiento a que fuera sustituida la parte deudora.

4.° Han resultado infructuosas cuantas gestiones amistosas se han verificado para cobrar la cantidad adeudada, a pesar de que D. B., único titular ahora de la referida industria, reconoció en la conciliación la existencia de la deuda, y que el recibo y los documentos firmados por él y entregados a mi mandante por D. J. y D. G., le fueron oportunamente exhibidos. Celebrado acto de conciliación, resultó inconciliado, como resulta de la certificación del mismo que acompaño (señalada como documento núm. ...).

A los anteriores hechos son de aplicación los siguientes
Fundamentos de Derecho

I. Toda obligación consiste en dar, hacer o no hacer alguna cosa (artículo 1.088 del C. civil).

II. Todos los derechos adquiridos en virtud de una obligación son transmisibles con sujeción a las leyes, si no se hubiese pactado lo contrario (art. 1.112 del C. civil).

III. Las obligaciones pueden modificarse: ... 2.° Sustituyendo la persona del deudor (art. 1.203, párrafo 2.° del C. civil).

IV. En la novación por sustitución del deudor, el consentimiento de éste se ofrece con caracteres tan acusados que adquiere aquél el rango de la asunción de deuda, acogida en este número. Lo típico de la novación subjetiva es que la nueva deuda mantenga la estructura sustancial de la antigua, siendo preciso destacar toda interpretación que conduzca a estimar que el crédito puro y simple originario fuera a convertirse en crédito original, subordinado en eficacia a un saldo en cuya existencia pudiera jugar exclusivamente el arbitrio de los deudores (S. 11 de abril de 1944),

V. En la transmisión del patrimonio mercantil, responden los nuevos titulares del mismo (principio general de derecho).

VI. El litigante temerario será condenado en costas (principio general de derecho).

En su virtud, ejercitando las acciones que se deducen de lo expuesto,

SUPLICO AL JUZGADO: Que admitiendo esta demanda en juicio de mayor cuantía, e inserto el poder por copia y originales los documentos acompañados, con sus respectivas copias para traslado a la parte contraria, se sirva, previos los trámites procesales oportunos, dictar sentencia en que se condene al demandado D. B. a satisfacer a mi principal D. A., la cantidad de … pesetas, más los intereses legales correspondientes, y se le condene en las costas de este juicio, en caso de formular oposición con manifiesta temeridad.

Es justicia que respetuosamente pido, en L y F.

Abog.　　　　　　　　　　　　　　　　　*Proc.*

这个上诉书里,除了可以清楚地看到我们前面反复强调的四个典型组成部分,这里还可以进一步做一些补充性的分析。

第一点的不同带来的影响与格式和术语有关: bastanteada = declarada bastante, 意思是,声明辩护足够了,足以支持法律诉讼; que gira en esta plaza 指的是金钱交易的所在地; mi principal 指我的委托人,指的是律师所代理的原告 (这里没有提及姓名); acto de conciliación: 法院调解 (其实没有调解); novación 是 nuevo 的名词; temeridad (指的是无理告状)。

与此同时,诉讼提出的法律依据按顺序被精心地从一般到具体罗列出来。第一条是对法律责任作一般或基本性质的定义。然后,再阐述法律后果 (应得的权利) 以及修正或变更。为此,第四和第五条对基本原则具体化,规定了比前三条更具体的原则: 虽然有所修正,但法律责任依然存在,后果也没变。这些都意味着在任何新的条件下,法律依据仍然有效。第六条更加精确和限定,因为它落实到具体内容,并且完全取决于案件的审理过程: 被告一方需要支付一切费用,即法律费用。这是一条适用于具体情况的新的通用条文。

在这种情况下,正如前面所看到的那样,文件明确指出了索赔的目的、债务的偿还、利息和成本,所有这些都清清楚楚一一标明出来,并且规定了提供的文件和担保,因此不会存在任何疑问。

根据前面第九章使用的交际模型,应用于法律条款,可以获得以下原型:

动作主体: 原告　　　　　动作客体: 诉讼

发出者: 法院　　　　　　接收者: 社会

反对者: 被告　　　　　　协助者: 法律

法律呈文与文书种类繁多。可以很容易找到我们所引用的格式,这里我们仅仅挑选几个简短或具体的范本。

　　由于法院只使用西班牙语，如果此规定没有被更改，当递交非西班牙语文件时，必须附上下列文件：

Núm. 492

ESCRITO PRESENTANDO UN DOCUMENTO REDACTADO EN IDIOMA DISTINTO DEL CASTELLANO

Al Juzgado

　　D. N., Procurador de los Tribunales, en nombre y representación de D. A., en el juicio de mayor cuantía sobre ... contra D. B., como mejor en derecho proceda, digo:

　　Que con este escrito acompaño en concepto de prueba documental y para que se una a la pieza separada de prueba de esta parte, el contrato de ... otorgado en fecha ... en la Ciudad de ... (...), redactado en idioma ...

　　En su virtud, con fundamento en lo dispuesto en los arts. 600 y 601 de la ley de E. civil.

　　SUPLICO AL JUZGADO: Que teniendo por presentado este escrito y documento acompañado con sus copias, se sirva admitirlos y dar traslado a la parte contraria, a los efectos dispuestos en el segundo párrafo del art. 601 de la Ley Procesal; remitiendo el documento original, caso de impugnación de su traducción, a la Oficina de Interpretación de Lenguas del Ministerio de Asuntos Exteriores, mediante suplicatorio por conducto del Excmo. Sr. Presidente de esta Audiencia Territorial.

L y F.

Abog.　　　　　　　　　　　　　　*Proc.*

　　这个附件严格保持了法律文本的四个部分：引言部分、事实与理由 (这里只是简单说明存在另一种语言的文件证据)、诉讼的法律依据 (《民事诉讼法》的条款) 和请求把外语原件和翻译文本包括在本案卷宗里。

　　使用这种新的例证，是因为它再次显示了法律语言的重复性与正式性。它提供了清晰的常数，让我们在阅读任何此类文本时都能更好地理解。

到目前为止, 我们所看到的文本都是写给法院的呈文。现在, 我们来看看法院发布的两个文件。这是两项判决, 一个是省法院的判决, 另一个是最高法院的判决, 在上诉之后, 法院作出了新的裁决。

首先, 我们应该了解这些文本的来龙去脉: 案件已经过初审, 也有相应的判决; 一方当事人 (从逻辑上讲, 当然是败诉方) 不同意法院初审的判决, 提出上诉。因此又有了新一轮的审判, 或者是对先前的判决进行复审, 然后作出新的裁决。在两种可能的裁决中, 我们只对新一轮的裁决感兴趣。

---

634   ARRENDAMIENTOS URBANOS, RESOLUCIÓN. DESOCUPACIÓN.
– Procede la acción cuando se acredita el desarraigo total del arrendatario de la ciudad donde radica la vivienda, que no ocupa desde hace años.
(Sentencia de 13 de marzo de 1970. Ponente: Don Mariano Jiménez Motilva.)

CONSIDERANDO que, dirigida la demanda contra el aquí recurrido y, "ad cautelam", también contra su esposa, apoyándose en la causa once del artículo 114, en su concordancia con la tercera del 62, ambos de la Ley de Arrendamientos Urbanos, se dictó sentencia en que se desestimó dicha demanda y no se dio lugar a la resolución del contrato de arriendo que en ella se solicitaba, por no estar desocupado el piso a que se refiere, y contra la misma se promovió el presente recurso, en que su motivación se reduce a impugnarla por errónea interpretación de la prueba y, en su consecuencia, indebida aplicación de aquellos preceptos.

CONSIDERANDO que de un análisis de la prueba practicada en el juicio y de la aportada para mejor proveer, por no haberse acompañado en el oportuno período, aparecen demostrados los siguientes hechos: 1.° Que en 10 de octubre de 1952 se arrendó por el recurrente al apelado el piso 2.o de la calle Monte, número 14, de esta ciudad, el que habitó con su esposa e hijos. 2.° Que, en virtud de demanda interpuesta por la esposa ante el Tribunal Eclesiástico de este Arzobispado, se dictó por el mismo sentencia en 16 de abril de 1963, en que fue declarado culpable y se condenó a citado señor U, decretándose la separación indefinida de los cónyuges, confiándose a la mencionada esposa los cuatro hijos del matrimonio, y en ejecución de aquélla se señaló como domicilio exclusivo de tan nombrada esposa e hijos el ya anotado de la calle de Monte, que abandonó el aludido apelado, dejando de empadronarse en esta capital. 3.° Que susodicha

---

esposa, en el mes de enero de 1969; cambió su domicilio y el de sus hijos a la calle Alonso, número 9, segundo izquierda, 4.° Que el primitivo piso familiar no ha sido ni es ocupado por su titular arrendaticio, por tener su residencia en Barcelona, donde está empadronado desde 1960, y recibe la asistencia de la Seguridad Social a través de su profesión de Interventor de la Renfe, con servicio en la ruta Barcelona-Madrid.

CONSIDERANDO que aunque las causas de resolución contenidas en el artículo 114 de la Ley antes mencionada han de interpretarse restrictivamente, según reiteradamente mantiene la jurisprudencia, si la ocupación a la que, "a sensu contrario", hace referencia la causa tercera del artículo 62 de aquélla, a tanto equivale, según entre otras, las sentencias del Tribunal Supremo de 11 de junio de 1960 y 27 de noviembre de 1961, como a habitación, utilización de morada o empleo de la vivienda para su propio uso, en forma constante e ininterrumpida, al menos por más de seis meses, es decir, continuada y no accidental, por el inquilino que sea titular arrendaticio, es obvio que la prueba testifical propuesta por el apelado para contrarrestar la documental practicada, e incluso su propia confesión, además de venir a abundar sobre su desligamiento de esta ciudad, no logra acreditarse que el piso que se arrendó para vivienda familiar lo ocupe, ni aun de manera esporádica, y lo evidencia la forma vacilante e incierta en que testimonió su propio hijo, al tratar de comprobar ese extremo (folios 31 vuelto y 22), y como también se justifica que esa desocupación data de más de seis meses, es por lo que habrá que revocar la sentencia apelada, con estimación total de la demanda.

这个文本不包括整个判决书。我们保留了判决书的概要,因为它具有陈述事实的作用,同时也帮助律师可以尽快审视判决过程,寻找法理依据,也帮助我们了解这个案件的始末。

这里收录的是一些理由,这是阐述法院审视内容的一种格式。

前面两个理由包括事实,第一个涉及引起第一次法律判决的事实,以及上诉的过程,上诉的理由或原因。第二个包括对事实的重新验证和分析,这意味着对第一次判决书中的观点进行了修正。

第三个理由讨论法律依据、法律条款、法理依据 (最高法院的裁决)、法律程序的概要 (混淆的陈述) ,并发布新的判决,废除前一个判决。

可以看到,这个文案保留了四个基本部分。这里没有出现第一个部分,即引言,因为它没有被复制到后面的汇辑中。

最后，可以从《法理汇编》中抽取另一种上诉书来进一步复习。这种上诉书开头的摘要更全面，也更科学，还包括了详细的参考文献，还有法律依据：

1011　S. 14 febrero 1969. CRIM. Estafa: engaño: solvencia. Penalidad: revisión por cambio legislativo.

Preceptos estudiados: C. P. arts. 529 núm. 1.° y 10 circ. 15:

Condenado el procesado Antonio O. F. como autor de un delito de estafa del art. 529 en relación con el 528 núm. 2.°, concurriendo la agravante 15 del art. 10, todos del C. P., a la pena de cuatro años, dos meses y un día de presidio menor, recurrió en casación alegando la infracción de los citados preceptos, por su indebida aplicación.

El T. S. desestima el recurso.

Ponente: Excmo. Sr. D. Alfredo García Tenorio y San Miguel.

CONSIDERANDO: Que el primer motivo se ampara en al núm. 1.° del art. 849 de la L. E. Crim.; y ha de ser desestimado porque *para obtener el procesado un automóvil en régimen de utilización sin chofer, mintió a determinada empresa que se dedicaba al alquiler de esa clase de vehículos una solvencia que estaba lejos de disfrutar y defraudó a la misma en el precio concertado por cuanto no pudo pagarle, dándose, pues, con el engaño penal típico y la defraudación mediante él lograda en cuantía que excede de 10.000 pesetas y no es superior a 50.000, los elementos configuradores del delito de estafa de los arts. 529, núm. 1.° y 528, núm. 2.°, del C. P., en la redacción que tenían cuando la sentencia se dictó.*

CDO.: Que el segundo motivo por el mismo cauce procesal ha de ser desestimado también porque *se propugna la aplicación de norma penal inexistente cuando la sentencia fue dictada, siendo así que a las entonces vigentes son a las que es preciso atender para resolver en casación, sin perjuicio de que el Tribunal "a quo" dé cumplimiento en su caso a la regla 3.ª del art. 5.° de la Ley de 8 abril 1967* (R. 700 y Ap. 51 – 66, 2505) *y rectifique su resolución por aplicación taxativa de los preceptos de ésta y no por utilización de arbitrio judicial.*

CDO.: Que el tercero y último motivo por el mismo precepto de la Ley rituaria ha de ser rechazado porque la circunstancia agravante 15 del art. 10 que la Audiencia estimó concurrente se ofrece indudable por la comisión

---

en 30 junio 1961 de un delito de estafa, que en la fecha de la sentencia -21 octubre 1966–, seguía mereciendo la misma consideración, ya que las cuantías referentes a los de su clase no fue alterada hasta la ley de 8 abril 1967, o sea posteriormente.

在这个案件里，在具体理由之前的段落里，事实得到阐述与概括。接下来的三个条例阐述了各种适用的法律依据，语言竭尽技术和官文特点。驳回上诉的判决也分别包括在三个理由中，并且在每种情况下皆有法律依据为凭据。法律的仪式就是法律的程序。

这个本文形式上有些不同。法律判决与法律依据并列呈现。但是，值得注意的是，文本没有任何混淆不清之处。因为各种类型都是被完全分开并加以区分，唯一不同的是逻辑顺序。到目前为止，我们所看到的范例都是因果关系 (最后的结论，即判决，都取决于这些事实和法律依据)，然而现在讨论的这个案例则是呈现了果因的关系 (我们颁布下列裁决因为以下这些原因)。真正重要的是，文本的精确性和严谨性没有改变，因为它拥有四个永久性的文本结构要求，这些没有丝毫改变。

本章的目的是展示法律文本和公务文书的一些基本特征，同时提供一些最常见或有代表性的范例。了解这些法律特征可以引导我们对法律文本作进一步详细的讨论，在这个学习过程中学会使用学术词典或专门的法律词典将大有裨益。

4　练习

A.这是一份国防部的行政命令，但是文件被不断修改，最后变成一个版本迷宫。请仔细阅读，指出这份文件被修改过几次 (modificaciones)，再把这一段切割成几次修改的小段落，帮助读者一目了然了解文件历经的修改过程。

V. Anuncios
A. Anuncios de licitaciones públicas y adjudicaciones
MINISTERIO DE DEFENSA

21943 Anuncio de la Junta de Contratación del Ministerio de Defensa por el que se hace pública la modificación del "Anuncio de la Junta de

Contratación del Ministerio de Defensa por el que se hace pública la modificación del Anuncio de la Junta de Contratación del Ministerio de Defensa por el que se hacen públicas las modificaciones de dos anuncios relativos o una misma licitación. El anuncio de la Junta de Comercio del Ministerio de Defensa por el que se convoca la licitación del acuerdo marco para el servicio de operador logístico paro las Fuerzas Armados en el Ministerio de Defensa y el anuncio de la Junta de Contratación del Ministerio de Defensa por el que se hace pública una modificación del anuncio de la Junta por el que se convoca la licitación para el acuerdo marco para el servicio de operador logístico para las Fuerzas Armados en el Ministerio de Defensa".

B. 在电影 Una noche en la ópera 中有一个片段，Marx 兄弟竭力嘲讽公文语言的累赘、烦琐与不可理喻 (可以在网上寻找西语版本的片段，输入 "La parte contratante, una noche en la ópera" 即可) 。看完后，请用西班牙文写一小段观后感并指出：

    1. 这个三分钟的视频里总共分别几次提到 contratante、contratar 或 cláusula?

    2. 幽默或夸张之处在哪里？有何效果？

C. 请在网上分别寻找几个西语国家的法律公文或官方文件，然后以一小段文字概括、比较或总结它们之间的共同特点。可以输入 "lenguaje administrativo México"，然后分别替换国家名称。建议可以考虑以下几个不同国家：

    1. México

    2. Argentina

    3. Chile

    4. Costa Rica

第十二章 报刊和宣传文本

1 报刊宣传的模式：信息、评论和宣传

2 更改信息的语言及非语言手法的评论

3 不同形式报刊文本的分析与撰写

4 广告文本：图像和语言特点

5 操纵广告语言的句法和语义方法

6 练习：信息宣传的批评研究

1 报刊宣传的模式：信息、评论和宣传

一份日报或报纸主要的宗旨就是向读者传递信息。生活中不乏这种现象，当一个人在争论某事找不到论据时，就会如此寻找依据："这是报纸说的。"我们建议每个人都要懂得分析判断，因为每天都不乏为了迎合个人的好恶扭曲消息的例子。

因为这些原因，今天的报纸杂志清晰明了地区分三种不同的活动，或三种不同的报道方式。第一种是单纯传递消息，直截了当发布消息，它们承载或多或少的导向性（下面我们会具体分析）。第二种是评论，这里最主要的不是消息，因为可能大家都已经熟知这条消息了。重要的是看待问题的焦点。这是今天新闻报道里最重要的，也是最高尚的一部分，因为这里没有时间紧迫感，它允许作者的个人风格，同时也要求对消息有所沉淀与反思。最后一种是宣传，它可以从广义上理解为所有方式的广告、宣传，等等，也可以从狭义上来定义。在后者这个局限意义上讲，有两种可能。在一份真正独立的报纸上，广告所展示的信息必须是客观的。在一份属于某一个政党或者被一个政党的成员或支持者主宰的报纸里，所发表的文字一定是偏向于该政党。当然，还有介于这两者之间的宣传文字，我们也必须一一指出。

首先，让我们来看看代表三种形式的三份简短报道，也就是说，一个是信息报道，一个是评论文章，还有一个是宣传。这里有意找一些比较中性的报道，为了不触及某

些人的敏感点，尤其是用于课堂讨论时，这种形式的语言比较容易被接受，学生可以随时比较或评论属于任何时期、任何种类的报纸。为了保持这种距离感，我们引用20世纪70年代后期的一些报纸，足以远离今天的时政。

信息文本

Aplazamiento de las elecciones a vocales de Cámaras Agrarias

El Gobierno no aprobó la abolición de la pena de muerte

El Consejo de Ministros, reunido ayer en el palacio de la Moncloa bajo la presidencia de Adolfo Suárez, no aprobó ninguno de los temas que se esperaban, tales como el proyecto de abolición de la pena de muerte, las medidas especiales antiterroristas y la preautonomía para Andalucía.

Por el contrario, el Consejo aprobó el aplazamiento de las elecciones a vocales de las Cámaras Agrarias, así como la evaluación y control de las prestaciones farmacéuticas de la Seguridad Social. A este respecto cabe indicar que las farmacias de Madrid realizaron ayer un paro de dos horas.

Por otra parte, el Consejo de Ministros acordó remitir a las Cortes varios proyectos de ley, con los que el Gobierno considera terminado el programa de reforma fiscal en su aspecto sustantivo. Dichos proyectos afectan especialmente a la tributación de las empresas y a la totalidad de la imposición indirecta. El Gobierno ha concedido también una bonificación a la importación de papel-prensa.

También el Consejo de Ministros aprobó un acuerdo por el que se distribuyen 7.495 millones de pesetas en créditos para planes provinciales de obras y servicios. De ellos, 1.365 millones van destinados a financiar actuaciones en áreas deprimidas.

Página 11

图1

在这个文本里，我们必须注意两点：

1) 交流或传递消息：

报道部长会议的消息，包括地点和主持人的信息，同时介绍一些已被批准和未被批准的重要事项。

2) 消息的导向：

这段简洁的消息，表面上十分客观，其实带着否定的倾向。报纸显然在自己的新闻导向里，认为其他一些问题更为重要，虽然它们没有在此被提及。为了不使读者产生疑问，他们采用两种非常清楚的语言处理方式，两个否定方式。

第一个例子是使用aplazamiento这个词，这是retraso (延误) 的同义词。

第二个例子是消息负面的大标题：no aprobó。

消息的消极一面之后又再次被强调，文章里罗列了各种失望，也就是说，很多议题会议并没有讨论。报纸原来以为它们会被提到议事日程上的。

结果十分明显，读者了解到发生的事情，但同时也获得了一个印象，就是本来应该做的事情没有完成，现在发生拖延。这则消息让读者不安，继续焦虑等待。

评论文本

这篇评论 (图2) 显示了作者的个人风格。因为这种独特的风格，作者在许多全国和地方报纸杂志上拥有自己忠实的读者群。此外，文章的观点以不同手法和引人入胜的方式娓娓道来。文章使用一些文学手法，其中一项就是对话。所有这一切都是为了能使她乐观的论点更加清风怡人，而这正是熟悉她的读者盼望在她的文章里读到的。可以看出，这是一种人生态度，不是一种盲目的乐观，恰恰相反，是一种平衡，一种在她的文章里常常可以感受到的平常心。

她坚持报纸杂志最重要的职责是传播信息，应该由专业人士负责。

文章还批评杞人忧天的态度及其相应的不信任感，因为这些都会引起关系紧张，互相对立，与民主的和平发展水火不容。

文章还解释，报纸杂志一般来讲都带有政治性，一贯如此，但这不影响它信息的翔实可信 (虽然这并不妨碍它拥有自己的"好感与厌恶感")。

所有这些观点完全可以通过一篇洋洋洒洒的理性文章表达出来，从大前提开始"报刊，在它新闻传播的职业范围里总是关心政治，也应该这么做"，然后可以进一步分析，用一些论据来支持这个观点，驳斥其他反对观点。完全有这种可能，我们也许会因此得到一篇充满社会学特征的文章。这种文章也许可以有趣，但它毫无作者通过自己独特写作手法带给我们的赏心悦目。

她在文章里把普通的市民介绍为"女士们，先生们，或年轻人"，带进我们的视野，让我们倾听这些普通人普遍的忧虑和抱怨。

她通过对话的形式，把这些人的怨言活生生呈现在我们面前。这种聊天形式为整个文本的展开倾注了一股活力，拉近与读者的距离。

与此同时，延续新闻报道的本色，她告诉我们有一本关于这个话题的书已经出版，同时还发表了正面的书评。熟悉她的读者们都知道这种介绍文化信息的方式，在作者的文章里习以为常，反映了作者的立场。

虽然这篇文章基本上是评论文章，但还是有一些信息传递，其中也不乏一个宣传要点：对所处的形势抱着乐观的态度，这点也间接地支持了当时的政府。

PRENSA Y POLITICA

Mucha gente se queja de que los periódicos ahora se ocupan demasiado de política.

—Bueno; de política o de pornografía, o de los dos temas mezclados. ¿Quién nos iba a decir que esto se iba a poner así? Te aseguro que si yo tuviera dinero me iría a vivir a Francia —me decía el otro día una señora de las que antes sólo hablaban de vestidos, de abrigos, de viajes, de problemas domésticos y de lo ocupados que andaban siempre sus maridos con las cacerías, los cargos o los negocios.

—Pues te advierto que en Francia la política está ahora que echa chispas, y de "lo otro", ¡ya te puedes imaginar! ..., ¡como siempre!

Sí, pero como yo no sé francés ni es mi patria, viviría allí tan tranquila ... ¡Allá ellos! En cambio, lo de aquí me importa ..., Cuéntame tú, que estarás bien enterada. Todo va fatal ... Yo creo que no podemos seguir así. Como no quiten pronto este Gobierno caemos en seguida en el comunismo. O en algo peor ... Porque cuando nosotros estuvimos en Rusia para ver aquel partido de fútbol, nos dimos cuenta de que, por lo menos, allí había orden.

—Oye ..., que tú empezaste quejándote de que los periódicos sólo se ocupan de política, y resulta que todos los que nos rodean esta tarde, empezando por ti, tampoco se ocupan de otra cosa ...

—Es que es distinto. Cuando hablamos estamos todos de acuerdo. En cambio, en los periódicos se lee cada cosa que subleva. ¿Quién nos iba a decir que en tan poco tiempo se iban a poner todos como se han puesto?

* * *

Ocurre también —por lo menos a mí me ocurre con frecuencia— tropezar casi al mismo tiempo y a veces en el mismo sitio con otras personas —señoras, señores o gente joven— que también se quejan amargamente, pero en el sentido contrario—

—¿Has visto? ... Todo sigue lo mismo ... ¡Como si no hubiera pasado nada! ¡Y para esto nos molestamos en ir a votar el quince de junio! Para que todo esté igual que antes ...

—Bueno, tanto como igual ...

Parecidísimo. Algunos ya pueden gritar: pero aquí siguen mandando los mismos. Mira, yo tengo un cuñado al que le pusieron coche oficial en mil novecientos cuarenta y ocho y ahora le han puesto otro.

—Será que el primero estaría ya muy viejo ... Figúrate, con treinta años de uso ...

No, no ... Si se lo cambiaban a menudo. Le han puesto otro para que tenga dos. Porque el cargo que ocupa ahora es mucho más importante que los que tuvo antes. Convéncete de que esto no puede seguir así ... ¡Se va a armar la gorda!

—Eso mismo me han dicho hace diez minutos. Que se va a armar "la gorda"; pero no por ir despacio, como dices tú, sino exactamente por lo contrario. Por ir muy deprisa.

En España —intervino un tercero— el armamento de "la gorda" se ha anunciado siempre y algunas veces se armó. Pero no tantas. Incluso hubo un periódico satírico en el siglo pasado que se llamaba así, "La Gorda". Era un semanario revolucionario, pero en cuanto vino la revolución de mil ochocientos sesenta y ocho "se pasó al moro" ... Perdón. he querido decir que se vendió a los que boicoteaban aquel cambio, tan celebrado y glorificado por el pueblo y los políticos en un principio. Los periódicos de entonces, como estaban hechos sólo para atacar, eran así de volubles.

—¡No me hables de periódicos, que ésos son los que tienen a la gente intoxicada de política! ...

—Pues se ve que los intoxicados quieren todavía más droga. Porque a los periodistas nos vuelven locos preguntándonos "qué es lo que pasa" y (lo que es aún peor y nos pone en mayores aprietos) "qué es lo que va a pasar". Figúrate si nosotros lo supiéramos ... Pondríamos consultas de adivinos, que ahora está eso mucho mejor visto y no es pecado ni está prohibido desde que, en lugar de brujos, los llaman futurólogos.

* * *

En vista de todo lo que me dicen y todo lo que oigo comentar, he llegado a la conclusión de que lo que les pasa ahora a muchos españoles es que les gusta más la política hablada que la política escrita. Sobre todo, si el periódico que leen les dice las cosas como son y no como cada uno querría que se las dijera.

Durante años, el público se ha estado quejando de que todos los periódicos decían lo mismo, de que había que leer entre líneas. Ahora que se puede decir lo que pasa, muchos se quejan de que es demasiado. Todos quieren saber noticias políticas, pero no se quieren molestar en leerlas. Prefieren que les vengan en forma de "chisme" y, si puede ser, aderezado con un mordaz chascarrillo. Los hay de izquierdas y de derechas. Algunos valen para todos.

* * *

Vivimos, sin duda, un momento delicado, aunque no tan grave como lo ven los temerosos o los que fomentan de palabra y obra esos temores, en la seguridad de que podrán sacar partido de ellos, para unos u otros fines.

En cuanto a la prensa en general —me refiero a la seria, a la informativa y moderada—, quienes se quejan de que da demasiada importancia y concede demasiado espacio a la política deberían leer un magnífico libro de María Cruz Seoane —muy trabajado, muy ameno y bien escrito— publicado por la Fundación March. A pesar de llevar un título poco llamativo, "Oratoria y periodismo en la España del siglo XIX", resulta de lo más sabroso y hasta diría que muy actual en estos finales del siglo XX.

Allí pueden ustedes aprender cosas interesantísimas sobre el arte de la oratoria, que no se sabe si volverá a resurgir —aunque Dios quiera que no sea con aquellas imágenes retóricas tan floridas que levantaban oleadas de entusiasmo—, pero que, de momento, ha desaparecido por completo.

En cambio, la prensa diaria, que fue casi exclusivamente política, terriblemente polémica y con frecuencia insultante, tuvimos la suerte de que empezara a convertirse hacia finales del siglo pasado en prensa de información, sin descuidar, por eso, ser también orientadora de la opinión pública. Esto no pudo ocurrir hasta que se formaron empresas periodísticas, capaces de atraer un público y una publicidad que, lejos de hacerla "prensa mercenaria", como decían los "papeles" estrictamente políticos, que se vieron desplazados por los nuevos periódicos, pudo llegar a ser independiente y mantener con decoro a los verdaderos profesionales del periodismo, una "especie" que tampoco existió hasta que funcionaron esas empresas editoras responsables. Claro que el periódico independiente puede tener también sus simpatías o antipatías —como las tiene el lector—, pero sin ocultar la verdad de los hechos.

图2

我们接下来看到的这个文本，广告的成分比宣传的成分更多。我们不可能找到纯粹是宣传的文本，因为这种情况下，为了公正，我们必须把不同意见，正反意见的文本都引述，在这里是绝对做不到的。表面上看，不难找到为一些工会或集体利益辩护的宣传文本，但我们还是要指出，我们很在意各种不同的细节。

正像我们马上会看到的一样，广告文本寻找的是读者或者听众的主观注意力，而在宣传文本里，最主要的是给出真实或者表面上是客观的理由。

真正意义上的宣传与广告不同，它意味着传递最少的信息。

我们使用的文本传达了两种信息：

1) 权威的意见：这是一个有名望的研究者 (而且，还是外国人，因此显得更重要)。

2) 技术判断：有关仪器的手册和技术术语，这就造成了一个印象，好像文章所描述的一切都是客观的，但实际上它仍然只是行使了宣传语的效果 (在这里，就是在指定地点购买)。

Solución para los sordos y los operados de laringe

Usted oirá y hablará PERFECTAMENTE

Los días 3, 4 y 5 de mayo llegará a Madrid el prestigioso especialista alemán CZIL-CHERTEMAYER, quien, como conocedor de las más avanzadas técnicas sobre audiometrías, audiologías y laringofonías, adaptará los últimos modelos de aparatos para una perfecta audición o modulación del lenguaje a cuantas personas precisen resolver cualquiera de estos inconvenientes.

La pantalla de rayos catódicos y oscilógrafo, que origina curvas sinusoides del AUDIOMETRO ELECTRONICO, con el que efectúa sus mediciones audiométricas, ratifica en forma visual la dureza auditiva, confirmando, por consecuencia, la prótesis idónea en cada caso.

El eminente técnico alemán en audiometría y laringofoniatría, asistido por el prestigioso equipo de especialistas de OPTICAS SAN GABINO, presentará por primera vez en nuestro país los últimos modelos en electrolaringófonos, el NEOVOX ELECTROLARYNX Y AMPLICORD, con los que podrán hablar perfectamente quienes por la intervención quirúrgica u otra causa hayan perdido la facultad de hablar.

Así mismo adaptará los últimos modelos de audífonos retroauriculares e intrauriculares (todo dentro del pabellón auditivo) de las marcas mundialmente acreditadas MERCURY W. MONACH ELECTRONIC GERMANY INTERTON, equipado con micrófono Electrec, con garantía total contra golpes y caídas de aparato que en su zona posee OPTICAS SAN GABINO en exclusiva.

Nuestra organización se siente satisfecha por haber podido complacer a cuantos, por precisarlos personalmente o bien alguno de sus familiares, nos habían interesado los ELECTRO LARINGOFONOS.

Resolveremos sus problemas, evitando que usted sufra y haga padecer a sus familiares.

Rogamos a las personas interesadas, para evitar aglomeraciones en OPTICAS SAN GABINO, Espoz y Mina, 18, reserven hora con la suficiente antelación llamado a los teléfonos 221 78 72 y 232 60 74. OPTICA SAN GABINO. MADRID. -R.

图3

这篇宣传的态度十分清晰、坦诚，因为从一开始它就没有打算隐瞒自己宣传的目的。至于它所宣讲的是真是假，已经超出语言学的范围，属于法律范畴，我们对此不感兴趣。这种宣传，除了我们已经指出的特点之外，还经常容易落入另一种俗套 (比如"外国知名人士"的例子)。当它不懂得迎合文章读者的喜好时，它就变成了一篇纯粹带着主观色彩的广告。

最后应该指出的是，宣传总是带着<u>倾向性</u>，它带有很具体的目的，即在它设定的观众里达到某一个目的：购买一种产品，为谁投票，做某件事，都带着非常<u>实际的</u><u>目的</u>。

2 更改信息的语言及非语言手法的评论

现在我们回来看信息文本，并再次强调我们前面说过的，一般来讲信息文本并不局限于提供信息，其实它也在<u>引导消息</u> (这使它接近于宣传)。当然，我们绝对不会援引这样的例子，其中信息的更改带着欺骗性，甚至可能构成犯罪。我们只想提供很清晰明了的例子，说明一些个人喜好如何改变信息的呈现，但又不失其真实。

图1的信息文本 (*El gobierno no aprobó*)，在报道过程中就凸显出明显的倾向性：希望读者从特定的角度来看待部长会议的召开，基本上是侧重他们所没有通过的议程，而不是已经通过的。

这种传达信息的手法依赖一些语言手法的应用，但在另外的情况下，也可以是通过非语言的手法。让我们在此略微分析一二。

文章前面三段的头条消息：aplazamiento、no aprobó，还有第二次的no aprobó，分别出现在三个大小标题，三小段落，大写，并加用粗体字母，而其他不重要的消息，则是用正常字体。

两种非语言性引导新闻走向的处理方法就是：<u>突出</u>或<u>淡化</u>。一则新闻，把它放在报纸的重要版面，或者通过大写字母或占据大部分版面，即可获得完全或部分的<u>突出</u>效果。刊登在报纸奇数页的消息比登在偶数页的消息更能吸引读者。相反地，如果一则消息在版面上的空间很小，没有醒目的字体或者是放在报纸的里页、插页、偶数页或者最后一页，效果就完全被<u>淡化</u>了。

这两种处理手法在图4和图5中一目了然 (*El documento de ...* 和 *Setecientos profesores ...*)，同一则消息传递方式完全不同：

粗略扫描这两个文本，十分明显，两份报纸——我们称图4为文本A，图5为文本B——都报道了这则消息：教授们向教育部递交了文件，但是毫无疑问，两种报道方式不一样。

非语言因素：

文本A占用了两栏，但在文本B只有一栏。

文本A标题有三种不同的字号，而文本B只有一种。

（此外，文本A登在报纸的页面比文本B的更重要，虽然我们在复制时无法显示报纸的页码，看不出来。另外，在各自的版面上，文本A比文本B占有更重要的比例，虽然文本B的字体远大于文本A。）

报道当中，A用了两个醒目的文章标题，而B完全没有。

语言因素：

差异更明显。

内容：A报纸几乎是一字不漏全篇报道，同时用一句大标题来表明支持立场："如此数字的支持已占上风"。B报纸没有全面或使用原文报道。它所引用的原文，不仅零碎，也没有上下文的支持。它的第一段只是简略报道递交文件和多少人签名的消息。第二段引用了几句不完整的原文，如此来支持报社暗中的立场，即不赞同向教育部递交文件一事。

表达：

前面所分析的内容在比较阅读中也能得到进一步的证实。

A报纸一一阐述AIPU不能回答教育部问卷的原因，同时也分别细述七百个在大学担当要职的教授不愿谈判的八个原因。所有的引文都带双引号，原文复述。

B报纸也想让人觉得它在引用原文，但是它裁割原文，以此操纵新闻。B把这句话加双引号："en el ámbito del desarrollo de las ciencias y de la correlativa transmisión y adquisición de saberes no rigen mayorías"，其实完整的原文是："hay parcelas de la actividad humana a las que resulta insensato aplicar los esquemas utilizados para la participación general en la gestión de la República"。也就是说，B报纸有意把文件签名者介绍为反对绝大多数人管理的人群（这真是一种对民主的曲解），而其实这些签名者仅仅只是想说明，有一些特定领域的问题不在于是多数人或少数人（大多数人曾经相信地球是扁的，或者根本不可能登上月球）。B报纸加双引号的还有 "la aceptación expresa del sistema asambleario de participación"，其实文件全文所指出的是民主大会体制在高校应用，虽然它并不是一个被（合法与民主的）政府承认或喜爱的管理组织。B报纸想让人觉得AIPU是一个右翼联合会，反对大学的集体管理。报纸因此隐瞒了文件曾如此提到 "Desiguales son quienes desempeñan un papel distinto en la vida universitaria y quienes establecen una relación diferente (transitoria o estable) con la Universidad, y tampoco son iguales aquellos a los que se imputa una responsabilidad que es siempre necesariamente diversa y que, por tanto, se corresponde con una diversa capacidad de decisión."（不平等的是那些在大学校园里扮演不同角色的人，他们与学校的关系形形色色，可以是暂时

EL DOCUMENTO DE LA A.I.P.U. SOBRE LA REFORMA, ENTREGADO AL MINISTRO

MADRID. (De nuestra redacción.) La Asociación Independiente de Profesores Universitarios (A.I.P.U.) ha entregado al ministro de Educación y Ciencia un escrito en el que se critica duramente el procedimiento de consulta sobre la «reforma universitaria» y se expresan otros puntos no negociables sobre dicha reforma. El documento cuenta con el apoyo de más de 700 profesores doctores (socios o no de la A.I.P.U.) de los cuales más de 600 son catedráticos y profesores numerarios en las distintas Universidades. Aunque la A.I.P.U. no ha cerrado todavía la posibilidad de recibir adhesiones, este respaldo numérico es ya el mayor que se recuerda durante las últimas décadas en el ámbito universitario.

El documento, firmado por el presidente y por el secretario general de la A.I.P.U., profesores Ruipérez y De la Oliva Santos, respectivamente, sostiene, en primer lugar, «que gran número de problemas de la Universidad no son susceptibles de abordarse y resolverse racionalmente por grupos en los que se igualan de modo artificial y falso a sus miembros desiguales. Desiguales son -dice - quienes desempeñan un papel distinto en la vida universitaria y quienes establecen una relación diferente (transitoria o estable) con la Universidad, y tampoco son iguales aquellos a los que se imputa una responsabilidad que es siempre necesariamente diversa y que, por tanto, se corresponde con una diversa capacidad de decisión».

NO SE FORMULA CON SERIEDAD. El escrito afirma que la circular ministerial es incompatible con las anteriores consideraciones y, tras estimar que la consulta no se formula con seriedad, continúa: «En el ámbito del desarrollo de las ciencias y de la correlativa transmisión y adquisición de los saberes no rigen mayorías. Hay parcelas de la actividad humana a las que resulta insensato aplicar los esquemas utilizados para la participación general en la gestión de la República.» Se ofrecen, acto seguido, otros motivos adicionales para rechazar la circular, entre los que destacan los siguientes:

a) «La actual imposibilidad de responder, si no es con vaguedades, a un buen número de cuestiones que se suscitan al hilo de los seis puntos de la consulta. En efecto, como reconoce la propia circular, "están aún sin precisar determinados condicionamientos básicos, y el primero de ellos, la nueva Constitución política".»

b) «La aceptación expresa por parte del Ministerio del sistema asambleario de "participación", que no es sólo incompatible con una verdadera deliberación, sino también contrario a lo que la misma circular llama "las nuevas circunstancias políticas y constitucionales" (habrán querido decir "constituyentes"). Y aunque, según se ha dicho, los esquemas jurídicopolíticos no son trasplantables a la Universidad, es oportuno recordar que en España se pretende establecer un régimen de representación popular en el Parlamento, no una "democracia directa" de asambleas .»

c) «La referencia general al "criterio mayoritario de los órganos representativos de cada Universidad", cuando es sabido que algunos de esos sedicentes órganos representativos están constituidos contra toda razón y derecho.»

d) «La tácita consagración de un método de "participación" que, de ser utilizado en otros ámbitos, conllevaría consecuencias tan pintorescas como la de una consulta a todos los funcionarios y a todos los administrados con anterioridad a cualquier reforma de la Administración Pública. Al mismo tiempo, semejante método oscurece, como mínimo, la función que en este tema corresponde al Ejecutivo y a los legítimos representantes del pueblo, que han de asumir la responsabilidad de respetar aquellas exigencias inmanentes de la Universidad, que ninguna opinión y ninguna decisión pueden defraudar sin afectar al ser mismo de esta institución.»

PUNTOS NO NEGOCIABLES.- Los ocho puntos no negociables son:

● «La autonomía universitaria, entendida como autonomía de las Universidades, no debe confundirse ni implicarse necesariamente con la autonomía de las regiones y territorios. La Universidad tiene que ser autónoma frente a las instancias de Poder en los territorios autónomos.»

● «Cualquier manifestación de cantonalismo o pueblerismo constituye no sólo una falsa autonomía universitaria, sino una degradación de la Universidad.»

● «Se considera conveniente conceder inmediatamente a las Universidades una autonomía de gestión económica, siempre que se arbitren mecanismos para exigir responsabilidad por esa gestión. También es exigible a corto plazo que los títulos académicos sean expedidos por cada Universidad, aunque se les reconozca validez oficial en todo el ámbito de soberanía del Estado español.»

● «En cuanto a la formación de los planes de estudio, la selección y adscripción del profesorado y el acceso de nuevo alumnado, la consideración de nuestras peculiaridades y la experiencia de otros países aconsejan vivamente que la autonomía esté limitada por un cuadro legal común.»

● «Por lo que respecta a la selección del profesorado, se estima que la habilitación para la docencia debe obtenerse sometiéndose a pruebas públicas de ámbito nacional, juzgadas por especialistas de acuerdo con criterios exclusivamente académicos .»

«El profesorado se someterá a un control verdaderamente académico de su rendimiento docente e investigador.»

● «En atención a las posibilidades de los centros y a la eficacia de la enseñanza, deben establecerse pruebas de aptitud, objetivas e imparciales, para el ingreso de nuevos alumnos.»

● «La investigación en la Universidad está inseparablemente limitada a la enseñanza y merece ser fomentada como inversión social de primer orden.»

● «El gobierno de las instituciones universitarias debe confiarse a órganos funcionales integrados por personas de reconocida capacidad y experiencia. La necesaria participación de estudiantes, profesores y personal no docente se articulará distinguiendo los diversos ámbitos y aspectos de la vida universitaria, sin que sea admisible una cogestión indiferenciada o general.»

图4

**Setecientos
profesores,
contra la
reforma
universitaria**

MADRID, 15 (D B y XXX Press), La Asociación Independiente de Profesores Universitarios (AIPU) entregó ayer por la mañana al ministro de Educación y Ciencia un escrito, al que se han adherido 745 profesores doctores (socios o no de la AIPU), en el que se rechazan los cuestionarios ministeriales sobre la reforma universitaria y exponen ocho puntos no negociables sobre dicha reforma.

Los profesores firmantes del escrito estiman que la consulta ministerial no se formuló con seriedad, y añaden que «en el ámbito del desarrollo de las ciencias y de la correlativa transmisión y adquisición de saberes no rigen mayorías.»

Los doctores aducen la imposibilidad de responder, si no es con vaguedades, a las preguntas formuladas, ya que aún están sin precisar determinados condicionamientos básicos, como la Constitución. Los profesores reprochan asimismo al Ministerio «la aceptación expresa del sistema asambleario de participación».

图5

的, 也可以是长久的, 同时不平等的还有那些被指派担当不同责任的人。他们的责任永远是不一样的, 因此也意味着他们拥有不同的决策权限)。

还有其他比较隐晦的笔触: 比如B报纸希望把文本描绘成出自右翼, 所以不敢提出两个AIPU最主要签名者的名字, 因为很难把其中一个人定位在任何右翼旗下。另外, 虽然没有用引号, 两份报纸都指责教育部的磋商很轻率。在这一件事上两份报纸异口同声, 原因也很简单, 因为两份报纸都反对政府, 因此他们不愿意说出AIPU指责的原因 (是大学自己的原因, 不是普通的政治原因)。两家报纸都乐于批评政府, 即使是援引一个如此微不足道的借口。

最后这一点清楚地告诉我们, 操纵资讯 (也理解为信息引导, 当然不是有意欺骗), 并不是带着自身倾向的A报纸和B报纸所专属的。其实这种手法十分普遍, 读者自己要随时当心, 不要被媒体随意牵制。

如果之后产生争议, B报纸可以说, 他们同样也报道了消息。但是我们应该询问自己, 我们是通过哪家报纸真正了解到这条消息的。毫无疑问是A报纸为我们做了详尽报道, 因为这样对他们的政治倾向有利。在日常生活中经常会有机会来比较两份不同倾向的报纸, 看看不同渠道报道的同一条消息是如何对某一部分人产生一种影响, 而对另一部分人产生另一种影响。也就是说没有一种报道是中立的。这种比较甚至可以成为一个研讨课的很好的练习。它告诉我们操纵资讯或信息导向是无法避免的。

3 不同形式报刊文本的分析与撰写

这个章节属于实用练习, 因此我们只提供几种不同的文本, 外加一个简短的引导,

Desde este silencio

ANTONIO SENILLOSA

Nueve años. Hace ya nueve años. Con cierto temor me dirigí al despacho de Xavier de Echarri, director de *La Vanguardia,* después de haber hablado con Horacio Sáenz Guerrero, por aquel entonces subdirector del diario. Horacio me había animado, incluso creo que me aconsejó la supresión de un párrafo y también que suavizara alguna expresión para que pudiera ser publicado. Horado Sáenz Guerrero fue siempre, para mí y para otros muchos, un maestro y un amigo.

He dicho que acudía con temor y no es la palabra exacta. Yo no había cumplido aún cuarenta años y detrás me acompañaba un historial político, seguramente pequeño, pero agitado, poco confortable y demasiado repleto de riesgos para que me atemorizara un despacho de periodista. Me presentaba ante Echarri con tristeza por el reciente fallecimiento y con un cierto nerviosismo, pues; temía que lo que llevaba en las manos iba con toda probabilidad a ser rechazado. Estábamos en pleno franquismo. Se trataba de un par de holandesas que llevaban el título de "Desde este silencio". Acababa de morir en el exilio Su Majestad la reina doña Victoria Eugenia y escribía un monárquico airado y en queja por tantos años de calumnia y por la imposibilidad de hablar o de escribir para defender la institución monárquica, cuando ni los muchachos del Frente de Juventudes ni Santiago Carrillo, si la memoria me es fiel, no la defendían con tanto entusiasmo como ahora. No pedíamos que nos dejaran gritar, porque teníamos razón; ni pretendíamos poner énfasis en nuestras palabras, porque lo que decíamos era justo: ni buscábamos violencias o brusquedades que no queríamos y que, además, hubieran abierto nuestras heridas. Pero sí intentábamos hablar con firmeza, pues ni podíamos, ni queríamos, ni sabíamos, renunciar a nuestra lealtad.

Xavier de Echarri era un caballero. Como Ridruejo, como Montarco. como Torrente Ballester, Laín, Tovar o muchos otros, había sido falangista por generosidad, por impaciencia juvenil, por deseos de entregarse plenamente, arriesgadamente, a una patria a trozos. Y como tantos otros, monárquicos, liberales, carlistas, partidarios de Renovación Española, de la Lliga, de Falange o de la CEDA, había sido estafado y desplazado por habilidosos camaleones. Leyó Echarri mis cuarlillas aprobando con la cabeza, asintiendo a veces con la voz, y me dijo: "Tienes toda la razón. Vamos a publicarlo, aunque nos cueste un disgusto." Luego me pidió algún retoque y la supresión de una clara alusión a cierto personaje en el Poder desaparecido ya del mundo de los vivos, pues a *La Vanguardia* nunca le han gustado los términos contundentes y prefiere utilizar un tono moderado. Así, mi artículo, como tantos otros, se fue reduciendo en extensión y en agresividad.

Me habló luego Xavier Echarri de su monarquismo, de su afecto a la Familia Real. a la que había tratado asiduamente en Lisboa, afecto que, me consta, le era correspondido. Y entramos entonces en una larga conversación sobre la lealtad, el riesgo, el valor, la dignidad, el honor.

Bien se me alcanza que todos estos términos, hoy, han caído en desuso, desprenden un cierto olor a naftalina y harán sonreír a más de un oportunista que atacaba entonces a la Monarquía y simula ahora una gran fidelidad con el sospechoso fervor del recién converso. Sé también que muchos bromearán al leer estas "grandes palabras", como si vieran a quienes las practican empolvados, con pelucas y salidos de antiguas carrozas. Muy bien. Pero algunos creemos todavía, con perdón. en

unos valores esenciales; morales. intelectuales, culturales e incluso personales. Y tenemos, además, la presunción de estar orgullosos de creer en ellos. Vamos por el mundo pensando que es preciso esforzarse en tener el suficiente valor para no caer en la indignidad; que la lealtad es un lujo caro, un privilegio sólo al alcance de los verdaderamente grandes; el deshonor nos ofende, nos humilla, nos irrita; los insultos a España. a Cataluña, a sus banderas o al Rey nos indignan. En fin, que somos unos pájaros raros e incorregibles. Tal vez la edad nos haga sentar la cabeza. Porque la ingratitud no ha logrado conseguirlo.

La vida es un viaje para el que se necesita llevar las alforjas llenas de paciencia. Vamos dejando en el pedazos de nosotros mismos. Físicamente perdemos cabellos, dientes, dioptrías, decibelios, y sólo ganamos, en cambio, colesterol, bronquitis, arteriesclerosis y una cosa vaga y ambigua que hemos dado en llamar experiencia. Moralmente dejamos en la cuneta afectos, amigos, familiares, seres queridos, viejos compañeros que recorrieron con nosotros un trecho del largo viaje. Víctor Hugo decía que los niños son necesarios. Evidentemente. Pero también lo son los viejos. Los necesitamos para apagar nuestra insaciable sed de recuerdos, para oír de viva voz historias que no pudimos conocer directamente. Y quizá también porque los viejos, al haber perdido responsabilidad. han colgado en el perchero toda falsedad, toda hipocresía, todo convencionalismo y se han convertido en unos seres auténticos.

"Cualquier lugar fuera de España donde viva, siempre lo consideraré provisional", escribió pocos meses antes de morir la reina Victoria Eugenia. Y en su testamento se leían estas generosas palabras: «Pido perdón y per-

dono sinceramente cuantos agravios se me hayan causado, y suplico a Dios que conceda a España y a todos los españoles paz, justicia y prosperidad.» ¡Cuán lejos estamos de conseguir tan hermosos deseos! Porque «chi offende non perdona», dice el refrán italiano. Y los ofensores, los que atacaban a la institución y a sus representantes, siguen en sus puestos, mientras quienes la ignoraban intentan con éxito escalar posiciones. Me viene a la memoria; no sin irritación, que mientras los Condes de Barcelona y sus hijos pasaban serios apuros económicos por una escrupulosa honradez llevada a los extremos más estrictos, muchas damas de la llamada buena sociedad barcelonesa recaudaban fondos, desde luego no para ayudar a sus señores, sino para regalar joyas a doña Pepita, señora de Acedo Colunga, gobernador civil de Barcelona, como obsequio de despedida de un mandato brutalmente antimonárquico.

«Desde este silencio» titulé mi artículo cuando lo escribí hace nueve años. Entonces fui repetidamente amenazado, pero en compensación altísima recibí unas cariñósisimas palabras del Conde de Barcelona y también una amable carta de la infanta María Cristina. El silencio franquista se ha convertido ahora en una algarabía bullanguera que producen los euro franquistas que mandan y quienes, en la calle, se creen que están en la democracia porque les dejan romper escaparates, apedrear policías y gritar .

«Mañana, España será republicana».

Por eso, «Desde este silencio» titulo hoy también estas líneas, dejados atrás nueve años de historia, mientras, tristemente, contemplo cómo tantas ratas siguen todavía en sus agujeros o han trepado al ático de un edificio en construcción. Sin el optimismo de nuestra voluntad sería imposible soportar hoy el pesimismo de nuestra inteligencia.

图6

帮助读者分析。学习使用这种文本永远最好是使用当下报纸杂志上的文本,因为任何书本上转载的报刊文章永远是过时的,失去新鲜感了。

1. 这个文本基本上是一篇政论文本,维护君主制思想。

2. 所宣传的是一种纯正的观点,不煽动群众支持或反对。

3. 可以说这是某种君主制思想的宣传吗?

4. 对社会批评十分严厉。

5. 希望提供历史教育,强调道德观念。

Dos individuos, uno

----

de ellos extranjero

Detenidos por
no pagar el hotel

Un individuo de treinta y dos años ha sido detenido por inspectores pertenecientes a la comisaría de Chamberí, después de que fuera formulada contra él una denuncia por parte de un representante del hotel HHHH, debido a que no había abonado una factura de casi doscientas pesetas, importe de su estancia en dicho establecimiento,

El sujeto en cuestión fue identificado como XXX XXXX XXXX XXXXX, que posee antecedentes por estafa, cohecho y falsificación.

En similares circunstancias ha sido aprehendido el súbdito boliviano NNN NNNN NNNN de veintiocho años de edad, quien tampoco abonó los gastos de hospedaje ocasionados en el hotel Eurobuilding, cantidad que asciende a casi ocho mil pesetas.

NNN NNNN, cuyas diligencias han sido tramitadas por la Brigada Regional de Extranjería, posee antecedentes por robos en Madrid y otras capitales europeas y tenía prohibida su entrada en España.

---

1. 这是信息文本,特点是客观。

2. 文本标题和消息正文各自采用不同的字体,字号也大小不同。

3. 消息报道里有一个奇怪的错误: 发票应该是20万比塞塔,在任何情况下,都不可能是200比塞塔。

4. 这则消息十分注意细节的准确。

5. 突出其中一位被逮捕者为外国人的手法。

6. 消息不带主观成分。

CURSILLO DE FORMADORES

Dentro de la labor de Cáritas son necesarias muchas cosas. Una de las más importantes es poseer un equipo de formadores lo más amplio posible. Y ésta es la meta que pretende abarcar el cursillo que a finales de abril ha tenido lugar en El Escorial.

Todas las actividades de la vida necesitan un equipo cuya finalidad sea animar y encauzar los grupos y comunidades de las diócesis en el campo específico de Cáritas.

Como el cursillo quiere ser práctico, incide en un conocimiento profundo de los contenidos de Cáritas, de los objetivos y de las realizaciones actuales de la misma, presentando, a la vez, los métodos y términos más asequibles para la educación de los adultos, jóvenes y niños en esta parcela de la pastoral.

La preparación de quienes quieran colaborar en Cáritas hará más eficaz el trabajo en las parroquias, grupos o comunidades.

Siguiendo el ritmo de la vida, se pretende en Cáritas Española, y con la colaboración de sus servicios centrales, crear equipos de formadores regionales, que traten los problemas de las mismas y busquen soluciones.

No se trata simplemente de un cursillo aislado, sino de promover un plan permanente de formación, que esté siempre al día y que responda a nivel de zona, de diócesis o nacional a toda su problemática.

1.宣传文本,带着资讯的成分。

2.清楚介绍课程的目的。

3.消息的社会价值。

4.向读者请求,具有宣传性。

4　广告文本: 图像和语言特点

第一个广告范本是一则很简单的通告。它最简单的模式就是直接宣布消息。这个绝对客观的布告是今天政府部门宣传栏上常用的文体,像下面这一则:

AYUNTAMIENTO
DE SAN SEBASTIAN
ANUNCIO

En el "Boletín Oficial de Guipúzcoa" número 43, de fecha 10 de abril de 1978, y en el "Boletín Oficial del Estado" número 98, de fecha 22 de abril de 1978, se ha publicado un anuncio relativo al concurso para la contratación de las obras de reconstrucción del barandado del paseo de la Concha en 108 tramos que figuran en el plano adjunto.

El tipo de licitación es de dos millones de pesetas,

Las proposiciones para optar a dicho concurso deberán presentarse en el Negociado de Contratación de Secretaría, sito en la Casa Consistorial, admitiéndose las mismas hasta las trece horas del día 17 de mayo de 1978.

San Sebastián, 24 de abril de 1978. El Alcalde (firmado), Fernando de Otazu y Zulueta.

这则广告的象征性图标元素,就在它的字体,标题版式的差异,前面三行字母大写、加粗。其余都是语言成分。"图标"不意味着就必须有一个图像,而是说它有图形的成分,可以是一根线条,加粗黑体,或者字体大小,文章编排。这再简单不过了,但是大家都知道,如果你要在报纸上发表一则消息,只要有超越正常格式或字体的处理以突出消息,你就必须多付费。

广告信息的首要宗旨就是引人注意。

从第一个人觉得有必要送给邻人一点东西开始,人类就开始在意呈送的方式。然而,从来没有像今天这样,广告成了社会经济的第一动力,甚至有如信息自由这么重要的问题有时都会被它牵制:一份没有广告来源的报纸不得不依赖一个资助它的小财团,提供财力的人就要灌输他们的思想;而另一份依靠广告来源的报纸也不能站在广告商利益的对立面,以此类推。

为了吸引大众的注意力,广告日益使传播媒介更多样:画面、颜色、动感、声音,所有现代科技的发明创造都被攫来为这个权力服务。然而,在所有传播手段里,与最基本的语言操纵并驾齐驱的就是图像了,那就是,象征性图像的成分。

这个宣传广告就是图像和语言的完美结合。

Suave这个词是广告里唯一置身图像之外的**语言**成分,但不是这条广告信息唯一的语言成分:因为这里重要的不单单是请喝酒,而是请您来品尝某种特定品牌的酒,瓶子上的标签,融汇在图像中,也是广告信息的补充语言提示。

同时,广告里的图像并非游离于语言成分之外,它其实是在寻找suave这个词和倒酒的男性手之间相对立的效果。同时,由于镜头是从下往上切入,产生了一种强制性的效果,换句话说,就是表达了一种居高临下的关系。图中的酒杯也是一个奢侈的小细节(它不是普通的喝水杯子)。所有这些因素,在十分简约的形式与颜色里,给了观众或读者一个诱人的印象。广告其实是在行使邀请的动作,它不是呆板地展示一件产品的样本,而是以动作来介绍这个产品,使人觉得这杯酒是为看到这则广告的人所斟:一只男性的、友谊的手,为你斟酒,这是一个传统的友情信号。Suave的注解可以用来说,这是适合所有人的酒,男人和女人,或者只是为了强调,品尝这种新酒将会易如春风,因为这个形容词的语义特征都是正面的、令人怡乐的。

5 操纵广告语言的句法和语义方法

就像一种宣传一样,广告的目的极为积极:说服,改变消费者的态度。这就引起一系列连锁的作用,因为需要有一个前提条件才能被说服,被往某个方向引导。说服的过程就是争取把前提条件改为绝对条件,在今天的宣传潮流中,后者更可以被铸造为一种坚定的态度(在极端的情况下,这种态度可以变成狂热)。一则好的广告不仅试图从外部来说服消费者,它其实是在努力加固消费者内心原有的前提条件。所以,它必须了解它所将面对的消费大众(比如电视上的洗洁精广告是为主妇们设计的)。

广告操纵依赖于消费者的冷漠,或确切地说,消费者缺乏抵抗的心理能力。消费者没有学会抵抗广告。他们在铺天盖地的广告面前束手无策,使得一些大牌产品互相厮杀来争夺这块处女地。因此,西班牙教授和哲学家阿朗古伦(Aranguren)指出,这里涉及一个道德问题:因为这已经不是用理智来说服了,而是在诱发消费者的情感,使之改变行为。

世界的广告概念源自日益增长的社会活动,以及一种大众意识的成长:一个消费社会,一个休闲社会。趋势就是创造一个幸福的社会,带着它自己的蓝天、自己的星星,完全用来满足消费的动物本能。"影像"代替了现实,广告信息甚至占据了文学或艺术的位置,小孩子唱着流行的广告歌曲,人们说话时不断重复押韵的广告词句。广告可以把一切的一切都拿来使用:生活,围绕我们的周遭的一切,让我们觉得一切都是身边熟悉的一事一物;语言,巧妙地使用各种语言技巧,日常的,甚至是文体修辞的。

广告的特点就是刺激,所以它必须懂得如何吸引观众。为此,它要调整表达手法,让它适合那些典型的接受者,用"魔幻"的字眼、悦耳的话语、振奋人心的手法,比如以下这些:

1) 使用诗意、幻想、有趣、如歌如画的语言和表达。日常的一切升华为幻想的空间。

2) 使用重复的方法,这是诗歌语言的特点:押韵、重复、(头韵)叠韵。

所有这些手法彰显了构成文本的语言符号。这种语言提升至关重要,它不同于一般的信息,它最不稳定,最有新意,也就最容易吸引大众的注意力,产生最大的影响与接受度。

每条广告信息坚持不懈、不断重复的特点,使得它在自己身上寻找力量。为此,广告里图像与语言相互结合,互相支持;常见的做法是图像表达基本思想,而文本则表达从影像引申出的一些特点。

在本章的最后一节里，我们会看到一些不同的样本，所以现在我们只是来看看广告语言所使用的各种不同手法。

1) 关键词或魔幻式的词语，来唤醒人们心灵深处的追求与幻想：与众不同，爱国情怀，女性对男性的幻想，或者男性对女性的吸引，舒适安逸，奢华，社交成功，性欲，等等。

El encendedor del *maharajá*[1]

2) 提升语言表达，使用引人注意的语句，或者使用时髦的词汇，或外来语。

Grand Marnier con Finley? **Oh, la, la.**

3) 重复：

Banco Central, su **banco** amigo.

4) 指示语：

Ésta es la hora.

5) 句法处理：比如三角用语 (形容词或指定词)

Calentadores de agua **elegantes y automáticos, para lavabo, ducha y baño**

6) 加强代词，清晰标明 (20 世纪盛行 usted，21 世纪 tú 越来越盛行)。

Y **usted** lo sabe.

7) 语义手法，比如对比：

Preocúpese **hoy** de **mañana**

或者委婉法：

a buen precio = ‘ barato ’

8) 放大 / 夸张，使用比较级或最高级：

Blanco, **blanquísimo**

Es **más** jabón

或者是语义上的最高级：

la colonia (=por excelencia)

所有这些手法的共同特点就是它使用普通语言时标新立异，并且借助影像或声音制造声势，让图像的焦点和声音的语调都支持它的观点。

6 练习：信息宣传的批评研究

A. 这里总共有19条广告，前面的阿拉伯数字是广告序号，后面括号里的数字是提示读者，可以参考第十二章第5节里作者分析的八点广告语言手法。每位同学可以根

---

1 majarahá(majarajá): 梵文，"伟大的国王" 的意思。

据作者的八点提示分析一至二则广告，用西班牙文写出一段小文字，说明这个广告是用什么语言手法来增强宣传效果。因为广告语言总是要诉诸消费者原有的认知结构，所以这19条广告里用的许多专有名词是当地人家喻户晓的，这样容易唤起消费者的共鸣，但对于外国人来讲，完全无法了解。为此建议上网搜索一下，语义问题也就能迎刃而解了（最好的例子就是前面举过的梵文例子 *maharajá*）。

1. Abrigos Cortefiel, con detalles que marcan *la diferencia* (8).

2. Cava Segura Viudas, *la gran diferencia* (1 y 8).

3. Clásicos Bruguera, un regalo de *prestigio* (1).

4. Galería de Arte *Lepanto* (1).

5. Nuevos Austin Victoria, los hemos hecho así de *amplios* porque España es un *amplio* país (3 y 1).

6. Hidalgo. Una colonia para hombres, que se queda *en la imaginación de las mujeres* (1).

7. *Brutalmente femenino*. El pequeño automático de Citizen (7).

8. *Merry Christmas, Happy New Year. And* Winston ... (2).

9. *Sea* quien sea tiene su Parker (3).

10. ¡A mi *plin!* Yo duermo en *Pikolín* (3).

11. *Éste es* el hombre. *Éste es* el brandy (3 y 4).

12. Wrangel resiste, mientras *tú* resistas (6, 7 y 3).

13. *Paso a paso, sorbo a sorbo* (3).

14. Ariel *es blancura* (8).

15. *Un* gran vaso de leche en cada tableta (4 y 8).

16. No tien*e nada* que perder, *sólo* la caspa (7).

17. Presént*a*le a Cola-Cao (6). ...

18. *Ahora* es el momento (4).

19. Maggi *se* lo da hecho (6).

B. 下面两则广告，各自包含影像和语言。第一则广告以语言为主，第二则广告里，则突出了足球运动员的头像和以他名字命名的电视机品牌介绍。显而易见，两则广告紧贴当时的热门消息，1982年在西班牙举办的世界杯足球赛。第一则广告的目的是希望通过足球运动员的签名，来吸引更多的人造访这家商店。第二则广告开门见山，目的就是鼓励大家购买这个品牌的电视机。

请每位同学在两则广告中挑选一则，并在当今中国的热门广告里挑选一则加以比较，指出两国广告语言和图像的共同点以及文化背景可能带来的差异。

HOY,

CONCENTRACION FUTBOLISTICA

EN EL CORTE INGLES

Esta tarde, El Corte Inglés va a tener la mejor selección:

En

Preciados:

   RUBEN CANO Y SANTILLANA

En Goya:

   JUANITO Y LEAL

En Generalísimo:

   MARCELINO Y SAN JOSE

En Princesa:

   MIGUEL ANGEL Y CAPON

Todos estos extraordinarios futbolistas firmarán banderines, posters, fotografías y todo tipo de artículos promocionados por la Asociación de Futbolistas.

   Horario de firma:

DE 6 A 8 DE LA TARDE

广告一

TV COLOR 72.000 PESETAS TOTAL

Promoción especial: Regalo adicional de 4.000 pesetas

● AMPLIAS FACILIDADES DE PAGO ● OBSEQUIO BALON DEDICADO POR PIRRI

● Las mejores marcas, con exposición y venta hasta las 9 de la noche

PIRRI tv color

Paseo de la Castellana, 56

(esquina plaza Emilio Castelar)

¡NADIE VENDE MAS BARATO NI MEJORES MARCAS!

广告二

C.每位同学设计出一则小广告。

基本要求:

1) 目的明确,中心思想突出;

2) 至少有一行言简意赅的文字;

3) 至少有一到两个图像;

4) 编排、版面、字体处理得当,突出中心目的。

第十三章 语言在人文学科里的应用

1 抽象词汇

2 教义与思辨的语言

3 论证与辩证

4 人文学科文本的语言分析

5 论说文

6 专著的撰写

7 论文的综述

8 练习：从主题思想到具体课题

1 抽象词汇

抽象名词，不同于具体名词，指代的是本身具有独立精神，或者只能用独立精神来思考的物体。所以，当我们谈到美丽、谈到美好，我们联想到美丽和美好的人，赋予他们独立的品格。而这些美好的事和物，其实有着自己真正的独立存在。

作为科学这个总体的分支，人文科学的特点就是使用抽象的术语和表达方式，因为它需要使用精确的语言，正如我们前面讨论科技语言时所证实的。另外，完全不可能把科技语言与人文科学语言分开，因为两者秉持着共同的目的，就是全面解释或描述一种物象，避免歧义。为了达到这个目的，就要创造一套准确的带着抽象含义的术语，它们描写范畴而不是具体事物，描写类型而不是其中的元素。所有科学语言的另一个特点，就是把语言放在最高等级的抽象含义上，为此我们借用了下加线、引号、方括弧、括号等等可以借用的手段来区分一个术语的普通含义与科学定义。

我们再次借用一个罗素的文本为范本：

LOS PROBLEMAS DE LA FILOSOFIA (traducción)

La filosofía debería exponernos la jerarquía de nuestras creencias instintivas, empezando por las que mantenemos de un modo más vigoroso y presentando cada una de ellas tan aislada y tan libre de adiciones superfluas como sea posible. Debería ocuparse de mostrar que, en la forma en que son finalmente establecidas, nuestras creencias instintivas no se contraponen, sino que forman un sistema armonioso. No puede haber razón para rechazar una creencia instintiva, salvo si choca con otras; pero, si hallamos que se armonizan, el sistema entero se hace digno de aceptación. Es, sin duda, *posible* que todas o algunas de nuestras creencias nos engañen y, por consiguiente, todas deben ser miradas con un ligero elemento de duda. Pero no podemos tener *razón* para rechazar una creencia sino sobre el fundamento de otra creencia. De ahí que, al organizar nuestras creencias instintivas y sus consecuencias, al considerar cuál de entre ellas es más posible o si es necesario modificarla o abandonarla, podemos llegar, sobre la base de aceptar como único dato aquello que instintivamente creemos, a una organización sistemática y ordenada de nuestro conocimiento. En ella subsiste la *posibilidad* del error, pero su probabilidad disminuye por las relaciones recíprocas de las partes y el examen crítico que ha precedido a la aquiescencia.

Bertrand Russell（伯特兰·罗素）

这段引文完全围绕着一个抽象名词: 哲学, 以及它和另外两个抽象名词的关系: 信仰与直觉。在论证时, 又采用了另一个抽象名词, 理性。文本甚至提出了一个理性的基本定义, 还有理性另一个被强调与被限定的定义。可能与可能性, 也在文体编排中分别突出。

除了这些中心抽象名词外, 整个文本里还充满了这些词汇元素, 比如, sistema, modo, adición, aceptación, fundamento, consecuencia, organización, conocimiento, error, relación, aquiescencia。

科学, 包括人文科学, 对准确的要求迫使我们必须使用非常精确, 带有大量抽象含义的词汇。

2 教义与思辨的语言

在人文科学里, 这两个分支 (教义与思辨) 的最根本区别在于教义语言与教导相关,带着规则与教条,立足于"教育是为了教导某些东西"。因此,这种语言比较实际,适于应用。相反的,思辨语言表达的是对某一个题目或事物一种思想、反思、思索或研究,因此它是理论性的。

　　语法可以为我们提供这两种语言之间的清晰的区别范例:一个规范性的语法规则属于教义范围。它明明白白告诉我们,什么可以做,什么不可以做。而当语法思考语言结构时,从理论的角度讲,属于思辨。下面这个例子,毫无疑问可以为我们证实这一点:

　　西班牙皇家学院《最新语法草案》(*Esbozo de una nueva gramática*) 在同一段话里把思辨的语言切换为教义的语言:

　　思辨:

> Del hiato invers*o /a.í/*, en la sucesión decreciente, se pasa también al diptongo */ái/*, con desplazamiento del acento de intensidad. Han seguido este proceso: *rei-na* ant. /re. ína/, *vai-na, vein-te, trein-ta, de-sahu-cia* ant. /de.sa.ú. θia/, probablemente *neu-tro,* entre otros, que pertenecen hoy a la lengua general.

　　教义 (指出有一种不可接受的用法):

> Está considerada, en cambio, como vulgarismo, en muchos de los territorios donde se produce, la supresión del hiato en *ma-íz, ra-íz, ba-úl, sa-úco,* en formas verbales como *re-ís, le-ímos* y en algunas otras formas.

　　在第一段文字里,皇家学院描述了一种情况,/a.í/ 被分为两个音节,同时也存在着把/ái/放在同一个音节里。在上面第二段文字里,相反,皇家学院指出,从实用的角度出发,在一些情况下应该避免使用/ái/,只有使用/a.í/才是正确的。

　　教义特点完全呈现在公式化里,在规则和教条中,因为至关紧要的是要迫使人们遵从。拼写规则恰恰诠释了语言教义化的特点,请仔细看看皇家学院《正字法》里的这段话:

> Cuando una vocal extrema tónica va delante o detrás de una vocal

> intermedia átona, no hay diptongo, sino hiato, y la vocal tónica llevará acento ortográfico. Ejemplos en voces agudas: *país, raíz, ataúd, baúl, Baíls, Saúl.* En voces llanas: *poesía, desvarío, falúa, dúo, tenía, sería, día, mía, pía, pío, píe, acentúo* (...).

动词的将来时llevará，解释了规则，展现了文本的教义特点。

我们在本章第一节引用的罗素有关哲学的那段话，毫无疑问是一个思辨的文本：他不试图定义哲学应该是什么，而是提出各种观点与思考来考量哲学可以是什么。

3 论证与辩证

论证包含提出合理的论据本身，并且有条理地对其他观点进行讨论。辩证则相反，它从理论上考虑一个命题 (正题)，和与之相对的另一个命题 (反题)，从而得出了正题与反题之间辩证关系的综合 (合题)。该合题又被当作新的命题，与此对立还有新的反题，依此类推，正反合往前伸延。

让我们先看看一个论证的文本：

> ### LOS PROBLEMAS DE LA FILOSOFIA
>
> Descartes (1596–1650), el fundador de la filosofía moderna, inventó un método que puede emplearse siempre con provecho: el método de la duda metódica. Resolvió no creer en nada que no viera muy claro y distintamente ser cierto. Dudaba de todo lo que era posible dudar hasta alcanzar alguna razón para dejar de dudar. Aplicando este método se convenció gradualmente de que la única existencia de la cual podía estar *completamente* cierto era la suya propia. Imaginó un demonio engañoso que presentara a sus sentidos objetos irreales en una perpetua fantasmagoría; era, sin duda, muy improbable que tal demonio existiera, pero era, sin embargo, posible y, por consiguiente, era posible la duda en relación con las cosas percibidas.
>
> Pero no era posible la duda respecto a su propia existencia, pues si no existiera, ningún demonio le podría engañar. Si dudaba, debía existir, Así su propia existencia era para él absolutamente cierta. "Pienso, luego soy" *(Cogito,*

ergo sum); y sobre la base de esta certeza se puso a trabajar para construir el mundo del conocimiento que la duda había arruinado. Al inventar el método de la duda y mostrar que las cosas subjetivas son las más ciertas, prestó Descartes un gran servicio a la filosofía, y esto le hace todavía más útil para todos los estudiosos de estos temas.

Pero es preciso proceder con cautela en el empleo del argumento de Descartes. "Pienso, luego soy", dice algo más de lo que es estrictamente cierto. Podía parecer que estamos completamente seguros de ser hoy la misma persona que éramos ayer, lo cual, en cierto modo, es indudablemente cierto. Pero es tan difícilmente asequible el yo real como la mesa real, y no parece tener éste la certeza absoluta, convincente, que pertenece a las experiencias particulares. Cuando miro mi mesa y veo un cierto color oscuro, lo que es absolutamente cierto no es que "Yo veo un color oscuro", sino, más bien, que "un cierto color oscuro es visto". Esto implica, desde luego, algo (o alguien) que vea el color oscuro; pero no supone esta persona más o menos permanente que denominamos "yo".

Russell（罗素）

在这段文字里有两个论证，一个是对笛卡尔的综述：怀疑，确定自我存在，从自我存在出发的世界的可能建构；另一个是罗素立足于笛卡尔理论之上的论证：罗素阐述了笛卡尔方法论，但在第三段以 pero 和 cuando 开头提出了一系列论据用来批判笛卡尔的方法论。应该顺便指出的是在阐述笛卡尔学说的过程，作者同样使用了 pero，作为笛卡尔学说的出发点（第二段开头），以此衔接一个旧阶段并开启一个新阶段。因此，我们看到了各个阶段有序的连续性和论证克服各种困难向前推理。(我们在本章第一段引用的罗素文本也是一个论证文本)。

辩证这个术语从其自身来讲，可以有两种含义。在经典的原始含义里，就像古希腊哲学家所理解一样，讲的是怎么维护论证的真理，或者在论证中获得的知识。讨论一个作者的论据，可以是辩证的（在这个意义上罗素对笛卡尔学说的讨论就是辩证的）。

然而，这个含义已经被包括在论证里面了。辩证法从狭义来讲，已经成为认识现实的哲学方法。这种方法认为，这个世界一切都在进步、演化。辩证法与形而上学的方法论相对立。

唯物辩证法最经典的例子就是阶级斗争：

<u>正题</u>: 资产阶级反对生产方式的改变。

<u>反题</u>: 工人阶级,根据历史进步的法则,与资产阶级斗争,追求变革。

<u>合题</u>: 无产阶级的胜利 (这是不可逆转的) 带来一个无阶级的社会。

自然而然,这个合题将会成为另一个正题,而且还会有一个新的合题与之抗衡 (比如,从社会主义结构中解放出来,有如过去的苏联)。为了避免这种现象的发生,必须建立<u>无产阶级专政</u>,因此政党的领导变成了新的正题。

4 人文学科文本的语言分析

我们至此已经看到一些哲学文本,接下来我们再引用其他各种文本。一般来讲,所有文本的语言分析都有一个基本的架构,就像我们分析科学和法律文本的时候一样。

1) 确定文本的中心思想: 要么文章开宗明义阐述中心思想,要么文本结尾总结中心大意 (分别称为: <u>分析型</u>或<u>综合型</u>)。当然还有其他的模式,比如说以中心思想开头,再以中心思想收尾 (<u>框架型</u>),或者是所有的观点都是平行展开陈述 (<u>并列型</u>),但是最后这两种形式,其实是前面两种结构的复杂变体。所以我们引用的罗素的第一个文本以此概念迎接读者:"哲学应该引领我们面对直觉信仰的各种层面",然后在文本中一一展开论证。罗素的第二个文本也是<u>分析型</u>。中心思想可以是"笛卡尔学说的方法的怀疑仍能有效"。这个中心思想可以带着一个<u>关键词</u>或<u>关键词组</u>,比如"直觉信仰"或"方法的怀疑"。

2) 如果存在关键词,语言分析就应该遵循这几个步骤:

a) 界定对<u>关键词</u>的修饰: 起修饰、限定或扩展作用的形容词、副词、形容词性从句,或副词性从句:"欺骗性的直觉信仰""未被系统性地实践的方法的怀疑",等等。

b) 围绕着<u>关键词</u>运转,保持它的原意和价值的词汇:"直觉信仰""理性信仰""可能信仰""方法的怀疑""理性怀疑""批判性自查",等等。

c) 围绕着<u>关键词</u>运转,但是属于不同或相反语义或概念范畴的词汇: 信仰 / 怀疑;怀疑 / 肯定; 或者包括,元音分读 / 二重元音; 存在 / 虚无,等等。

d) 与<u>关键词</u> (比如 b 项和 c 项) 相关,自身为次要的概念中心的一些词汇: 可能、研究、和谐、组织、修改、放弃,等等。

3) 如果没有关键词,也就是说,文本的中心思想没有一个具体的形式 (一个词或一个词组),就必须找出所有同义表达方式,找出它们之间的公分母,这就是<u>语义关键</u> (与词汇无关,因为现在不与词素相关)。

值得关注的是,因为这些文本的科学属性和它们对精确性的要求,所以不管是关键词或是中心思想，都可能已经被作者刻意指出。文本、章节或段落的<u>标题</u>都是很好的表明中心意思的方法。我们这本书的分布排列就是一个很好的例子。我们所有的章节都有一个标题，标明这个章节的中心内容，同时，每一个小节也有自己的标题，甚至还按顺序标明数字（章与节）。所有这一切都表明不太可能没有关键词，不一定只是一个词，也可以是一句话或一个词组。

我们接下来逐条仔细分析一个具体范例，一个<u>历史文本</u>。

HISTORIA DE ESPAÑA

LA ÉPOCA MEDIEVAL. 5. Actividades de la sociedad hispanocristiana

Un mundo esencialmente rural

La Edad Media es, ante todo, una época campesina: la tierra es entonces la gran protagonista; en ella se emplean los esfuerzos de la casi totalidad de los hombres y, a través de sus relaciones en torno a su posesión y disfrute, se estructura toda la jerarquía social, de la que sólo unos poquísimos individuos -los mercaderes incipientes-, no estarán en contacto obligado con el suelo. Pero siendo una minoría -importante pero escasísima: no llega al 10% de los habitantes-, no consiguen paliar la imagen de un mundo presidido por los ciclos agrícolas, fuertemente anclado en la tierra, en constante vigilancia de los mil peligros que, sin remedio, acechan su cosecha o su ganado. A pesar de su protagonismo, el mundo agrario medieval no ha tenido la densidad de literatura histórica que proporcionalmente le corresponde; y en España se ha visto todavía más reducida porque tales temas sólo han tenido, salvo muy contadas excepciones, cultivadores procedentes del campo de la historia de las instituciones, más interesados, por ello, en precisar la condición jurídica de campos y hombres que en analizar las características materiales de su puesta en explotación y la evolución de los sistemas de cultivo. Esta falta de estudios hace de este tema -sobre todo, si se aspira a delinear los marcos de un proceso, no a presentar intemporalmente las realizaciones- una empresa realmente ardua.

1.° *La unidad de producción y la evolución de las fórmulas de explotación de la tierra* permiten comprobar entre fines del siglo X y comienzos del XIV un doble proceso: la definitiva sustitución de la pequeña propiedad libre o alodio por el gran dominio o señorío territorial como unidad de producción agraria, operada antes del año 1050, y, posteriormente, entre esa fecha y fines del siglo XIII, el paso de la gran explotación agraria a un sistema de aprovechamiento de las rentas de la tierra, en las que las derivadas del señorío jurisdiccional alcanzan proporción superior a las propiamente dominicales, es decir, obtenidas del aprovechamiento físico de los recursos del dominio. Desde el punto de vista económico, esta unidad de producción agraria, el señorío, aparece por tanto con un doble aspecto: el de gran dominio, que recuerda en su estructura al de época tardorromana y visigoda -una *villa* repartida entre reserva y mansos-, y el de un poder de explotación económica, derivado de una interpretación, muchas veces abusiva, de las relaciones de dependencia de los habitantes del señorío respecto al *dominus* o señor de éste. Veamos a continuación ambos *aspectos económicos del señorío*:

El señorío territorial consta, a efectos de la explotación, de dos partes igualmente dispersas por un amplio territorio -los abadengos de Oña, Sahagún o San Millán de la Cogolla poseen tierras a más de cien kilómetros del edificio monástico-: la reserva y los mansos. *La reserva* incluye toda clase de propiedades pero, en el caso de los monasterios castellanos, leoneses o gallegos, con un significativo interés por englobar espacios de bosque y pastizal; dentro de ella, aunque claramente diferenciado, aparece *el coto* propiamente dicho; como centro de la administración del dominio y residencia de la familia señorial -laica o eclesiástica-, cumple dos funciones: la de servir de asiento a las edificaciones donde aquélla vive y realiza sus funciones espirituales, a las construcciones que constituyen los almacenes de los productos a consumir por la familia señorial, a las fábricas para su transformación - hornos, molinos, fragua-; y la de albergar un terreno que proporcione en fresco ciertos alimentos frecuentes en la dieta -hortalizas, pescado en el caso de los abadengos; carne en los solariegos- y conserve intacto un amplio espacio boscoso, de donde aprovechar no sólo madera y leña para construcción y calefacción sino la propia vegetación como alimento del ganado.

J. A. García de Cortázar（加西亚·德科塔萨尔）

这本书的书名，里面各个部分，章节的题目都清晰地预告了它的内容，同时也限定了此书的范围。阅读时，可以发现这是书本的一个章节，因为它标示了 1.°，因此我们得知至少应该还有第二节。

开始的阅读就告诉读者，此书介绍的是中世纪西班牙，西班牙基督教社会里的农业问题,具体的第一点就是生产单位的问题。

第一点里有一个引言,包括了以下三点:

1) 农业社会的主导地位。

2) 商人是少数。

3) 有关中世纪农业社会的研究十分稀缺。

作者以分析型架构介绍以上这些观点,因为他首先提出观点,然后再简短逐一阐述,在引言的结尾作者指出这个题目的难度。

第一节讨论的是具体的问题。没有任何语言障碍来妨碍理解文中的观点,因为它带着一个标题,告诉读者这个章节讲的是生产单位和土地剥削方式的演变。这个小节介绍了个体小土地自由所有权被大领地地主取代的过程。

如果至此我们已经获得文本的语义或主要观点的基础,现在让我们来看它的词汇部分:这是一个教义文本,它的目的是实用、施教,所以它必然要定义所有的技术术语,令读者理解。这种特点使得作者甚至以斜体标出了每一个重要名词,如: villa, dominios, señorío, reserva, coto。另一种办法就是把同义词成对展示出来, pequeña propiedad libre 或 alodio, gran dominio 或 señorío territorial,这样使得我们可以用每组的第二个词理解该组的第一个词,而不需要对每一个名词都细加定义 (比如 reserva 或 coto)。

为了施教,不花太多时间在思辨上 (不围绕中世纪社会进行研讨,而是直接教授社会的状况) ,这个文本用了两种语言处理方法,一是通过对应词来定义 (o) ,二是用释义来定义 (解释术语) 。这两种手法使得文本呈现一种和谐与平衡,同时避免了每个术语之后跟着一串串冗长详细的解释。

在每一小节或段落里 (正如我们在第四节 2d 指出的一样) ,都有一系列的次要词汇,比如, reserva 里面的 bosque 和 pastizal,还有 coto 所包含的各种语言成分。

毫无疑问,语言是为这个文本的分析框架服务的。由于它的教育特点,文本通过对应词和释义来一步步阐述与伸展,并归结在一个围绕着它的中心主题、相对宽泛的专业词汇里:农业生产单位的演变。同时,带出在中心主题引领下的次要主题: coto, reserva, dominio 等等的概念。

这个文本的句法,为了解释它所引进的不同词汇的含义,没有复杂的句型,大量使用并列句 (使用对应词解释时用 o 引入等同的概念或解释) ,还有说明和加注句式。请注意这种文体与哲学文本的不同,后者带 pero 的转折并列句占了文本的主导位置。

5 论说文

根据何塞·奥尔特加·加塞特 (José Ortega y Gasset) ,论说文 (ensayo) "是一种不带明确证据的科学论文"。确实,从可以称为论说文开山鼻祖的蒙田 (Montaigne) 开始,论说文,或者一种广义上的科学研究,试图以一种质朴,带着不停歇的研究和思考方式进入人们的视野。它发展很快,成为现代科研文本的一大特点。

有时候,有人说,论说文拥有未完成、暂时的特点。其实不是这样,也许这只是一个表面形式的问题,并非它的本质。论说文通过文章的标题或副标题带给读者的是真正的专题研究,只不过它一方面试图避免一部专著或一个专题研究的责任,另一方面也努力避免带给读者一个专题作家或专家的自负面孔。有人说,作者从自我出发是论说文的特性,确实,这是它的一大特点。然而,我们也必须看到,今天论说文和论文之间没有明显的界线。比如说在当今权威的西班牙文集里,两者被归在同一个章节里"论文与论说文"。

在谈到这个问题时,阿尔弗雷多·卡巴罗 (Alfredo Carballo) 在一篇文章里提出论说文的三个特点:

1) 围绕着我: 个人的经验和感觉。

2) 围绕着你: 反思、劝诫,经验的实践用途。

3) 围绕着外部世界: 引言、轶事。

正如卡巴罗所指出的,从科学的角度看,可以说,论说文所谓的不严谨,恰恰给了它论文所没有的自由度: 没有逐字逐句的引言,有个人的回忆,而不是长长罗列的参考资料,等等。然而,我们必须承认,在20与21世纪对文化作品要求精确的浪潮里,今天论说文作家的批评态度比19世纪的同行来得更严谨。

除了这个以我为中心,以你为对象的特点,奥尔特加·加塞特还指出论说文涉题广泛的特点。它选题无限制,可以并且的确讨论任何题目。论说文被大量用来提供建议,因为它开放的结构,担当此任绰绰有余,并且行之有效。因此,胡安·马里查尔 (Juan Marichal) 指出此类论说文的四个特点:

1) 冲动: 引证个人经历,但不是严格的自传。

2) 出发点: 一切以我为中心,这是最重要的出发点。

3) 范围: 三个主要的支点: 预测、展示与精确。预测新的发现或真理,向对话的听众展示有趣的题目,最后精确划定题目的范围,以此减少来自作者的主观性与自由发挥。

4) 主题: 任何主题,这是我们刚指出的选题的多样性。

论说文长短不一,可以从一本书到一篇报纸上的文章 (我们前面提到的评论文章)。并非我们不推荐阅读长篇论说文,比如乌纳穆诺 (Miguel de Unamuno) 或马拉尼翁 (Marañón) 的文章,但我们想在此引用胡里安·玛丽亚斯 (Julián Marías) 的文章,同时作一点小修改: 把文章的观点分成十二点罗列出来。这些数字在原文里并没有,但是它们帮助我们了解文章的结构及其与作者思想之间的关系。

LA DEMOCRACIA COMO MÉTODO

1. Quisiera que los españoles sintiesen verdadero deseo de democracia. Espero muy poco de lo que no brota de esa realidad fontanal que es el deseo. Sólo de él puede nacer una democracia viva, jugosa, creadora, capaz de reconstituir y configurar a nuestro pueblo. (Se podría intentar el uso de esta perspectiva para comprender por qué la democracia florece y prospera en unos países y no en otros, por qué en unos echa raíces, mediante las cuales se nutre de la sustancia profunda del país, y en otros se reduce a una planta en maceta, desarraigada y postiza, que el menor viento arrastra en un remolino de polvo y papeles sucios.)

2. Nadie dice ahora que no es demócrata; se proclaman demócratas, muy especialmente, los que no lo son, para que la confusión sea mayor. Hasta los que profesan odio al liberalismo, se consideran demócratas, y así lo dicen repetidamente. Con cierto optimismo se puede pensar que la *vigencia* de la democracia es tal, que nadie se atreve a repudiarla o discrepar de ella. No alcanza a tanto mi optimismo. Si la democracia tuviese tan enérgica vigencia, más bien se callaría su nombre: no sería menester proclamarla, se la daría por sabida y supuesta. Pienso que más bien se trata de un *tabú* -fenómeno bien distinto de la vigencia, más relacionado con la magia que con el pensamiento político-. Aunque no siempre, el *tabú* se presenta como algo prohibitivo, negativo; con frecuencia, se trata de una mera fórmula con la que se salva algo impropio o impuro -algo no muy distinto de la expresión popular "con perdón"- que sigue a ciertos nombres que se consideran poco decentes o dignos. Una vez hecha la mención ritual de la democracia, se puede pasar a cualquier cosa que nada tenga que ver con ella -o que consista en su formal negación, como el partido único, expresión tan contradictoria que sería graciosa si no fuera porque siempre acarrea graves desgracias.

3. La democracia afecta primariamente y por lo pronto a la soberanía. Cuando la soberanía recae en el pueblo, es decir, el poder supremo le pertenece *y tiene medios legales de ejercerlo,* entonces hay democracia. ¿Es esto claro? No suficiente, porque habría que precisar qué es el *pueblo,* ese *demos* del nombre griego "democracia". Ocurre lo mismo que con la palabra "autodeterminación"; pase que sepamos qué es determinación, pero lo

problemático es en cada caso el "auto", el *autós* o "mismo" que se determina. Sobre esto será menester pensar con algún rigor, si queremos llegar a alguna parte habitable.

4. Pero, una vez aclarada esa cuestión capital, quedan otras. Hay que afirmar enérgicamente que *la democracia no es una solución*. Se difunde intencionadamente esa idea para que la decepción sea inevitable y arrastre consigo a la fe en la democracia. Cuando la democracia sea establecida, se verá que los problemas no quedan resueltos. ¡Naturalmente! Pero si se espera de ella una solución, acaso mágica, la desilusión, la impresión de fracaso, serán inmediatas. Que es lo que se trata de demostrar.

5. La democracia es un *método* para plantear los problemas políticos. He dicho "plantear", y no resolver, porque no es seguro que muchos problemas tengan solución -podría enumerar unos cuantos que desde luego no la tienen, pero no es útil desanimar desde el principio-. Cuando un problema se plantea bien, se está en camino de resolverlo, o en todo caso se ha conseguido acercarse a una solución, o por lo menos mostrar que no la tiene, con lo cual no se pierde tiempo en buscarla y se procura convivir con él, como se lleva una enfermedad crónica o el envejecimiento.

6. Pero esto quiere decir que la democracia puede ser buena o mala, es decir, se la puede usar bien o mal, inteligente o torpemente, con generosidad o mezquindad, con honestidad o corrupción. Es decir, que una vez implantada la democracia, lejos de terminar los problemas, empiezan. Lo que pasa, lo que me parece interesante, es que entonces empieza a haber problemas *políticos*. ¿Pues qué eran antes? -se dirá-. Cualquier otra cosa. En rigor, no eran problemas, porque un problema es algo que hay ahí delante de nosotros, con lo que tenemos que enfrentarnos para saber a qué atenernos y poder vivir una vida vividera.

7. Durante demasiado tiempo, en España no hemos tenido problemas políticos. Hemos tenido otras cosas: dificultades, molestias, presiones, amenazas, temores, privilegios, tentaciones. No problemas; nada que se pudiera resolver políticamente. Lo cual estaba unido, claro es, a la privación de la soberanía: por no ser los españoles dueños de su destino, no podían intentar resolver los problemas que ese destino plantea.

8. Si se mira bien, la situación que acabo de describir, más que un "régimen" es una enfermedad. No quiero decir, porque respeto a la verdad

demasiado, que en España no haya habido un régimen durante cuatro decenios, ni que no hubiese más que enfermedad. Había un régimen, quién lo duda; pero no era un régimen *político,* sino meramente de administración y gobierno. Y España no *era* una enfermedad; pero estaba afectada por una *enfermedad política,* una enfermedad precisamente "carencial", como dicen los médicos: la carencia de política.

9. Esta situación está, por desgracia, muy difundida por el mundo. Lo cual no me consuela nada: mal de muchos, consuelo de tontos. Lo grave es que aproximadamente dos tercios de los países que integran las llamadas Naciones Unidas -y seguramente me quedo corto- carecen de regíme*nes políticos* y padecen esa enfermedad carencial, que además es activamente contagiosa, ya que los que la sufren intentan inocular a los demás.

10. Repásense los esfuerzos que se están haciendo en España para que en ella llegue a haber democracia, y los que se hacen al mismo tiempo para que no llegue a haberla. Media hora de reflexión sobre esto contribuiría a que cada español aclarase sus ideas sobre punto tan importante. Ante cada propuesta política, cada decisión de gobierno, cada artículo o discurso, cada declaración, asamblea, cada alianza, cada huelga, cada amenaza, trátase de determinar si nos acerca a la democracia o nos aleja de ella o intenta dinamitarla.

11. Preguntémonos, sobre todo, si cada uno de esos actos o gestos nos aumenta el deseo de democracia o nos quita la gana de ella, nos desilusiona *a priori,* nos desalienta. Si ocurre lo segundo, sea cualquiera el pretexto, hágase en nombre de lo que sea, a lo que se va es a la destrucción de la democracia. Porque ésta no es más que un instrumento, una herramienta, un enser que hay que utilizar, del cual hay que servirse. La democracia no es algo que se declara o proclama, sino algo que se *usa.* Y que se usa todos los días, en el detalle de la vida política, hasta que se convierta en su órgano habitual, de tal manera que no haga falta ni siquiera hablar de ella, sino ejercerla como quien respira.

12. Pero he dicho de la vida *política:* ése es, en efecto, el lugar de la democracia. Hay que desconfiar de los que quieren llevar la democracia a todas partes, porque son los más profundos y sutiles antidemócratas. ¿Cómo puede ser esto? No puede estar más claro: basta con precisar en qué consiste la maniobra. Si se lleva la democracia a aquellas dimensiones y zonas de la

vida que nada tienen que ver con ella, fracasará; más aún, tendrá un efecto destructor, devastador, que engendrará el desprestigio, la hostilidad, tal vez el asco. Entonces, se volverá la espalda a la democracia, se la eliminará *de la política,* que es lo que se trataba de conseguir, lo que se ha conseguido tantas veces.

Julián Marías（朱利安·马里亚斯）

6 专著的撰写

专著指的是一部中心题目设定清楚的著作。书本长度不拘，涵盖范围大小不等，但著作专注某个问题。可以写一部有关"中世纪西班牙"的专著，也可以是有关"地中海松树生长"的书，但是它们都必须满足一系列的要求才能成为专著。这些要求可以总结如下：

1) 封闭的特点，明确限定主题。

2) 客观。科学视角，而非个人好恶。

3) 有分量。必须穷尽，或几近穷尽地从各方面讨论一个专题。

4) 采用常用的科学方法：参考书目、引言、资料索引。

5) 全面阐述题目的现状和个人的独特见解。

从以上这几点，我们可以得出一个结论，一部专著意味着要满足一系列外在的、比一篇论说文多得多的条件。为此，撰写一部专著时，必须遵循一系列的步骤：

a) 选题。应该挑选一个清晰、新颖的题目，确定什么内容与题目相关，什么无关。

b) 参考书目。我们必须了解一切已经发表过的有关我们感兴趣的题目的文献，才能知道我们是否可以贡献新知 (数据、观念、视角)，还是我们无法对已发表的学说做出新的贡献。

c) 分析。课题的现状。这就是通盘审视所有围绕这个课题已经发表的文献。从阅读按时序排列、分类的参考书目开始，我们可以看到之前的作者是否在某些具体问题上观点一致，是否忽略了其他一些问题，他们诠释问题的方法是否一致，哪些文献的观点是正确的，为什么？

d) 研究，个人科研后在资料或观点研究上所做出的贡献。在前人著作的基础上，我们在此提出个人的发现，可以是具体资料 (新的数据、文献、引言、实验、证据)，也可以是观念 (视角、方法、定义和区别、证明、修正)。

e) 数据论证。立足于已知的科学研究,试图证实我们的研究成果是有意义的贡献,只是勉强可以接受,还是值得怀疑,以及在多大程度上是如此。

f) 综述。最后,在前人研究的基础上,评估我们的贡献,特别是它在具体课题里的潜力,以及对方法论、对研究课题的意义。

7　论文的综述

在总结或综述一篇论文时,必须牢记,最重要的是突出中心思想,排除次要或者附加的概念,以突出主要观点。要做到这一点,也必须遵循一些步骤。让我们来使用阿根廷Lacau和Rossetti两位教授的方法:

1) 文本的顺序。根据出现的顺序,标明文本所罗列的事实。

2) 确定基本事实和主要人物。

3) 排除次要题目:应该把一些与主要动作平行,而无法回避的题目,和另外一些次要的、完全是附加的题目分辨开来。

4) 文本的基本顺序就是它的梗概。

5) 用自己的话语,重建文本的中心与基本成分。

让我们来综述前面引用的历史文本的第一部分:

> 　中世纪首先是一个农业时代;土地是当时生活的主角;几乎所有人类的劳作都集中在土地上,并通过他们与土地的关系——所有权与享受,建立了社会的等级制度。只有微乎其微的一小部分人——新生的商人,没有与土地有被迫的关系。然而,因为他们是少数,虽然重要,但是微乎其微,达不到人口总数的10%,他们无法改变世界被农业生产周期主宰的全景。土地主宰了绝大多数人的生活。人们日夜担忧上千种无法抵抗的对农作物和畜牧的威胁。

　1) 这是文本的顺序:

> 　首先中世纪是一个农业时代。土地是当时生活的主角。/几乎所有人类的劳作都集中在土地上。/整个社会等级结构,建立在人们与土地,拥有

与享受, 的关系之上。/ 只有微乎其微的极小一部分人, 新生的商人, 没有与土地有被迫的关系。/ 这一小部分人, 虽然重要, 但是微乎其微, 达不到人口的10%, 他们无法抹杀世界被农业生产周期主宰的全景。/ 土地主宰了绝大多数人的生活 / 人们日夜担忧上千种危险。/ 这些无法抵抗的危险窥视着农作物的收成或畜牧。

2) 我们已经在基本事实和主要人物底下划线:

中世纪是农业时代。土地是主角, 只有极少数的个人没有与土地有被迫的关系。

3) 次要的平行和附加题目。

平 行 的	附 加 的
几乎所有人类的劳作都集中在土地上。	
整个社会阶级的划分建立在这种关系之上,	围绕着土地占有与享受。
(少数的人是) 新生的商人。	
他们是极少数	虽然重要, 但是微乎其微, 只占人口的10%。
无法改变世界被农业生产周期主宰的全景。	
土地主宰了绝大多数人的生活。	全面
担忧	随时
危险	上千种
威胁	无法抗拒对农作物和畜牧

(显而易见, 平行题目极大地增强了主题, 而那些附加的成分可以轻而易举地被删除。)

4) 基本顺序讲述了文本的梗概, 这个我们已经在第2点看到。
5) 让我们用自己的话复述这个文本:

> 中世纪是一个被土地主宰的农业社会，那里只有极少数的人不受制于土地。

当然，这个复述还可以包括一些比较重要的观点，比如平行观点 (绝对不是附加观点)。复述文本可以各式各样，下面的文本可以是其中之一种：

> 中世纪是一个被土地主宰的农业社会。商人不直接依赖于土地，但他们是极少数；其余所有的人都与土地紧密相关。

8 练习：从主题思想到具体课题

从中心思想出发，研发一个课题，并撰写一篇论文。

这一章节主要指导学生怎么寻找课题，撰写论文。让我们分两部分来练习：

A. 个人论说文。挑选一个自己喜欢的题目，用西语撰写一篇小论说文。在动笔之前请先思考，写出提纲 (建议用以下的架构)：(请参照本章第四和第五节)

文章题目：

(副标题，如果需要)：

第一段/开场白：引出中心思想 (中心句子) _____

关键词：

文章内容 (论证/引申主题思想)：

论证/论据一：

论证/论据二：

论证/论据三：

结论：重申主题思想，避免重复第一段，可以指出个人分析之后得出的结论，目前还无法解决的问题，对未来的研究提出疑问或展望。

B. 专著研读：寻找一部自己感兴趣的专著，用本章指导的方法加以研读。可以是西班牙文、英文或中文的著作，可以是哲学、历史、经济、文学等等，总之是自己感兴趣的专著。然后进行下列分析：

书本标题：

著作的主要课题：

著作的次要课题：

参考书目：只要列出：书本的第_____页到_____页

再列出：2—4本最主要参考书的书名与作者：

著作的基本事实与主要人物：

找出一些基本、关键词汇 (3—6个)：

综述：用自己的话语概括综述著作的基本思想。

第十四章　语言的文学应用

1　文学文本的特点
2　文学技巧
3　分析方法
4　文学文本的创作
5　文学感悟
6　文本分析示范
7　练习

1　文学文本的特点

ROMANCE DEL DUERO

1　RÍO Duero, río Duero,
　　nadie a acompañarte baja;
　　nadie se detiene a oír
　　tu eterna estrofa de agua.

5　Indiferente o cobarde
　　la ciudad vuelve la espalda.
　　No quiere ver en tu espejo
　　su muralla desdentada.

　　Tú, viejo Duero, sonríes
10　entre tus barbas de plata,
　　moliendo con tus romances
las cosechas mal logradas.

Y entre los santos de piedra
y los álamos de magia
15　pasas llevando en tus ondas
palabras de amor, palabras.

Quién pudiera como tú,
a la vez quieto y en marcha,
cantar siempre el mismo verso
20　pero con distinta agua.

Río Duero, río Duero,
nadie a estar contigo baja,
ya nadie quiere atender

tu eterna estrofa olvidada,

25 sino los enamorados
que preguntan por sus almas

y siembran en tus espumas
palabras de amor, palabras.

Gerardo Diego (杰拉尔多·迭戈)

上面这个文本很明显地告诉我们，虽然文本使用的是西班牙语，但有一些用法已超出日常生活的范围。一般来讲，我们不会说"河流的篇章"这样的句子，也不会将"城市"这样一个没有生命的物体作为几个动词的主语，比如，"转身"(及物动词，后面跟着直接宾语"后背")，也不会用人物名词特有的形容词来修饰，比如"漠不关心"或"懦弱"。也没有人会把城市当作意愿动词querer的主语。一条河流无法微笑，也没有长鬃，不能碾磨谷物，更不可能吟唱着歌谣来碾磨谷物。那么吟唱着歌谣碾磨谷物究竟意味着什么？

这个文本里一个非生命物体伴着流水吟唱诗句，情人们把话语飘洒在浪花上，所有的语言都是日常用语，却是不同的用法。不管是母语或非母语的使用者，都不会如此使用，可见这里存在着一些特殊用法。

这些特殊用法，可以用几种方式解释，归结起来有两种：第一，它是日常用语的一个分支，我们要从异数的角度来解释；第二，它告诉我们，任何一门语言的语法都必须扩展，使得这种类型的文本得以创造。

围绕着这两个问题，是语言学对文学现象的解释，因为这个文本属于文学，使用的是文学语言。我们很难就文学的特殊定义取得一致意见。一般来讲，我们可以说文学有着美学的目的，也就是说，它在意美(还有丑)。当然，这种说法太浮泛，也就是从这里，开始了各种意见分歧。

稍微进一步讨论，毫无疑问，可以有一个共识，那就是循环重复是文学语言独特和具有区别性的特征。这是罗曼·雅可布森 (Roman Jakobson) 对霍普金斯 (Hopkins) 以及莫斯科布拉格语言学派学说的综述。他把诗歌语言定义为一系列的重复：循环就是重复。诗歌文本的作者们力图应用这种手法，使得这种诗歌形式不是停滞在文本的一小部分里，而是延伸到几个诗章，甚至整个文本。

这种循环重复可以影响文本语言的任何成分：语音、词汇、词法、句法或语义。在本章开头的文本里就有好几个例子：

语音重复：在这首诗的第一个四行诗小节里 (诗人把整首诗分成每四行为一小节)，第2和第4行以á-a结尾 (我们把这种重复称为元音韵)。这种重复是语音重复的表现；但它并不到此为止。这种语音重复在下一节诗的偶数诗行里，在下一节，在整个作品里出现：这首诗的一大特点就是所有的偶数诗行都是以元音 á-a 结尾。

形态和词汇的重复：不定代词 nadie 在第一节里反复出现，同一个位置，在第2和第3诗行的开头出现 (nadie a acompañarte baja; nadie se detiene a oír)。之后，又在第22和23诗行里出现 (nadie a estar contigo baja, ya nadie quiere atender)。在第16和28行以名词 palabras 开头和结束 ("palabras de amor, palabras" "palabras de amor, palabras") (表达和句法的重复也是语音重复)。还有一种反复比较隐晦，因为没有重复使用同样的语音元素：重复使用动词的陈述式现在时——这首诗歌的主要时态；还有另一种语音特点，就是从第10行至16行之间专门使用名词的复数形式。

句法重复：这首诗以词组或名词短语的重复开始：río Duero (语音和形态的重复，四个名词：普通+专有，普通+专有)。句法重复出现在句型结构的反复上 (虽然一些元素的排列顺序有所改变)，不定主语+变位动词+a+原形动词。第17行和第18行重复了名词+de+名词的结构。第六诗节重复了第一诗节的句法结构。诗歌的最后一行重复了第16行诗的结构 (和词汇形式)。

语义重复：整首诗贯穿重复着河流被抛弃的基本主题 (不定代词 nadie+意愿动词+动作)。另一个主题，顺便地不断重复，就是河流吟唱着水的诗行：它唱到 eterna estrofa, moliendo con sus romances, lleva palabras de amor, canta … versos, eterna estrofa。(诗歌的核心最后才出现，情人们把话语抛洒在河水里，但是这个核心打破了文本的重复，不可能自我回复。它打破了文本不断反复的主题。)

重复的手法可以变得十分复杂，但是它来自一个很简单的理念，就是成双配对：用两个可比或者并行的元素营造出重复，镶嵌进作品的情节里。(美国文学批评家 Harry Levin 认为，可比的元素在同一个句子里，并行的元素在不同的句子里。) Santos de piedra 和 álamos de magia 是可比，almas y espumas (在诗行结尾的阴性复数) 是并行，一个属于 preguntan 的句子，另一个属于 siembran 的句子。

我们刚刚对 Gerardo Diego 的诗歌进行了不完整的分析，在我们总结的所有元素里，有一些是诗人自身创造出来的，另一些属于西班牙诗歌的传统：格律、押韵、重音分布、修辞手法或传统的文学手段，其余的属于诗人的自由创造，这恰恰是它赋予了文学不可复制的独特创作行为。

到此为止我们描绘了文学作品最基本的特征。作者掌握一些艺术手法来创造他的作品，其中一些来自传统，而另一些则是他的技巧。

2 文学技巧

除了独特、不可复制的特点，一部文学作品还有另外一个属性，就是它的持久性。

为了超越时空,就必须采用一系列的手法,属于文学创作的技巧。一个艺术家,就是一个建筑师,一个言语的能工巧匠,他应该驾驭他的表达工具。

并非所有这些表达手段皆可通用,换句话说,不是所有的文学作品都使用相同的表达手法,比如格律 (诗句的音节数) 或押韵 (诗行末尾重复的音韵,从最后一个重音音节算起)。有一些手法,比如节奏 (句子里重音的分布,语音的上下起伏与停顿),适用于诗歌和散文,但是,格律和押韵只归诗歌所特有 (起码在现代西方文学流派里是如此)。另外,还有一些文学语言的特点是书面语所独有的。比如,每行诗都以大写字母开头,所以西班牙语称大写字母为"诗歌字体"(versal)。并非所有的作家都遵循这些手法,同样,他们也可以随意更改,比如用标点符号或分开单词,等等。

所有这些创作技巧都根植于一个基础,来自普通语言,再把它发扬光大。文体技巧就是普通语言升华的最佳例子,为诗歌和散文所通用。

文体技巧,传统上也被称为修辞手法或修辞格,借用普通语言,但却游离于它。这些修辞格数目庞大,因此我们只能挑选一些最基本的,以三个类型划分:思维格、言辞格和意义格 (也称比喻)。

1.思维格注重内容,通过下列的手法力图突出一部分内容:

警句 (Sentencia):短句,包含了深刻的警世或说教内容。

Las lágrimas de una mujer son más poderosas que los ríos.

谚语

感叹结语 (Epifonema):把警句放在句尾增强效果。

Oyóla el pajarillo enternecido

y a la antigua prisión volvió las alas:

¡que tanto puede una mujer que llora!

Lope de Vega

对照 (Antítesis):把两个意思对比反衬,刻画一个氛围。

Se fueron alegres, quedé triste.

悖论 (Paradoja):把两个表面上互不相容,矛盾的意思联合在一起。

Vivo sin vivir en mí

y tan alta espero,

que muero porque no muero.

Santa Teresa

夸张 (Hipérbole):夸大事实,极尽夸大以唤起读者的惊讶、害怕或笑声。

Cíclope a quien el pino más valiente,

bastón obedecía tan ligero,

y al grave peso junco tan delgado,

que un día era bastón y otro cayado.

Góngora

贡戈拉在《波吕斐摩斯和加拉特亚的寓言》中夸张独眼巨人的巨大，他说，一棵再高大的松树也只能成为他手中的拐杖，并在他的重载之下弯腰成为一株灯芯草。

拟人 (Prosopopeya)：把有生命的人类品质加到无生命或抽象的物体上，所以在寓言或者故事里，石头、河流、树木，都能开口说话。

Me fui a la costa, a ver morir **las olas** en la arena de la playa.

Unamuno

El río Duero sonríe.

G. Diego

2.言辞格从表述出发，有两个最基本的可能用法：表达的简单重复，或者只是表面重复，因为同一种表述带着多种含义。

重叠 (首语重复) (Anáfora)：在每个句子前面重叠使用字或词，这是一个增强语气的手法。

¿Qué se hizo el rey Don Juan?

Los infantes de Aragón:

¿Qué se hicieron?

¿Qué fue de tanto galán,

qué fue de tanta invención,

Como trujeron?

J. Manrique

叠语法 (Epanadiplosis)：另一种重复，在这里，一个句子以同一个词开始和结束。

Seis magníficos toros, **seis**.

Palabras de amor, **palabras**.

G. Diego

拟声法 (Onomatopeya)：复制某些物件或动物特有的发音或声音。

Cu, cu, cantaba la rana

Cu, cu, debajo del agua ...

双关 (Juego de palabras)：同一种说法，第一次根据它的词意表述一种内容，然后再转换为另一层意思。所以，同一个词汇，演绎出两种不同的词义。

Hoy **cumple trece** y merece

Antonia dos mil cumplir;

ni hubiera más que pedir

si **se quedara en sus trece**.

Lope de Vega

在这个例子里洛佩·德·维加使用了 estar en sus trece 的双重含义：quedarse para siempre en los trece años (永远停留在13岁的芳华里) 和 mantenerse en su opinión (坚持己见)。

模棱两可或直义转义兼用法 (Dilogía 或 Silepsis)：把一个词语双重意思中的一个抽取出来玩弄文字游戏。

Él era un clérigo cerbatana, **largo** sólo en el talle.

这里的 largo, 指的是长度 (longitud), 而不是慷慨大方 (larqueza)。

3. 意义格 (也称比喻) 里侧重的是语义, 但是它的特点是强加一个可能的含义, 虽然也许不被常用。也就是说, 在应用比喻时, 诗人使用某一个表述, 在几个可能的含义中, 有一个虽然在日常用语中不常用, 但是他需要使用来达到效果。如今比喻分成两种类型：隐喻和转喻。

隐喻 (Metáfora) 是通过同等替代来完成, 它避开常见的说法, 使用另一种表述, 但意义相同。纯粹的隐喻使用 "A等于B" 结构。los *dientes* son *perlas*, el *cabello* es *oro*, el *labio* es *clavel* 中 perlas、oro、clavel 这三个词可以用来代替 dientes、cabellos、labios。当贡戈拉写道：

Cuando al clavel el joven atrevido

las dos hojas le chupa carmesíes

加拉特亚的两片嘴唇被两叶康乃馨代替, 阿西斯亲吻的两叶康乃馨是仙女的玉唇。

当隐喻被不断衔接, 继续下去时, 整部作品就成了一个托寓 (alegoría), 也就是说一个连续的隐喻。

在转喻 (Metonimia) 里, A和B不是平等的关系, 一般来说是包含的关系。被包含的被用来代替包含者：部分代替了全部, 一个产品的发源地代替了产品, 或反之亦然：包装代替了内容, 工具代替了操作工具的人, 类别代替了个体。第三种可能性就是层面的改变, 抽象代替了具体, 单数代替了复数, 或者反之亦然。

以下的例子里每一个都带有转喻：

los *espadas* (=toreros) cumplieron

se bebió un *vaso* (= el contenido de un vaso) de vino

se bebió un *jerez* (=vino de Jerez)

es un *donjuán* (=un individuo caracterizado por los rasgos de este personaje)

como dice el *filósofo* (= Aristóteles, Sto. Tomas, etc.)

ganarás el *pan* (= la comida) con *el sudor de tu frente* (= tu trabajo, cuyo esfuerzo te hará sudar).

比喻可以快速切换不同层面, 让读者可以很快从新颖的角度联想不同成分。然而,它也很容易失去新鲜感,最后变成陈词滥调。

3 分析方法

文学分析方法种类繁多,可以在不同的出版物上看到有关文本的评论,语言学的,文学的,或符号学的。这里我们只是提出一些文学文本分析的指南,指出不同流派和可能,但并不需要读者具备更高深的专业知识。

毫无疑问,任何一种语言或文学研究的第一步就是阅读,认真细致的阅读之后,才可以评论。评论回答两个问题:什么与如何。有两个原则引导这个研究基础——细心阅读:

1) 面对文本。

2) 解释文本,这里引出两个基本的要求:

a) 理解和分析整个文本的内容,也就是说,抽丝剥茧般的阅读。

b) 对文本的理解应该只局限于真正出现在作品中的元素,不要自我增添那些没有出现在文本中的东西,虽然它们也许与作品有关系。作品分析的分寸极为重要。

费尔南多·拉萨罗 (Fernando Lázaro) 和埃瓦里斯托·科雷亚 (Evaristo Correa) 有关文学评论的教科书在西班牙很畅销。两位教授把解读文学文本分为六个步骤:第一步就是认真研读,努力读懂作品;在这个阶段,至关重要的是认识文本里的所有词汇成分;这是一个十分依赖字典的阶段。第二步是把作品正确归位;一部作品,不可能离开它的时代背景,作者所处的时代,他的周遭环境,他前后的作品都有助于我们了解作品诞生的时代背景以及一切相关资料。作者们总是努力使得一部作品的各个部分相互牵制,因此了解整部作品方能真正辨识各种细微的精巧。第三步是找出作品的主题;在寻找作品的中心题目时必须避免重复无用的复述,因为它们没有任何新意。作品的情节是事件,去掉一些枝节和一些小搭配,剩下的就是主题了。在主题以外,还可以进一步挖掘出作品的最终旨意,它的大主题。

前面这三个步骤既可以作为文学评论,也可以作为语言评论的出发点,因为要谈到一个文本的语言 (无论是文学或非文学) 毫无疑问,一开始都需要认真阅读,完全理解文本的词汇。另外,寻找它的时代背景和主题这两项,虽然并非不可或缺,但还是大有裨益。在文学批评中,第四步就是通过重新建构作品各个成分,确立作品的结构。为此,我们把每部作品分成一些小章节,在每个小节中寻找出它的主题或者一些帮助主题拓展的次主题。不能把文学同语言分开的一个例证,就是文本段落与句子之间的有机联系。第五步很复杂,因为涉及作品文体的分析。比如,它牵涉到形式和主题的关系。一部作品总是在寻找最合适的外在表达,它通常遵循了一个传统的修辞原则,即作品思想内容厚实的题材,其风格就比较沉重高尚,而主题不太重要的作品,文体就比较朴实或低调。如果我们把文本分析建立在语言分析之上，我们将会看到文本里的言语使用是如何改变它的结构，虚拟的东西被慢慢具体化，聚合因子慢慢向组合型演变，各种可能的理论、情景和背景，在逐渐左右一些选择。与此同时，我们还必须分辨一些语言文体的特殊手法 (语言风格) 与作者在作品中所带进的"灵感"——自己独特言语的应用 (说话的风格)。最后是第六步，总结，包含几个部分：概要，即综述前面的分析；个人的主张，即对于文本作出评判分析，作出个人的评价。

贡扎洛·索贝哈诺 (Gonzalo Sobejano) 采用了一种符号学的分析方法，很有意思，虽然他的分析焦点十分专业。

索贝哈诺指出，当一个读者阅读一个文本时，他接受了文本，感受了文本，同时也创造了文本。读者是作者发出的信息的接受者，这个信息的目的除了信息本身，还有它的形式。通过组建信息的内部关系，可以感受到文本的态度、主题、结构和语言。最后，还可以创造文本所揭示的象征本质、历史功能和诗意价值。

一位懂得分析的读者，坐在一个文学文本面前，满怀信心要研究它，必将进入三个阶段。第一阶段是接受阶段，通过三个步骤获取有关文本的信息：a) 验证作品的真实出处；b) 理解整个文本；c) 讨论作者在作品里的位置，因为作者与作品，实为一体。第二阶段是感受解读文本的阶段，这个操作包含四个方面：两个方面是通过结构和语言 (表达) 领悟作品的态度，另外两个同样也是通过结构和语言解读作品的主题 (内容)。第三阶段，也是最后的阶段，是创造阶段，对作品进行三段式评价：一、发现文本的象征内涵；二、认识作品的历史和社会意义；三、欣赏艺术家在自己艺术类别里创造出的作品的独特诗歌价值。

当西班牙在讲授文学中应用这个方法的同时，美洲也产生了相对应的批评流派。其中最具影响力的当推 M.ª H.P.M. de Lacau 和 M.V. Manacorda de Rosetti 出版的标题为 *Antología 1, 2, 3* (分别发表于 1970, 1971, 1973) 的文集。这两位批评家在阿根廷不断引领更新这一批评流派。根据这个选集第三册里的三个章节，在评论一部文学作品时，应该采用三种角度。第一个角度与该书的第一单元相关联，它允许读者通过与文本或艺术领域同期的绘画、雕塑或音乐流派，还有社会学、社会政治学，以及其他外在形式来评论文本。这里有两个原则，第一个是文学作品的结构，"一部作品是相互关联的元素或层面的总和"，第二个原则是作品"在它内在的结构里重复现实交流情景的信息"，对此我们可以称之为想象的交际情景。这本书的第一单元包括了一个"文学评论的指南"，为读者提供一个实用的框架。第二单元属于教学单元，即通过评论一些文本来教育读者如何评论。第三单元主要侧重于文学。也就是说，从不同的文学理论角度来分析文本，比如，分析故事的叙事者，外部时间和内部时间，还有一些修辞手法。

我们在本章提到的所有文学评论模式，没有任何一种会排除语言因素和文学因素交织相融的现实；这两者之间主宰着一个共同体，那就是要创造一部文学作品的热情。无处不在的语言因素，处于文本的次要层次，因为作品最重要的目的是美感，而不只是语言。人们需要验证、分析或评价文学作品中的美。

4　文学文本的创作

不同于一个科学文本，不管是科技的或是人文的，创作一个文学文本不仅需要技巧 (我们在上面几页已经归纳了)，还需要一些特殊的条件，比如可以称之为"根据美学要求创造一个得体的文本的能力"。这一能力并非人人拥有。

鉴于这个道理，有相当一部分的教授不太愿意在授课时花很多时间让学生从事文学作品的创作。当然，这是一种极端的态度。在这种情况下，正如在其他类似的情况下，教授要根据他本人的能力和他课程的设置，决定是否他所教的学生能够从文学创作中有所获益。这里有必要指出，一开始要避免太难的练习，应该让学生循序渐进，慢慢从事各种文本写作：

描写。

故事或叙事。

人物或形象塑造。

短篇小说。

诗歌。

文学创作可能会吸引那些语言学者或学生。每一群学生当中总会有一些人多多少少会从事文学创作，一般来讲是母语使用者。在语言学习过程中分析文学创作的问题，毫无疑问，将会大大提高学生的学习兴趣。

5　文学感悟

学会感受一部文学作品的内在价值是需要学习的，因为它会使你变得丰富。同时，就像教授兼诗人卡洛斯·布索诺 (Carlos Bosouño) 指出的一样，这种感悟还应该使用得当：比如不能用诗句撰写数学教科书，至少通常不能。能够理解和感悟文学作品代表着一个人的成长，一种个人与社会的进步。一个人应该有阅读的习惯，不是把它当作一个被迫完成的课业，而是作为一种自我提升的途径，一种真正令人心智成长的有效办法。所以，当我们在学习过程中挑选文本时必须十分谨慎，了解文本所采用的语言和表达手法，方能真正享受作品的精髓。文学作品虽然纯属人为创筑，却是最饱含人性真知的产物。一堂西班牙语的语言或者研讨课都应该致力于解密文本人性真髓的教学目的,通过阅读练习和文本评论唤起学生对阅读的热爱。阅读文本应该是短小有趣,适合每一个人的口味,换句话说,就是要允许自由选择。失去这种文学感悟能力的培养等于是精神上的慢性自杀。

6　文本分析示范

到目前为止,我们已经进行了一系列的练习,现在终于归结到这个更复杂更广泛的练习——文学文本的批评。因为文学创作使用的语言和特有的内涵,文学信息需要一番认真的思考来探讨它所囊括的范围和深度。

文本A

我们先从下面这个文本开始,这是一首西班牙的谣曲 (romance)。

> Triste yo que vivo en Burgos
>
> ciego de llorar desdichas,
>
> sin saber cuándo el sol sale,
>
> ni si la noche es venida,
>
> si no es que con gran rigor
>
> doña Lambra mi enemiga
>
> cada día que amanece
>
> hace que mi mal reviva:
>
> pues porque mis hijos llore
>
> y los cuente cada día,
>
> sus hombres a mis ventanas
>
> las siete piedras me tiran.

外部资料: 在研究一部作品时,我们必须首先熟悉它的背景资料,这样,我们才能真正理解作者写作的动机和作品的内容。收集资料,可以采用下列的方式:

第一步就是收集书目参考资料,文本所在的作品的资料卡。

下一步就是收集有关作者的时代背景,他的生平、所属的文学流派,等等的相关资料,以便更好地理解作品的内容。

第三步就是尽可能收集所有与作品及其内容相关的资料。

我们按照这些步骤来分析上面的诗歌文本,就有下列的成果:

1. 歌谣收集在已故大师拉蒙・梅嫩德斯・皮达尔 (Ramón Menéndez Pidal) 的著作 *Flor Nueva de Romances Viejos* 里。

Ficha de la Obra

Autor: Anónimo - Recopila Menéndez Pidal

Título: Flor Nueva de Romances Viejos

Edición decimonovena: "Austral" Espasa Calpe, S. A. Madrid.

Fecha: 1.ª edición 1938 – 19.ª edición 1973.

2. 作者: 无名氏。

年代: 最早的谣曲出现在14世纪, 但是到了15世纪这个诗体才广泛流传。这是一种特别的诗歌体裁, 很多来源于史诗, 讲述历史题材的故事。

3. 信息资料: 史诗《拉腊的七个王子》原作早已失传, 但是坊间还在流传他们的故事, 其中就有谣曲。因为这些谣曲, 我们知道七个王子被他们的叔叔 Rui Velázquez 背叛。因为他要为他太太唐娜·兰布拉 (doña Lambra) 蒙受的羞辱报仇。在这场叛逆中, 七个王子和他们的太师 Nuño Salido 一起被杀, 八颗脑袋被带到科尔多瓦城。王子的父亲贡萨洛·古斯蒂奥斯 (Gonzalo Gustios) 被 Armandor 囚禁在那里。贡萨洛·古斯蒂奥斯和摩尔人国王的一个妹妹结婚养育的儿子叫 Mudarra González, 他将来会为他们兄弟复仇。

带着这些有关文本的资料, 现在可以对文本开始进行分析。

作品研究

1. 精读, 理解所有的词汇。

2. 主题: 贡萨洛·古斯蒂奥斯的痛苦。

3. 内容的结构: 主要结构为:

a) 贡萨洛·古斯蒂奥斯的巨大悲伤。他住在布尔戈斯, 失去了时间的概念。

b) 因为唐娜·兰布拉给他增加的折磨。她指使人每天向他的窗户丢七块石头来提醒他死去的七个儿子。

顺序: 显示作者的行动或思想是否依据一个线性顺序:

描述贡萨洛·古斯蒂奥斯的心情。因为唐娜·兰布拉指使的行为而更为沮丧。

主题: 总结作者意图的中心思想:

这里讲述了唐娜·兰布拉的残忍所引起的一系列不幸。

文学评论

文学评论要注重作品的结构和对它的评价。它要求我们把所有的分析能力都应用于此, 在把作品内部的各种不同因素连接起来时, 应当注意以下这几点:

a) 作品里的作者。作者在作品里以特定的方式出现,他采取一种态度让作品传达他的旨意。它可以是一个全能的作者,对所有主人公发生的事情了如指掌,也可以作为第一人称、第二人称或第三人称出现。他可以在叙述时加以评论,或旁白,或沉默来传达他的旨意。

b) 作品里的读者。有时候作者直接面对读者,让读者以直接的方式在作品中参与他的信息,但在另外的情况下,他只是通过一些手法让读者觉得自己置身于作品中。

c) 被刻画的现实。这是一个作者创造出来的世界。通过它,读者可以从作者描述的事实和人物感受他的情感。这一点和a、b相联系。

文学修辞手法。这里我们研究作者在建构他的作品时所采用的文学手法。

所以我们应该注意文本的外在分布 (章节、场景和诗节,等等)。

结构和顺序。

创作方式 (或文学模式)。

语言:类别和水平、形态学、句法、词汇,等等。

现在可以应用上面的构架来分析这首谣曲。

作品里的作者。作品是以第一人称叙述的,也就是说,是以自传体的方式。如此一来,更是哀怨,因为这是作者直接向读者倾诉他的忧伤。这里面有一个"我"叙述者和"你"倾听者之间的紧密关系。当这个"我"直接向"你"倾诉自己的不幸时,这种感情相通,心理效果,达到极点,因为一个人描述第三者的不幸与当事人亲口向你讲述他亲身遭遇的痛苦时,效果完全不同。

作品里的读者。有时候作者会直接与读者或者听众交流,但是在这里没有任何暗示读者的地方。然而,他有另一种方式来唤起听众的注意,请别忘记这首歌是以吟唱的方式传播的,那就是谣曲中的时态。我们可以看到行动的现在时态令这首歌谣显得更接近现实,更能在读者当中引起深远回响。叙述一件发生在过去的痛苦事件和叙述一个痛苦的、目前还在持续的场景,效果完全不一样。所以这种以时态手法吸引听众和以第一人称叙事是紧密相连的。

被刻画的现实。这是痛苦与残忍的现实。这种现实的具体因素成分为:父亲,遭人背叛,七个儿子被杀,父亲的痛苦仍然在持续。地点,故事发生的地方:布尔戈斯城,这里同时居住着唐娜·兰布拉,背叛的肇事者。

事实。父亲被痛苦折磨得失去了时间的概念,但是因为唐娜·兰布拉的残忍,每天向他丢掷的七块石头,让他重新与现实时间相碰撞。作者的目的,是让我们看到两位截然不同的人物:一位是主人公和叙述者,贡萨洛·古斯蒂奥斯,因为他的不幸我们对他充满同情和好感,另一位是唐娜·兰布拉,因为她的残忍,我们很快对她充满反感和憎恨。

叙事技巧。从作品的外部分布来看,这是一个诗歌文本,它没有采用带着固定诗行的诗节。这种文本可以称为系列诗,在这里就是谣曲。

——结构我们已经看到，还有叙事顺序。

——主要模式就是带着一些描写细节的叙述。

<u>语言</u>。这首谣曲的语言布局十分重要。比单词本身更重要的是词汇的分布和文本的句法结构。主句没有动词，是 triste yo，而其他的句子全部是解释性或情景补充。这就意味着，整首谣曲是围绕着这个短句伸展的，同时，"悲哀"的含义一直到诗的结尾方才呈现出来：

> Pues porque mis hijos llore
>
> Y los cuente cada día,
>
> *Sus hombres a mis ventanas*
>
> *Las siete piedras me tiran.*

这里逻辑的顺序被改变，因为景况补语 "porque mis hijos llore y los cuente cada día"（因为我的儿子而痛哭，每天都在细数他们）被放在它从属的主句前面。这种安排令我们一直屏息等待，同时他向我们娓娓道来，所以当最后披露"悲哀"的原因时，我们受到极大的震撼。

这首谣曲没有使用特别的修辞手法，除了一些句法上的调整。

<u>作品评价</u>。这首谣曲再现了一种人类的情感，丧子的悲哀和每天被肇事者刺激的痛苦。

这篇歌谣极尽悲哀，它的自传体，以及使用现在时的叙述，还有它的语言结构，最后才演绎的"悲哀"的含义，都令我们保持自始至终的注意和兴趣。用这些简单的手法，作者让他的读者或听众感受到他的痛苦。

文本B

到目前为止，我们只有一个诗歌文本评论的梗概。现在我们要增加一些有关散文或者叙事文的内容，提示评论此类文本应该注意的事项。

<u>叙事者</u>。在叙事小说里现实世界通过一个人叙述所发生的一切再现于我们面前，这位担任叙事的人被称为叙事者。

叙事者可以是一位事件的外在观察者，他有时甚至能进入人物的内心世界，在这种情况下，他就是一位全能的叙事者。这种特点的叙事者讲述的故事属于<u>第三人称</u>的故事。

El borracho sintió en los ojos la claridad viva y desvergonzada de un ángulo de luz que brotaba de la linterna de Pepe, su buen amigo. El sereno, aquel Pepe, conoció a don Santos y se acercó sin acelerar el paso.

Clarín（格拉林）

其他情况下，叙事者置身于故事情节中。所有发生的事件被这位主人公自己细述，这就是第一人称的叙述。

> Emergí a una suerte de plazoleta, mejor dicho, de patio. Lo rodeaba un solo edificio de forma irregular y altura variable; a ese edificio heterogéneo pertenecían las diversas cúpulas y columnas. Antes que ningún otro rasgo de ese monumento increíble, me suspendió lo antiquísimo de su fábrica. Sentí que era anterior a los hombres, anterior a la tierra.
>
> *Borges*（博尔赫斯）

最后我们还要指出第二人称的叙述。在这个故事里，叙述者有可能置身在故事情节之中，他用"你"来叙事，但同时他把自己等同于"你"。

> Ahora vas deprisa. No te fijas en que hay un cacho de sol y huele un poquito, como un breve oasis en el olor de motores, a tierra mojada. Ni en la morena –¿la misma?– que pasa lenta y sin prisa. Tú la tienes y casi corres, y subes corriendo la escalera, y entras en tu cárcel de a diario -nueve a dos, cuatro a siete- con premura acezante.

在叙事里情节总是发生在某一个时间里，现在我们来研究叙事的时间。

当我们讲述一件事时，我们可以按真实时间的顺序讲述；比如：

我下午3：00离开家，在门口和一个走进门的人突然相撞。我去上课，在那里发现我的胳膊很痛。

这些事件的顺序为A-B-C。

但是这个根据真实事件时间顺序的叙述也可以改变。比如也可以如此叙述：

今天上课时我突然感觉胳膊痛；我想起来了，下午3：00离开家时我和一个进门的人猛然相撞。

事件的顺序为C-A-B。

常常这种顺序的改变并非一时任性。在叙事中这些事实经常会推动剧情进入高潮，最后终结在故事的结尾。把一个事件从真实时间里抽取出来，意味着要人们特别关注这件事。所以在我们上面的第二种叙事里，胳膊痛已经不是相撞之后的自然结果，而是让我们马上注意到这件事，因为这个痛突然出现，事前没有任何解释。

我们现在来看看叙事的时间应用。请看这个文本：

> ... Se recordó por menudo aquella tarde de la cogida de Cunill II, hacía cosa de tres años.
>
> Con la novillada de Cunill II se inauguró la Feria de 1935. Luego habría dos corridas grandes y una charlotada. Compartieron el programa con Cunill II otros dos que ahora no recuerdo.
>
> Fue una de esas novilladas que no acaban nunca, con toros mansurrones y espantadizos y toreros aflojados y dengues. Nada alarga tanto una tarde como una mala novillada. Se mira al cielo, se remueve uno sobre la piedra, se charla, se fuma, y apenas queda esperanza de que alguien pueda concluir matando tanto toro.
>
> La muerte del novillero ocurrió en los dos últimos minutos de la corrida, cuando se tiró a matar -por fin- el último toro. ¿Qué sucedió de verdad en ese momento? No había dos versiones iguales. Que se escurrió. Que se le torció un pie. Que le dio un mareo en el crítico instante ... etcétera. Lo cierto es que cayó de bruces sobre el toro, con la espada desviada, antes que el bicho se llegara a él.
>
> *F. García Pavón*（加西亚·帕文）

让我们来看看叙事基本框架的核心：

A) 回忆库尼尔二世被斗牛顶伤。

B) 库尼尔斗小牛揭开了节日的序幕。

C) 斗小牛出事了。

D) 库尼尔被小牛顶伤，去世。

在真实的时间里事件是按照这个顺序的：B-C-D-A

为什么改变这个顺序？恰恰就是因为这里最有趣的不是节日，也不是斗小牛，而是在这个斗牛中发生的牛撞人事件。我们可以看到，在这个属于D的小段落里，在叙述牛撞人之前，死亡已经展示在读者面前。故事叙述者不在乎一系列导向结果的事件，也不在乎要如何慢慢唤起读者对斗牛事件的兴趣。不，他从一开始就要读者把注意力集中在一个焦点上，一个他认为最重要的焦点，然后再慢慢道出细节和一切相关的事实。

7　练习

A. 我们挑选一首西班牙谣曲来做分析练习，希望大家仔细阅读完这个文本后回答以下的问题。

1. 请做出一张小卡片，上面列出这首诗歌的作者、年代，还有 el día San Juan 的意思。可上网查询。

2. 这首诗的韵律规则，多少音节，什么尾韵，什么诗行押韵？

3. 西班牙的传统歌谣都有什么特点，在这首诗上能够找出什么例子？这首短诗是怎么开头，怎么结束的？这和歌谣的来源有什么关系？可上网查询。

4. 请找出这首诗歌的一些修辞手法，比如，比喻、对比、平行比喻、夸张，等等。

5. 作为一首歌谣，它的音乐性表现在哪里？为什么诗歌包含对话，这对整首诗起了什么作用？

6. 这首诗的主题是什么？在语言和词汇的技法上有什么特征与主题相关？

7. 我们中华文化是否也有类似的歌谣，请举例。有何相同，有何不同？

8. 这首歌谣的故事情节会让中文读者想起梁山伯与祝英台的故事，能否对两个故事情节和描写做一番比较？从中看出两种文化的不同。

Romance del Conde Niño

Anónimo español (Siglos XV-XVI)

Conde Niño por amores

es niño y pasó a la mar

va a dar agua a su caballo

la mañana de San Juan.

Mientras su caballo bebe,

él canta dulce cantar:

todas las aves del cielo

se paraban a escuchar.

La reina estaba labrando,

la hija durmiendo está:

－ levantáos Albaniña,

de vuestro dulce folgar,

sentiréis cantar hermoso

la sirenita del mar,

— No es la sirenita, madre,

la de tan bello cantar,

sino es el Conde Niño

que por mi quiere finar.

— Si por tus amores pena,

¡oh, mal haya su cantar!

y porque nunca los goce,

yo le mandaré matar.

— Si le manda matar madre,

juntos nos han de enterrar.

El murió a la medianoche,

ella a los gallos cantar;

a ella, como hija de reyes,

la entierran en el altar;

a él, como hijo de conde

unos pasos más atrás.

De ella nació una rosal blanco,

de él nació un espino albar;

crece el uno, crece el otro,

los dos se van a juntar.

La reina llena de envidia

ambos los mandó cortar;

el galán que los cortaba

no cesaba de llorar.

De ella naciera una garza

de él un fuerte gavilán,

juntos vuelan por el cielo,

juntos vuelan par a par.

B. 请各位同学找出自己所喜欢的一篇短篇小说，用本章中所学习到的分析技巧来加以评论。

请按此结构分析：

1.作品的基本信息：作者、年代、风格，作者的其他代表作和写作风格。

2.作品的叙事者是第几人称？叙事风格？作品里有几位叙事者 (narrador)，几位读者 (lector) 或接收者。

3.作品的结构是线条式，循序渐进，还是有跳跃、穿插或倒叙？

4.作品的句法和词法有什么特点，这与作品的主题有何相关？

5.作品采用什么修辞手法？有何效果？请解释。

第十五章　各种层次的语言应用

1　口说交际行为里的不同情境
2　语言应用中的社会文化层次
3　文本向口说语的转换
4　谚语
5　语言错误的讨论与分析
6　口说语练习

1　口说交际行为里的不同情境

语言最主要的表达方式——毫无疑问，是口语或口说语，因为它主宰了我们的日常交流。人类发明新的媒介来记录下口说语 (录音机)，传达这些话语 (广播和电视) 或者分析这些话语 (实验语音学)，尤其是计算机的应用可以把声音和文本互相转换，网络的普及，等等，使得口说语得以进入某些原本只属于书面语言的交流领域：各种类型的行政报告录音，通过视频或者其他媒介的远程人际对话，(从太空传送过来的) 科学报告，以及不可胜数的各种方式。人类拥有了足够的计算能力来改变人与人之间以及和工业之间的关系。从学校到商业，拜赐网络，往往并不需要通过书面语言，人们就可以拥有直接的交流。我们经常可以听到这样的提示："这个对话将会被录音"，等等类似的情形。由此可见，我们越来越需要好好掌握口说语言。这种口说语言可以分为几种类型和层次。

实际上，如今已经是不可能把口说语言和书面语言截然分开，因为书面语言 (现在包括自动系统，不只是人类的文字) 可以把任何一种口语编码，同时，也可能反过来把任何一个书面语言以口说形式表达出来。我们应该讨论的，是什么形式<u>占优势</u>，而不是哪一方排斥另一方。布宜诺斯艾利斯的教授们Lacau和Rossetti确立了如下这些不同类型的语言关系和它们的口说语和书面语：

<u>主动型</u>：

口说语：演讲、布道、对话。

口说语和书面语：广告。

书面语：新闻。

<u>表达型</u>：

口说语：对话。

书面语：文学作品、家信。

<u>讨论型</u>：

口说语：授课、演讲、辩论。

书面语：报告、专著、研究论文、杂文。

在这个章节里，我们尽量把讨论局限在极为家常的对话、家常对话和各种表达的基本层面里。

正像我们刚刚看到的一样，日常对话是一种口述表达，隶属于表达型和主动型。许多文学作者 (<u>表达型</u>)，经常引用对话，使得作品充满生机。这种手法是<u>现实主义流派</u>的一大特点。在西班牙文学里，拉斐尔·桑切斯·费洛西奥 (Rafael Sánchez Ferlosio) 的小说《哈拉马河》(El Jarama) 是借助口语作为小说基本成分的一大典范。小说情节十分简单：一群马德里的年轻工人，男男女女，在节假日去哈拉马河游泳。这些年轻人之间，还有当地居民之间的对话构成了这本小说的基本内容。作者力图再现当时的对话情景。从我们下面引用的这段话里可以看出作者只是尽可能使用简短的旁注，再现小说人物的对话情景。作为文学手法，这是<u>对话</u>，我们下一章会进一步讨论。作为语言的应用，这是<u>口说语</u>：

– Aquí entre estos cuatro troncos nos sentábamos el año pasado.

– De hierba no es que haya mucha, la verdad.

– El ganado se la come.

– Y los zapatos de la gente.

Allí mismo extendieron el albornoz de Santos, de color negro, entre dos árboles, y Mely se instalaba la primera, sin esperar a nadie.

– Parece un gato, Mely -le decían-; ¡qué bien te sabes coger el mejor sitio! Lo mismo que los gatos.

– A las demás que nos parta un rayo. Deja un huequito siquiera.

– Bueno, hija; si queréis me levanto, ya está.

Se incorporó de nuevo y se marchaba.

– Tampoco es para picarse, mujer. Ven acá, vuelve a sentarte como estabas, no seas chinche.

No hacía caso y se fue entre los troncos.

– ¿Has visto? ¿Qué le habrán dicho para ponerse así?

– Dejarla ella. La que se pica, ajos come.

Daniel se había alejado y estaba inspeccionando la corteza de un tronco. Mely llegó junto a él.

– ¿Qué es lo que buscas?

Levantó la cabeza sorprendido:

– ¿Eh? Nada.

Amelia sonreía:

– Hijo, no te pongas violento. ¿No lo puedo ver yo?

– Déjame, anda; cosas mías.

Tapaba el tronco con la espalda.

– Ay qué antipático, chico! -reía Mely-. Conque secreto, ¿eh? Pues te fastidias, porque me tengo que enterar.

– No seas pesada.

Mely buscaba entre las letras, por ambos lados de Daniel,

– ¿Te apuestas algo a que lo encuentro?

Pero ¡cuidado que eres meticona!

– ¡Cómo estáis todos, hoy, qué barbaridad!

前面这个文本再现了一场平常的对话。有一些措辞让它非常接近俚俗对话 (nos parta un rayo, picarse, chinche, meticona)，但是绝对不能把它完全归纳为俚俗用语。相反地，文学手法体现在故事叙述者对时态的应用 (简单过去时和过去未完成时)，以及可能在对一些词语的选择上 (inspeccionando, violento)。这段普通对话跃然纸上，最大的特点，就是它的自然流畅。

此外，我们还应该看到呈现在对话之间积极与主动的语言特点：大量的疑问句和感叹句、一些昵语 (huequito, 请注意这里没有使用较正确的用法，huequecito)，还有规劝语 (带原形动词的 dejarla ella, 正确的用法应该是 dejadla, 而且没有必要增加 ella 这个多余的重复，至少如果前面加个前置词 a，也使得这个句子比较能够被规范语法接受)。

《哈拉马河》里各种人物的社会背景决定了这部作品的口语显得不规范，比较接近俚俗 (大量偏离规范的用法)。

前面这个文本记录的是年轻人之间的对话,现在我们来看一段上年纪的老人之间的对话。这个场景来自米格尔·米赫拉 (Miguel Mihura) 的喜剧《马里贝尔和陌生的家庭》(Maribel y la extraña familia)。对话里的两位主人公是上了年纪的老太太,大概70岁左右,穿着整齐,生活舒适 (与前面那些比较平民的对话者不一样)。

作品基本信息:这个喜剧的前两幕发生在马德里的一个家庭里,第三幕发生在昆卡 (Cuenca) 省里的一个小村庄。故事的场景是这样:唐娜·玛蒂尔德和她近40岁的儿子马塞利诺住在马德里的唐娜·葆拉的家里,她是唐娜·马蒂尔德的姐姐。现在这两个女人正在收拾家里,准备接待玛丽贝尔。马塞利诺要把她带来家里,让他的妈妈和阿姨认识,因为他准备和这位姑娘结婚。(我们引用文本的故事就是发生在客人到来之前。) 接下来玛丽贝尔 (这位姑娘的生活方式不太能登上台面) 到了这家里,见到两位老妇人,不明白发生了什么事,也不知道马塞利诺准备与她结婚的打算,因为她只是想来这里玩耍,快乐一会儿。玛丽贝尔的世界和马赛利诺的世界发生了冲突,这个矛盾最后得到解决,喜剧结尾皆大欢喜。

在对话的括号里,作者做了旁注,这是戏剧的一个特点,比如"退场" (hacer mutis) 这个词。

下面这场对话的前一幕是主人送一对来访的夫妻到门口。

(*Doña Paula* les ha ido acompañando hasta la puerta de salida, por donde hacen mutis *Doña Vicenta* y *Don Fernando*. Cierra la puerta y vuelve con su hermana.)

Doña Paula. – Muy simpáticos, ¿verdad?

Doña Matilde. – Mucho. Muy amables.

Doña Paula. – Una gente muy atenta.

Doña Matilde. – ¿Y quiénes son?

Doña Paula. – Ah, no lo sé... Yo les pago cincuenta pesetas para que vengan de visita dos veces por semana,

Doña Matilde. – No está mal el precio. Es económico.

Doña Paula. – A veinticinco pesetas la media hora ... Pero te da mejor resultado que las visitas de verdad, que no hay quien las aguante y que en seguida te dicen que les duele una cosa o la otra ... Estos vienen, se quedan callados, y durante media hora puedes contarles todos tus problemas, sin que ellos se permitan contarte los suyos, que no te importan un pimiento ...

Doña Matilde. – Viviendo sola, como vives, es lo mejor que puedes hacer ...

Doña Paula. – Y el día de mi santo, les pago una tarifa doble; pero tienen la obligación de traerme una tarta y venir acompañados de un niño vestido de marinero, que siempre hace mono ... ¿No crees? (*Doña Matilde,* que se ha sentado en una silla junto a la mesa, se queda callada y pensativa.) ¿Por qué te callas? ¿En qué piensas? ...

Doña Matilde. – No. No pensaba en nada. Pero yo creo que debíamos ir preparando las cosas ...

Doña Paula. – ¿Qué cosas?

Doña Matilde. – El niño no tardará en venir, ¡y si a lo mejor viene con ella!

Doña Paula. – ¡Es verdad! ¡Mira que si a lo mejor viene con ella! ¿Qué tenemos que hacer?

Doña Matilde. (Haciendo lo que dice.) – Ante todo, subir un poco las persianas del mirador para que entre más luz. Esto está un poco oscuro, y si ella viene y ve todo tan triste ...

Doña Paula. – Me parece muy bien ... Son cerca de las siete y el calor va pasando ya ...

Doña Matilde. (Que está junto a la cotorra.) – ¿Y la cotorra, Paula?

Doña Paula . – ¿Qué hay de la cotorra?

Doña Matilde. – ¡Si a ella no le gustase!

Doña Paula. – ¿Por qué no iba a gustarle? Es verde y tiene plumas! Y a mí me acompaña.

Doña Matilde. – Pero una cotorra da vejez a una casa. Y las chicas modernas prefieren los perros, que son alegres y dan saltos.

Doña Paula. (Que ha ido, conmovida, junto a su cotorra.) Todo te lo consiento menos que me quites la cotorra ... Eso no, Matilde.

Doña Matilde. – Bueno. Como tú quieras ... Mandaste a la asistenta que subiese ginebra?

Doña Paula. – Sí, ya está todo preparado en la cocina para hacer *el gin-fizz.*

Doña Matilde. – ¿Y los ceniceros? ¿Los buscaste?

Doña Paula. (Saca del cajón de un mueble unos ceniceros.) – Sí. Aquí los tengo para repartirlos por las mesas.

Doña Matilde. – Pues ya podemos ir haciéndolo, porque el niño me ha dicho que ella fuma muchísimo ...

这段对话的语言特点是日常对话特有的主动型与表达型。对话的句子简短，感叹句和疑问句声调的变化节省了很多不需要的台词。声调的起伏告诉我们许多无声的信息。我们可以看到唐娜·玛蒂尔德在想什么。唐娜·葆拉刚开始不知道她姐姐在想什么，一直到这位说："孩子快到家了。也许他要和那女孩一起回来。"这就够了，唐娜·葆拉不需要知道更多，最后这句话已经告诉她要马上行动，一切准备就绪。

我们还应该注意口语这些特有的特点：

Doña Paula. — ¿Qué hay de la cotorra?

Doña Matilde. — ¡Si a ella no le gustase!

奇怪的是这个问题没有答案，而另一位表达的担忧和怀疑就足够让唐娜·葆拉知道没有讲出口的话。

所有这些特点使得这场对话轻巧、明快，非常接近生活。阅读这段对话我们只会碰到一个字需要揣摩，那就是作者使用的 gin-fizz。这是一种杜松子酒，加上柠檬汁，或者还可以加上糖或者冰块，20世纪50年代曾风靡一时。要一杯这种酒意味着对当时喝酒的时尚有所了解。这个手法可以说明作者是为了突出描写这些奇怪的人物。这些人可以"出世"(选择自己奇特的生活方式)，也可以"入世"(跟着时尚喝酒)。

作品的词汇选择也十分完美，没有任何突兀，不协调。再也没有比费洛西奥让《哈拉马河》里的人物所说的俚语更恰到好处的，真是一分不多，一分不少，如此适合人物的身份。搬上舞台的家庭对话是如此逼真、形象。如果我们再次仔细阅读，就会发现，引起我们注意的，是对话的情景，而不是语言本身，因为语言恰到好处，甚至让我们忘记了它的存在。这里语言没有阻碍情节的发展。

一般来讲，当一个题目的论证、表述和讨论的语言，带着科学的成分，并且希望说服对方时，它会遵循一定的规范，因为它希望在听众那里产生一定的效果。此外，有一点我们不应该忘记，那就是语言的说服性，正如广告语言：它"不尊重听众"，只想吸引听众。它不在乎文本和观点的连贯性，只想获得一些实用效果。作为听众，我们必须懂得分辨，一种论证，究竟是因为它表述的内容说服了我们，还是因为它表述的方式吸引了我们？

口说语一般应用在对话中，有时会出现一些其他的特征，正如我们上面看到的，但是在正式报告中语言的主要特征是其正式性。在那里口说语被正式地应用，它自动遵循语言规范或者书面语言的特质。

阐述一个题目必须做准备工作，必须包括以下这几点：

a) 限制题目的范围。不应该无限扩大题目，而是应该明了有多少时间可支配，根据这个时间组织题目，不让报告延时或短缺。因此必须远离太浮泛的题目，否则会偏离主题，达不到具体的效果。

b) 对主题进行研究。我们必须就课题进行大量研究，参考所有的资料，从最一般的百科全书到最具体的专著(有关一个具体问题的著作)。

c) 提纲。当我们确定将要探讨的问题，并收集所有资料之后，现在就必须来组织。

因此,我们必须有最基本的观点和一些辅助观点,不要以为辅助的观点都是皮毛。相反,这些辅助想法会使得报告层次丰富,让听众不会只专注在一个主题上,最后感到厌倦,甚至无聊。辅助观点可以帮助听众慢慢吸收报告所要传达的主要信息。

d) 书写题目 (书面或非书面)。

e) 完成报告。

这最后的一部分,报告本身,根据修辞专家们对口说语的研究,可以分成几个部分:

1.开场白。演讲者自我介绍。传统来讲,这是 *captatio benevolentiae* (博取良好的第一印象) 的时刻,即演说家希望赢得听众的好感。当演说家采取这种态度时,一般他们都会采取谦恭的态度,力图赢得听众的好感。现在,随着社会和人际关系的变化,有时候也会带来另一种可能,就是挑战型态度。演说家站在观众的对立面,甚至有时挑衅听众。这是另一种方式的接近,即寻求观众的注意力。

2. 提出命题。演讲者提出并论证报告的主题。我们要记得,在演讲里我们要说服听众接受我们的观点,必须让听众愿意从心理上接受听到的观点。这个过程需要一段时间,正好是演讲所能支配的时间。

3. 阐述命题。这是论文的要点。演讲者应该就他提出的命题,进一步阐述,注意听众的反应,来随时调整演讲的部分内容。

4. 辩论。这是讨论。这种辩论可以是真实存在,也可以是杜撰出来的。演讲者可以允许别人提出不同意见,或者他本人可以制造出一系列的反驳理由,来反驳他刚提出的观点。

5. 反驳。根据第四点中可能出现的两种情况,演讲者反驳与他命题相反的不同意见,或者是他自己杜撰出来的反面意见。

6.结论。归纳总结,有时候评论自己的观点,希望听众能够听懂演讲的核心部分。

前面总结的这几点属于正式演讲的必备成分。然而,在有些情况下,其中的很多点可以省略,甚至可以减缩到只有中心意思这一点。我们引用了著名航海家楚鲁卡 (Churruca) 在特拉法加海战前夜的演讲。佩雷斯·加尔多斯 (Pérez Galdós) 在《国家故事》(*Episodio Nacional*) 里记载了这个演说:

> – ¡Hijos míos: en nombre de Dios, prometo la bienaventuranza al que muera cumpliendo con sus deberes! Si alguno faltase a ello, le haré fusilar inmediatamente. Y si escapase a mis miradas o a los valientes oficiales que tengo el honor de mandar, sus remordimientos le seguirán mientras arrastre el resto de sus días miserable y desgraciado.

文本很简单,不需要任何特殊的准备或收集资料来完成。这个演讲开场白十分简约,只有"我的孩子们"。虽然文本简约,请注意它的特点,亲切,开诚布公。接下来阐述一些简单明了的道理,那些为履行自己职责而牺牲的人会得到上帝的慈悲,那些不尽职的人或者将被处决,或者在余生会被痛苦羞辱折磨得比死去还痛苦。在这种特殊境地发表如此简短的演讲已经足够了。

现在我们来看另一个极端,法庭辩护。我们无法在这里重现,但是我们都看过这样的电影,里面是无休无止的法庭辩护过程。为了赢得陪审团的好感,律师们准备冗长的开场白,带着精心准备、结构严谨的资料上庭呈诉、答辩。争辩与反驳交替;最后的结论是一篇长长的案件综述,可以历经数小时,也可以变成一个崭新的演讲,带着新的开场白,新的辩论,最后演变成一篇大演说。

2 语言应用中的社会文化层次

我们对语言的应用被语言情境所左右。语言情境有两大分类,社会的和文化的。在不同的社会和文化情境里,我们使用语言的不同说法。这些不同说法可以称为语域(registros)。比如,在我们的日常用语中,我们比较随意,不太在意语言的精确,我们使用一些句法不规范的句子(比如句子前后不一致),我们发音只求舒适,有如 yeísmo(把 ll 发成 y 的音)或者把末尾的 -s 发成送气音,还有因为方言的缘故,我们很容易把 -ado 里的 -d- 给吃掉,尤其是在过去分词里。总之我们说话时不会太在意我们对语言的用法。

然而情形也可以发生变化。可以有一种情况,比如在与一个可能主宰我们命运的人说话:比如在寻求一个职位、一次晋升,请求帮忙,或者是第一次和恋人的父母见面,或者是与一位我们认为很重要的人说话。在这种情况下,我们马上很在意我们的语言表达:我们希望可以给人留下好的印象,希望不会显得愚笨,不得体,或是粗鲁。这种语境会改变社会关系中语言表达的方式,因此才有称谓的不同:usted 就是适用于社交场合中双方不太熟悉的一种语言形式。

我们也应该懂得对这些习惯用语的反叛,其实也是另一种约定俗成。所以,当有人为了避免使用 usted,却陷入无休止使用 tú 时,其实也是进入了另一种常规状态,因为我们应该明白,所有的语言形式,就像所有的规则一样,自身没什么意义,它们只是语言一种不太重要的社交应用,一种方便的社交形式。但是,打破这些约定俗成的用法,其实有时就是一种语言做作的行为。

有时候语言的做作对语言只有害处,因为它只会使语言贫乏。这种态度属于一种被称为附庸风雅的社交态度(esnobismo 斯诺比症)。(snob 这个词来自拉丁语 sine nobilitate/'sin nobleza'的缩写。刚开始是形容那些没有任何贵族头衔,却要装扮成是贵族的人，后来是用来形容一些人虚假和狂妄的行为)。语言上的斯诺比症有不同表现方式：取消合适的称谓，在态度和交流中装模作样地表示亲切，往往最后的效果是适得其反，特别是随意使用另外一种语言 (往往是英文) 的词汇：那些"女性"和"青少年"的杂志就充斥了许多这样的例子。

上面我们提出的这些观点，还有前面文本中可以印证的许多例子，让我们可以容易地划分出语言应用的三种层次：

俚俗层次：这是低级的语言层次，错误百出，所有人都应该避免，因为它标示了一种粗俗和没文化的特征。口语里的例子有：用haiga代替haya，用andé代替anduve，用me se代替se me等等。在书面语言里的特点是：拼写错误，随便把单词拆开，随意合并单词，或者任意省略词尾元音，所有这些都是一个半文盲的表现。

口语层次。在生活日常会话中，我们只是普通地交流，虽然不是正式场合，但用法正确。我们在意的是在口语中避免俚俗的用法，这是交流的中间层次，舒适、平常。在这个层面，我们享有信任和随意，同时有一定的自由度，比如可以省略不发过去分词-ado中间-d-的音，使用简单词汇，以及某些含糊用法。

正式层次。第三个层次是绝对正确的语言层次，我们可以叫作学术语言，绝对遵从语言的规范 (ASALE即西班牙语学院联合会的规范)，精心维护语言的典雅。在这个层次不允许有口语形式出现，除了有时是为了缓解太沉重的语言气氛，但同时我们也要避免另一个极端：矫揉造作。因为这是一个令人敬重的层次，所以我们必须再次建议一定要对自己使用的语言毕恭毕敬。

3 文本向口说语的转换

在当今这个时代，经常是口头报告与书面报告并行。需要口头报告的情形各式各样，从网络的应用到通讯媒介在考试中的普及，答辩中的口试练习，求职的面试，还有在各种商业、运动、文化、工业等协会里所做的口头报告。

口头报告的重要性可以从雨后春笋般冒出来的出版物窥见一斑，比如"如何进行公共演讲，赢得生意场上的成功"等等类似的书籍。这里我们不想停留在具体的题目上，而是希望指出，当我们以口语来转述一个书面文本时，应该注意的几点。

首先，我们应该看到用口头表述一个书面文本时，它占有声调起伏的优势：和一个书面文本的贫乏相比 (无法表达赞美、惊叹、和省略号)，口头报告拥有各式各样细微的表达方式，所以在做报告时必须懂得借助音调的上下起伏，使得演讲悦耳动听，摆脱可以令人陷入绝境的单调乏味的声调。做一场口头报告绝对不只是背诵文本。

口头报告的第二号敌人就是口头禅，是指每次一讲话就重复的句子或者词，比如最典型的小孩子讲故事时用的 entonces，还有很多人做报告时大量使用副词 -mente。这种口头禅还包括一种，有的已经没有实在的意思，但是在报告时为了填补空白仍经常使用，比如 este、eh …，给人印象惨淡。

帮助书面文本成功转向口头文本的最大要素就是简约：一般来讲，书面语言比较精确，有可能应用文学手法，而口语必须比较朴素直白，除了在特殊的正式场合可以应用演讲技巧，甚至带进修辞文采。

当我们阅读书面文本时，如果不解，我们可以随时回去，重新阅读，重续文本的思路，这点在口头交流上是办不到的。所以一个好的演讲文本，必须线条清楚，易于理解，否则的话，如果听众在某处失落，就再没有机会回去拾捡起来。总而言之，因为有这个潜在的问题，所以在把书面文本拿来做演讲时 (应该是在做任何口头报告时)，演讲者最好要综述概括自己之前阐述的观点，使得听众可以容易跟进。这种手法在书面文本里也许只是强调，而且有时候在某些文本里并没有出现，但是在把书面文本转向口头文本时，最好要包括进去。(另外，还有一个有利于演讲者的好处：做报告者可以随时察觉他的演讲是否有哪一点没被听众接受。)

4　谚语

一个谚语浓缩地表达了一种生活态度。一般来讲，就好像艾米利奥·加西亚·戈麦斯 (Emilio García Gómez) 指出的一样，虽然谚语被戏称为"小福音"或其他类似的别名，它所包含的态度，其实是生活实践的结晶，非常接近地气，所以其实谚语常常是与精神世界唱反调，更不要说是什么小福音了。这是天下各种语言的共有特征。

从语言学的角度看，它的浓缩的特征逼迫它有时候要违反语法规则，至少表面上是如此。但是，在某种程度上，它的浓缩性又使得它与文学文本有所相似，可以说，一般来讲谚语挑选最简洁的表达方式。

谚语喜欢使用名词表述，而不是动词表述，因为它的内涵一般是观念占主导。另外，它有固定的格式。它一成不变的特征往往让它的表述带有古风。

谚语选集提供的表述总是带有一些字面的修改：

系动词省略：Año de nieves, [es] año de bienes.

不带冠词：Quien a [un] buen árbol se arrima, [una] buena sombra le cobija. (请注意句子的前后不连贯。)

动词省略：Cada oveja, [va] con su pareja.

条件句带命令式，效果更直接：Ande yo caliente y ríase la gente.

Dime con quien andas y te diré quién eres.

正像上面最后两个句子显示的一样，因为谚语重视因果关系的缘故，谚语经常使用不同的句法结构来表述因果，虽然它的形式跟日常用语不太一样：比如说，不用porque或者在条件句里不使用常用的虚词si。上面我们所举的两个例子，其实可以相对应地这么说，"si yo estoy bien, puede reírse quienquiera""si sé en qué compañía estás, sé cómo eres"。

谚语的内部结构，常常是二元分布：第一部分阐述一种状况，它的后果在第二部分出现或者推测出来。这种内部结构说明了它浓厚的因果色彩。

多亏了许多著名的专家学者，多姿多彩的西班牙语谚语集流传很广，不仅在美洲，而且在西班牙的犹太人和遍布世界各地的西班牙犹太人的后裔中，它也成了一份珍贵的文化遗产。在今天，和许多民间文化一样，西语谚语也面临着消逝的危险。我们不仅要拯救它们，还要好好地认识分析它们所内含的珍贵的历史与文化信息。这些谚语的说服功能在今天已经十分有限，这也就造成了它们被弃用，或者说，使用的局限性。

5 语言错误的讨论与分析

在纠正语言错误时，如果能使用曼努埃尔·塞科 (Manuel Seco) 的《西班牙语疑义词典》(Diccionario de Dudas de la Lengua Española) 或者其他同类的书籍《泛西班牙语疑难词典》(Diccionario Panhispánico de Dudas)，应该可以事半功倍。在这种类型的字典里，尤其是疑义词典里，作者收集了大量西语使用者可能面临的困难或者不确定，不单单是可能犯下的错误，还列举了正确的用法。塞科博士详细解释了西语正确的用法，同时也指出相关的错误。

可以讨论的语言错误种类繁多，我们随便采集一些不同种类的错误，把它们归纳为下列几种：

发音或语音错误：除了语言自然发展的结果，比如 yeísmo (用 y 代替 ll 音的现象)，因为在语言发展过程中 ll 和 y 这两个音的区别已经消失了，还有另外一种有趣的情形，那就是过度纠正，也就是说试图重新构造两种自认为正确的不同语音类型，但实际上它们并不存在。

此种情形位居榜首的就是所谓的 b 和 v 这两个音的发音区别。我们必须不断重申，在规范的、常用的西班牙语里，甚至是在典雅的西班牙语里，b 和 v 没有任何发音上的区别：revelarse 和 rebelarse 发音绝对是一模一样的。(除了在瓦伦西亚地区，因为瓦伦西亚语从加泰罗尼亚语演化来的缘故，有一种很自然的区别，但在卡斯蒂亚地区和其他讲西班牙语的地方，没有任何区别。) 此外，还有一个是重音符号的恶习：réuma，等等。除了各种流传广泛的重音恶习外，还有一种是被虚假的类推误导，陷入违反词源本意的重音泛滥。这就是在位于软腭辅音之后的二重元音的 u 上加重音。这个 u 在词源上原本也是一个辅音，所以它不带重音。正像我们说 igual、agua、vacuo，应该说 adecua、fragua、evacua。

形态错误：改变名词的性数，发生在一些被普及的文雅词语上：la reúma（应该是阳性），或者是重新创造的词语：el amoto, el arradio。根据结尾的 o，把它们划分为阳性，再把阴性冠词 la 的 a 加载为名词的第一个元音（la moto, la radio）。还有因为方言的影响，（比如阿拉贡语）使用异常的动词形式，比如用 teniba 代替 tenía，或者 nos marchemos 代替 nos marchamos。这一类型的错误还可以包括简单过去时，比如 andar，用 andé 和 andara 代替正确的形式 anduve 和 anduviera（这种错误自古以来就有）。还有改变名词的性：el mismo agua, este arma, ese área 这些名词都是阴性，所以正确的用法应该是 la misma agua, esta arma, esa área。

句法错误：句法错误多种多样，首先应该指出的是滥用前置词 a：

用 a 代替 de 或 por：coche a gasoil（正确：de gasoil, por gasoil), radio a pilas (de pilas, por pilas), encendedor a gas (de gas, por gas)。这个 a 的误用是受法语影响，应该避免。

用 a 代替 por 和 para。西班牙语中表达马上要进行的动作时，使用两个前置词，por 和 para。这两个前置词之间有明确的细微差别。para 指的是接下来的动作将在未来进行，没有更多的含义；而 por 指的是欠缺，因此可以理解为将要进行的动作是马上从现在开始持续进行，因此 trabajo para realizar 是 trabajo que habrá que realizar en su día（接下来要做的事情），而 trabajo por realizar 是 trabajo que no se ha realizado y que se realizará como continuación desde el presente（还未完成的工作，必须去完成）。我们常听到的法式结构用法，trabajo a realizar，完全是错误用法，不仅抹杀了两个前置词之间的区别，而且实际上毫无意义，因为 a 自身不带任何细微含义，和一个原形动词连用时，完全没有给这个动词带来未来的含义。

a + 前置词。把前置词堆积在一起混合使用，除非是为了强调细微区别，一般来讲都是错误的。我们经常听到用 a por 代替 por：voy a por agua. 这个用法完全错误，而且让人不知所云。最简洁的说法就是："Voy por agua."。

另一个常见的、由来已久的错误，就是用 deber de 来表示义务，相当于 deber 和 tener que。deber de 其实只能用来表示不确定，表示疑问，也就是说它和 quizá 或者 tal vez 意思相同：debe de venir = quizá venga。

在性数一致的问题上，经常是数词 mil 和它的倍数乱搭配。如果有好几千，那么这个倍数词应该和 mil 相搭配，是阳性，不能和它所指的物体相搭配：正确的说法应该是 veintiún mil libras，而不是 veintiuna mil。应该是 treinta y un mil ovejas，而不是 treinta y una mil。严格来说，cuarenta y una mil libras 应该理解为 cuarenta mil libras y una。假如银行会拒收数字写错的支票或汇票，那么肯定所有开支票的人就会一板一眼地把它们写正确。

在补语从句的结构里，可以看到一些恶习（甚至已经传到美洲大陆），就是在直接补语之前乱加前置词 de，尤其是在直接补语之前：pienso que tiene razón 是正确的用法，简单明了；然而，我们仍然可以常常听到这个不正确的用法：pienso de que tiene razón。另外一种情况恰恰相反，过度或错误地纠正，结果反而陷入误区：动词 informar 需要带前置词 de，比如，informar de algo（正确用法），但有人试图"纠正错误"，把 de 去掉，informar algo（错误用法）。

在性数一致上，还有一种是<u>无人称句</u>的一致（这种现象经常出现在伊比利亚半岛的东部和拉丁美洲的一些国家）：本来 haber 应该是永远不变的：había veinte personas，却常常听到错误的"协调"，habían veinte personas。

错误的例子比比皆是，我们之前已经谈到了副动词，和这种无法表示将来的句子结构：用 orden disponiendo 来表示 orden por la que se dispone 或 a partir de la cual se dispone，绝对是错误用法。

词汇错误：因为不理解词汇的真正意义而误用，其实是一个很普遍的现象。我们在前面章节里已经讨论过 álgido 这个词，它的实际意义是"更冷"，不应该用来形容"更热"。后缀 -able 表示可能，前缀 in- 表示否定。inalterable 意思为不能 alterar（不能改变），它不等同于 inalterado（我们常常看到两者之间的混淆）。

把 opción 和 alternativa 这两个字混用可以说是缺乏文化修养的表现。当有数种东西可以选择时用 opciones，而 alternativa 只能是二选一：una y su alternativa。说 la tercera alternativa 就如同说 el cuadrupedo pie 一样不通，画蛇添足。所以，从来没有 alternativas concretas，只有 la alternativa。

另外一种常见的错误是因为引入新词时已经有事先的规定，比如从希腊语我们引进了一系列以 fono（声音）结尾的派生词：gramófono, audífono, teléfono。合理的就应该是所有包括这个成分的新词应该也以 fono 结束：magnetófono, xilófono；所以，说 magnetofón 和 xilofón 既不正确，也不合理，除非我们也改口说 telefón 和 gramofón。这种不合理，也许是来自 saxofón 这个榜样，因为它与 saxo 同时被成功接纳，但其实最好是用 saxo 这个讲法。

6　口说语练习

I.不同层次的语言交流

A.与外婆的对话：

请想象，你是南方人（或者其他区域的人），从小被父母送到乡下的外婆家长大，一直到小学三年级才回到城里父母身边。你吃饭挑嘴，在家里什么事都不会做，现在你在北京外国语大学上了三年学，冬天回家过年时父母带你到乡下看望你年老的外婆。外婆看到你又黑又瘦，十分心疼，就开始询问你在京城的生活，她希望你能又像小时候一样白白胖胖，常常回乡下，有人呵护、疼爱。请用西班牙文写出一段你和外婆的对话,尽量保持老人的说话风格,以及你对自己京城求学的描述。

B.工作应征视频:

你马上就要大学本科毕业了,正在申请工作。现在广东深圳有一家大公司需要一位专职的西班牙语翻译,是国际贸易机构。他们要求你发一个视频给他们,介绍你的简历、学习情况、个人爱好,以及将来的职场规划。请用西班牙语录一段视频 (在这段视频中,你要穿着整齐,职业打扮,眼睛要对着镜头,想象你正在与公司主管直接对话。讲话语调缓慢、清楚,语言必须正式,努力展示出你最优秀的一面)。

C.小型研讨会报告:

北京的塞万提斯学院组织了一场高校文化演讲比赛,每个人挑选自己最喜欢的主题,可以是有关中国文化的题目、西班牙文化的题目,或者是比较两种文化。演讲时间为10分钟。请你准备一篇讲话文稿,主题明确,段落规划清楚,有开头,有论点,有叙述和讨论,有结尾。

老师可以用一到两节课的时间,在课堂上再现这个研讨比赛。每位同学上台演讲10分钟,然后全班同学无记名投票,选出前两名最优秀的演讲者,颁发奖状。

II. 翻译: 请把下列西班牙语谚语翻译成相应的中文成语。

1. El hombre propone y Dios dispone.

2. Cuando las barbas de tu vecino veas pelar, pon las tuyas a remojar.

3. A falta de pan, buenas son tortas.

4. Aunque la mona se vista de seda, mona se queda.

5. Todo gallo en su muladar cacarea.

6. Cada gorrión, con su espigón.

7. Harto soy ciego si por cedazo no veo.

8. Paso a paso y el que viene detrás que arree.

9. Por culpa del asno dan palos a la albarda.

10. Ojos que no ven, corazón que no siente.

III. 改错: 请把下列句子中错误的成分划线标出,然后再重新书写整个句子,使之符合西班牙语句法、词法的规范。

1. *El diario ha publicado un suplemento a color.

2. *El vehículo circulaba a más de 160 kilómetros a la hora.

3. *Varias emisoras de radio organizaron festivales a beneficio de los menos favorecidos.

4. *La portavoz resumió los asuntos a tratar en la comisión.

5. * Informarles de que se ha cancelado la visita.

6. *Destacar la gran actuación del reciente fichaje.

7. *Por último recordar que mañana conoceremos los datos de la pandemia.

8. *Sino trabaja, perderá el negocio.

9. *Hubieron fiestas para celebrar su llegada.

10. *Habemos en clase diez estudiantes.

11. *Quería darte sorpresa.

12. *Le pidió lapicero.

13. *La ley fue aprobada por total unanimidad.

14. *Tenía muchas alternativas.

15. *No te oí cuando llegastes.

16. *Lo decidió en base a lo escuchado.

17. *Se le avisa desde ya.

18. *Puede jugar por la izquierda o la derecha, porque es ambidiestro.

19. *Se cayó rompiéndose una pierna

20. *El perro estaba cerca suyo y detrás mío.

20. El perro estaba cerca de él/ella/ellos/ellas y detrás de mí.
19. Se cayó y se rompió una pierna.
18. Puede jugar por la izquierda o la derecha, porque es ambidextro.
17. Se le avisa desde ahora.
16. Lo decidió según lo oído.
15. No te oí cuando llegaste.
14. Tenía muchas opciones.
13. La ley fue aprobada por unanimidad.
12. Le pidió el/un/su/este lapicero.
11. Quería darte una sorpresa.
10. Estamos en clase diez estudiantes.
9. Hubo fiestas para celebrar su llegada.
8. Si no trabaja, perderá el negocio.
7. Por último, les recordamos que mañana conoceremos los datos de la pandemia.
6. Hay que destacar la gran actuación del reciente fichaje.
5. Les informamos de que se ha cancelado la visita.
4. La portavoz resumió los asuntos POR/QUE tratar en la comisión.
3. Varias emisoras de radio organizaron festivales EN beneficio de los menos favorecidos.
2. El vehículo circulaba a más de 160 kilómetros POR hora.
1. El diario ha publicado un suplemento EN color.

第十六章 历史进程中的西班牙语

1 欧洲伊比利亚语言环境中的
  西班牙语
2 西班牙语的形成
3 改变与接触
4 历史分期
5 语言改革和现代化的过程
6 1492 年之前语言史和文化史
  关系一览表
7 历史语言学练习

1 欧洲伊比利亚语言环境中的西班牙语

今天在伊比利亚半岛的两个国家,西班牙和葡萄牙,人们正式与非正式地使用两种类型的语言: (1) 罗曼语言,源于拉丁语的屈折语 (加泰罗尼亚语、卡斯蒂利亚语或西班牙语、加利西亚语、葡萄牙语,还有一些处在中间的语言,阿拉贡语或 fabla 语,和阿斯图里亚语或 bable 语)。因为政治的原因,瓦伦西亚自治区的语言,加泰罗尼亚语的一个分支,被称为瓦伦西亚语,被当成另一种语言。还有很多上述这些语言的分支或方言。其中三种已经流传到西班牙和葡萄牙的岛屿: 巴利阿里群岛 (加泰罗尼亚语和西班牙语)、加纳利群岛 (西班牙语)、马德拉和亚速尔群岛 (葡萄牙语);(2) 一门非罗曼语言,它的黏着和非屈折形态不同于罗曼语言,而且与其他语言没有任何证实的关系。这就是巴斯克语。

罗曼语言是拉丁语在伊比利亚半岛和巴利阿里群岛发展的结果。拉丁语,罗马帝国的语言,早在公元前218年已经进入伊比利亚半岛。罗马人登陆半岛,之后征服伊斯巴尼亚 (Hispania,拉丁语对这个半岛的称呼),是因为第二次腓尼基战争。罗马和迦太基 (腓尼基人在北非建造的城市) 为了争夺地中海发动的战争被称为布匿战争。布匿 (púnico) 一词来源于拉丁文,等同于 fenicio (希腊文 Φοίνικες, phoínikes)。罗马人十分清楚

(伊朗人) 请进伊比利亚。这些民族因为长期居住在罗马帝国境内，已经十分拉丁化。苏维汇人在西北部定居下来，也就是今天的加利西亚、葡萄牙的北部和莱昂西部的一部分。他们创建的王国持续到公元585年。估计曾经有三万苏维汇人和七万罗马伊比利亚人居住在这个地区。汪达尔和阿兰人的命运则完全不同。他们没有在伊比利亚半岛定居。罗马曾向西哥特人求助，当汪达尔和阿兰人被西哥特人打败后，他们迁徙到非洲。在那里，他们征服了迦太基，创建了汪达尔王国 (429—534)。非洲的这个区域十分罗马化。有确凿的证据表明汪达尔人讲拉丁语。

汪达尔人的命运与拜占庭和西哥特人的命运息息相关。拜占庭人已经在公元534年征服了休达，之后又占领了巴利阿里群岛。从公元552年开始登陆伊比利亚半岛，占领并居住在贝提卡以东直至公元626年。拜占庭人一直统治着休达和巴利阿里群岛。拉丁语是西拜占庭的行政语言。

西哥特人在伊比利亚半岛的定居是很后期的事情。公元410年，他们进入意大利半岛，把罗马城洗劫一空。之后他们定居在高卢 (目前的法国) 南部，最罗马化的地区普罗旺斯 (拉丁语：*Provincia*，法语：*Provence*)。西哥特人从公元415年开始作为罗马人的盟军数度出入伊比利亚半岛。从公元427年开始，他们对半岛的干预持续不断。西哥特人打败了汪达尔人之后，并没有在原先罗马人的首都塔拉戈纳建都，而是在巴塞罗那建立了一个军事政治中心。最后，公元507年，在靠近普瓦捷的武耶，西哥特人被法兰克人打败。他们只保留了今天位于法国境内的纳博讷。在阿塔纳吉尔德执政时期 (555—567)，他们把首都迁移到托莱多。西哥特人打败了苏维汇和拜占庭，从公元626年开始统一伊比利亚半岛。西哥特人同样使用拉丁语。拉丁语是他们行政和教会的语言。然而，一些珍贵的文物，西哥特黑板岩 (把不同的文字刻写在黑板岩这种廉价的质材上) 让我们今天可以看到在伊比利亚盛行的拉丁语已经带着很多和先前拉丁语不一样的地方。伊比利亚拉丁语和罗马帝国或者古典拉丁语之间已经开始分道扬镳。虽然拉丁语是日耳曼侵略者交流和行政管理的语言，他们还是带来一些日耳曼词汇，比如 guerra, ganar, rico, blanco，但最主要的是它影响了人名系统。罗马人的命名系统十分贫乏，建立在数词上：长子叫 *Primus*，次子叫 *Secundus* 或 *Secundinus*，如此类推到 *Decius* 或 *Decimus*。日耳曼人引进了许多不同的名字，比如 Carlos, Elvira, Enrique, Francisco, Rodrigo。

在罗马伊比利亚的历史长河中，公元711年改变了它的历史进程，开启了一段漫长的文化交融与冲突的时期。这段多彩的历史历时8个世纪，最后在公元1492年结束，从此西班牙进入现代时期，而西班牙语也作为一门不同于中古西班牙语的新语言正式面世。这一年，公元711年，一支穆斯林军队，主要由北非柏柏尔人组成，开始了对伊比利亚半岛的征服。短短数年间，这支军队几乎征服了整个半岛。他们从休达这个城市出发 (一个使用拉丁语的拜占庭城市)，军队中很多人都讲拉丁语或者是程度不同的双语：柏柏语和拉丁语。这种北非拉丁语或者非洲罗马语不可能和罗马伊比利亚语差别太大。这一点应该足以为彼此的沟通和征服铺平了道路。第一批征服者的阿拉伯语能力应该十分有限，因为这不是绝大部分人的母语，或者日常语言。当使用阿拉伯语的入侵者人数增多，而且这门语言在北非广泛流传之后，同样的，在伊比利亚的穆斯林地区阿尔安达卢斯 (Al-Andalús)，阿拉伯语也开始成为一门交际和文化的语言。如此形成了一条连绵不断的语言链，链条一端是拉丁语，另一端是古典阿拉伯语。两种语言当中夹杂着安达卢西亚方言，在拉丁语这一边是安达卢斯罗曼语，在阿拉伯语那边是安达卢斯阿拉伯语。拉丁语逐渐削弱，在公元12世纪安达卢斯罗曼语消失了。

当阿拉伯人开始征伐时，柏柏尔人带着自己使用非洲罗马语的士兵开始向北迈进，在布尔戈斯北部的布雷巴地区遭遇了巴斯克人，北上被阻。他们也无法向东扩张，因为那里被一个罗马伊比利亚家族占据，卡西家族 (los Casii)，皈依伊斯兰教之后成为Banu Qasi家族。柏柏尔人唯一的出路只能是通过杜罗河山谷向西挺进。在这个临界巴斯克、布尔戈斯和拉里奥哈的山谷里，有一段时间或多或少被罗马化的巴斯克人与罗马伊比利亚人和罗马非洲柏柏尔人相逢共处。正是在这个小小的角落里诞生了卡斯蒂利亚语，它逐步发展，既不同于半岛其他的罗曼语，又允许它的使用者们轻而易举地采纳源于四面八方的语言素材。

阿拉伯的语言和文化对伊比利亚罗曼语言，特别是卡斯蒂利亚语，影响深远。公元711年阿拉伯人开始对伊比利亚的征服。公元750年阿拔斯人推翻了倭马亚哈里发，把大马士革首都搬到巴格达。倭马亚家族的一位成员，"流亡者"阿卜杜拉赫曼一世，在阿尔安达卢斯定居，创建倭马亚酋长国。公元929年"战胜者"阿卜杜拉赫曼三世把酋长国改为哈里发。倭马亚人把不同的阿拉伯语族带进西班牙，其中脱颖而出的是也门人。也门人对阿拉伯语的影响已经被学者研究证实了。

然而，在公元718年，一位西哥特贵族，佩拉约，在阿斯图里亚斯的科瓦东加打败了摩尔人，开始了西班牙的光复战争"la Reconquista de Hispania"(有些史书翻译成"收复失地运动")。在长达8个世纪中，阿拉伯语和其他几种罗曼语言，主要是卡斯蒂利亚语，一起随着历史的波涛缓缓流淌，经历了战争与和平，联合与对抗，从中孕育了现代西班牙。在这个特殊的社会语言环境中，我们还不应该忘掉犹太人和希伯来语的存在。早在罗马帝国时期，伊比利亚就有了犹太人。在中世纪时期，他们都在基督教王国和穆斯林王国里分别拥有重要的社会地位。当1492年穆斯林在科尔瓦多被打败时，卡斯蒂利亚语已经发展成熟，演变成西班牙语。正是这门语言，西班牙人把它带到美洲、非洲和亚洲。西班牙的塞法迪犹太人 (judíos sefardíes, 系来自伊比利亚半岛的犹太人，译者注) 在1492年被驱逐出境之后，把这门语言传播到地中海的穆斯林人当中，把它从摩洛哥传到土耳其帝国，而且把它保存为犹太西班牙语 (judeoespañol或ladino 'latino')。

3 改变与接触

我们前面提到，西哥特黑板岩让我们看到拉丁语的变化。同样这些变化也出现在安达卢斯的罗曼语里。半岛北部是基督教的领地，寺院成了文化中心，它们同时接纳了安达卢斯的基督徒，从安达卢斯逃出来的摩沙阿拉伯人 (mozárabe) 既认识拉丁文字，也使用安达卢斯罗曼方言。在寺院的文本上开始出现了一些明显的非拉丁的语言形式。在布尔戈斯和拉里奥哈地区这个现象似乎越来越普遍。拉里奥哈圣米兰修道院保存的一些文本提供了这些语言发展的佐证。公元9世纪末到10世纪初，我们已经可以看到人们正在使用一门不同于拉丁语的语言，一门罗曼语言，它逐渐吸收不同的方言，最后形成卡斯蒂利亚语。一些寺院的修士，在拉丁文本中添加不同类别的注释 (glosas)，在一个字或一句话旁边用罗曼语 (有时用巴斯克语) 注释单词的含义，或者把拉丁语的关系人称代词写在拉丁语原文上方，标出这些单词是主语还是宾语。

语言是思维的结晶，随历史而建构。它们即不诞生，也不消亡，用生物学的出生与死亡来比喻语言只会误导读者。一个人不会今天睡觉前讲拉丁语，明天起床后讲罗曼语言。在很长的时间里人们的语言用法逐渐改变，但他们没有意识到语言系统已经改变，结构也已改变。他们再也不使用同样的语言了。有时候，因为语言的名称没有改变，所以造成一种假象，似乎语言从未改变，就好像汉语一样，但是实际情形并非如此。现代的汉语使用者不知道古代汉语怎么发音。他们得以通过韵书了解中古汉语的发音。如果有一台时间机器把现代的中国人带回上千年以前，他会听不懂当时人们的口语，但可以用传统文字沟通，虽然也有一些困难，因为改变的不单单是语音，还有词汇和句法。

拉丁语向伊比利亚罗曼语言的转化是一个漫长的历史过程，经历了多种形态的变化。在同一个文本里，一个同样的语言表述可以有几种不同版本，不单在文字上，同时也在形态上或句法上，它们可以接近拉丁语，也可以远离拉丁语。中世纪的卡斯蒂利亚语与现在的西班牙语如此迥然不同，我们甚至可以把它当作另一门语言。让我们来看看一个最古老的卡斯蒂利亚语文本，一段写在圣米兰手稿边沿的注释 (通常被称为"圣米兰注释")。它如此翻译一段拉丁祷词:

Cono aiutorio de nuestro dueno, dueno Christo, dueno Salbatore, qual dueno get ena honore, e qual duenno tienet ela mandatione cono Patre, cono Spiritu Sancto, enos sieculos de losieculos. Faca nos Deus omnipotes tal serbitio fere ke denante ela sua face gaudioso segamus. Amen.

这段 (大约公元10世纪末期的) 文字要用今天的西班牙语来表达的话，通常不是像许多现代语言学家所转译的那样 ("con la ayuda de nuestro Señor, Don Cristo, Don Salvador, el cual Señor tiene el honor y el cual Señor tiene el poder con el Padre, con el Espíritu Santo en los siglos de los siglos. Háganos Dios Omnipotente hacer tal servicio que delante de Su faz seamos felices. Amén") 。我们认为更精确地用现代语言有可能如此表达："Que Dios omnipotente nos ayude, con nuestro Señor Cristo, el Salvador, honrado y poderoso junto con el Padre y con el Espíritu Santo, por los siglos de los siglos, para que, por nuestras obras, podamos contemplar Su rostro como bienaventurados."Amen，借自希伯来语，唯一的区别就是今天Amén带着重音。Amén（אמן）由alef mem nun这三个希伯来字母组成，它的意思是en verdad，可能在词源上与fe有一定关联，指的是信任一个合约，在这种情况下，是上帝与摩西之间的合约。虽然可以有不同版本来翻译这段文字，但是这并不改变一个基本事实：以前的文本结构与今天称为<u>西班牙语</u>的结构并不一样。因此，在理论上可以合情合理地宣称这是另一门语言，并且，也可以大胆推测，未来的语言学家将会画出一条分界线，画出一条今天的西班牙语和中世纪这些文本之后的语言的分界线，无论他们会想出什么名称来命名。

在罗马伊比利亚人、非洲罗马人和巴斯克人之间语言交汇的地区慢慢形成一个崭新的西班牙语系统。所以有些学者认为它是一门罗马巴斯克语。虽然在语言的前期，有如加泰罗尼亚语和意大利语，西班牙语有七个元音，但很快两个开元音e、o被合并成二重元音（e变成ie，o变成ue：terra>tierra，porta>puerta），进入现在的五元音系统a、e、i、o、u。五个元音的系统在世界语言里很常见。这一点上西班牙语与巴斯克语相同，但同时也与凯尔特语和伊比利亚语相似。拉丁语词首的f发作送气音，最后消失，也许是因为这个音在巴斯克语里不存在；但是同样的词首双唇清音[p]也在凯尔特语里消失了。

在词汇方面，巴斯克语影响显著。la mano pecadora（左手，有罪的手）来源于一个巴斯克词la izquierda，而拉丁语的"左"这个词（siniestro），则完全退缩到道德的范畴。Diestra，相反地，还是沿用拉丁语的dextra。熙德向上帝祈祷（al Señor que estás en lo alto），用的恰恰是巴斯克语形容上帝的词汇Jaungoikoa。他最信任的伙伴叫Minaya，意思是mi hermano，正是罗曼语（mi）和巴斯克语（anaya）的融合。

这种语言的冲撞在整个中世纪及以后的年代里不断扩展。首先是与半岛其他的罗曼语言交汇。在整个罗马伊比利亚半岛上演化出三大拉丁语的分支，从东往西是加泰罗尼亚语、卡斯蒂利亚语和葡萄牙语。在历史的长河里，特别是在中世纪，葡萄牙语经常被称为加利西亚－葡萄牙语。与此同时还有另外两条语言线，虽然还有一些以方言的形式流传至今，但都中途夭折了。在东部夹杂在加泰罗尼亚语和卡斯蒂利亚语之间的还有阿拉贡语。在西部夹杂在卡斯蒂利亚语和加利西亚语之间的是阿斯图－莱昂语。我们还应该介绍其他几种拉丁伊比利亚罗曼语分支，比如处于阿拉贡和卡斯蒂利亚之间的纳瓦拉语或里奥哈语。这些拉丁方言对日后西班牙语的形成意义深远。我们不难想象这些不同方言的使用者涵盖的地区远远比卡斯蒂利亚语的区域更宽广。但随之而来的却是西班牙语很快地向边远的各种语言区域扩散,这是一个非常有趣的现象,因为卡斯蒂利亚当时并不是一个重要的政治或经济中心。当然之后,它逐步成为一个重要的政治中心,这个因素也更增添了卡斯蒂利亚语的重要性。但是,从它卑微的发源地开始,卡斯蒂利亚语就拥有着一种天然的包容其他方言的魔力。它可以包容其他语言,但同时也遵循着自身源自拉丁语的发展轨迹,即尊重拉丁语辅音的组合成分。比如,拉丁词 *pluuia* 佐证了卡斯蒂利亚词 lluvia 中 pl- 到 ʎ (ll) 的发展。但它同时也接受了 *pluvia* 词首的拉丁语组合 pl- 其他的解决方法,在半岛西面的葡萄牙加利西亚语里转变为 [tʃ]: chubasco; 或保留字首组合,比如 pluvia。拉丁语 *plorar* 曾经是与 llorar 相通的。多形态是新语言 (西班牙语) 的特点。与此类似的还有借词在新语言里的出现。

基督教和安达卢斯穆斯林之间长年征战与和平的交替大大促进了语言交流。在西班牙语的领域里,房屋是一个阿拉伯语词汇的世界,从玄关 (zaguán) 到屋顶 (azotea),还有房屋里的 alcobas, tabiques, alféizares, ajimeces, alfombras, alcatifas, almohadas, 包括盖房子的泥水匠 albañiles。但是 jardín 是一个法语词,就像 fraile 或 monja 是来自邻国寺院的法语单词,另外,español 也是一个法语单词,用来称呼比利牛斯南面山麓的居民。这个名字最早并不用来称呼卡斯蒂利亚人,而是用来指称阿拉贡人和加泰罗尼亚人。另外一个非常西班牙化的甜点名字 turrón,虽然皇家学院认为词源未知,很有可能那是来自加泰罗尼亚语的外来词,因为用来制作点心的糖在中古的卡斯蒂里亚语里是用阿拉伯语 alajú 来称呼的。还有一点可以捍卫语言永恒的本质:西班牙语里花卉的代名词,比如 clavel,就是一个加泰罗尼亚的外来词。同样的情况还有 cantimplora、capicúa 和 convite。还有以前旧币的名称 pesetas。此外,根据赫尔曼·哥伦的研究,加泰罗尼亚语还为我们引进了邻近的普罗旺斯语 (比如 burdel),还有意大利外来语 (artesano、balance、escandallo、esquinefa、faena、forajido、lustre、motejar)。

圣地亚哥朝圣之路和语言沟通的便捷,使得许多朝圣者没有返回他们的家乡。其中有些人是受过教育的,他们留在卡斯蒂利亚继续做文书或公证的工作。因此他们在法律文本里 (比如 *Fuero de Avilés*) 或文学作品里 (例如 *Auto de los Reyes Magos*),留下法语和普罗旺斯语的痕迹。从公元 11 世纪开始,法语的影响日渐显著。我们可以在两个领域觉察到这种影响。一方面,在天主教的礼拜仪式上,从那时开始半岛摒弃了西哥特人或摩沙阿拉伯人的祭拜仪式。另一方面,在文字的字母书写上,卡罗琳娜字体代替了西哥特字体。这种交替发展至中期阶段时,造成了许多文稿的消失,有的因为文稿使用了新的字体抄写,有的因为阅读古老的西哥特字体的能力消失了,人们不再阅读这种文字。拉蒙·梅嫩德斯·皮达尔和拉斐尔·拉佩萨都认为,词尾省略 (apócope) 既伴随西语自身发展的趋势,又与法语的影响有关。词尾省略在 12 至 14 世纪之间广为流行。

它影响了非重读代词的系统，比如用 le 代替 lo 的现象 (leísmo) ，因为 lo 是宾格，而 le 是与格，两者汇集到 -l: dixol 既可以是 díjolo 'lo dijo' ，也可以是 díjole 'le dijo' 。

在中世纪与日后的年代里，伊比利亚同意大利或荷兰的密切关系也对它的语言产生了影响。很快地，与英国的关系也十分密切，向英国出口羊毛是卡斯蒂利亚的一大收入。看来，英语对西语最古老的影响是方位基点的名称，也许是通过法语过来的，因为在公元 12 世纪已经有文献记载了这些词: norte、sur/d、(l)este、oeste。从 canoa (似乎这是印第安词最早传进西班牙语的) 到 chévere，古老的印第安人向西班牙语输入了许多词语，有些是非常区域性的，有些则是普遍的日常用语: chocolate、tomate、aguacate、cacao、petate、tabaco、tapioca、loro。从公元 16 世纪开始，西班牙语向全球拓展，它涵盖了欧洲的大部分，北非的一部分，亚洲 (菲律宾和马里亚纳群岛) 和印第安美洲，成为一门国际语言。通过西班牙语翻译的医学植物书籍把美洲印第安语传播到欧洲，它的影响甚至波及拉丁语、意大利语、法语; 此外也有许多日常用语 (地区的或普遍的) ，词汇有 aiotochtli、ají (axí)、anime、copal、copalcahuiel、guayaca(ta)n、guayaquil、mechoacan、molle (来自秘鲁)、ocoçol、picielt (印第安语，后来被西班牙人改称为 tabaco)、quimbaya (raíz)、tacama(ha)c(h)a、toçot-guebit o xelocopal(l)i。除了使用借词，还有其他途径，比如重新翻译西班牙语的解释，有时把它们等同于古典植物学所认识的植物。把 cataputia 或 Cherua 称为 higo del infierno，同意大利语的 *fico dell'inferno* 一样。翻译过程中，名字有时候可以寻找简单的对等、改编或重新翻译西班牙语的译文，有时候也很自然地使用美洲印第安语的原词: liquidambar、ocozab。

对于一位现代西班牙人来讲，中世纪的卡斯蒂利亚语更像今天巴西的葡萄牙语: 充满了大量的硬腭音与咝音，塞擦音和擦音，清音和浊音。这些音在 15 世纪后期大大减少，尤其在安达卢西亚、加纳利群岛和美洲大陆。在这些地区只剩下了咝音 [s](casa 和 caza 都发成 [kása]) ，硬腭音 [tʃ] (mucho)、[y] (cayó) ，在有些地区用 [ʎ] 发 calló。在中世纪的卡斯蒂利亚语里没有 caja 里发 [x] 的音，这是两个中古腭音音素在公元 16 和 17 世纪 (不同地区有异) 中和之后的结果: [ʃ] *dixo*，[ʒ] *fijo* 'hijo' 。

4 历史分期

历史分期是史学研究与生俱来的概念。在那里用事件或外在事实的标准，或者是根据可以明确追溯历史的物体，把历史的板块切割为一小节一小节。当我们研究西班牙语学者的学术成果时，有一特点脱颖而出，那就是不管采用什么观点或方法，西班牙学者对语言史的分期极其相似，观点也颇有重合。换句话说，西班牙语历史时期的划分基本上大致相同，一般来讲学者们各自使用纷杂的理论标准，所以几乎很难寻找出一条清晰的方法轨迹。这其中的奥妙就在于西班牙根深蒂固的人文传统在很长时间里把语言和文学在教学上紧紧相连, 因此在语言学的领域也诞生出许多杰出的文学史学者, 比如, 拉蒙·梅嫩德斯·皮达尔、阿梅里科·卡斯特罗 (Américo Castro)、达马索·阿隆索 (Dámaso Alonso)、拉斐尔·拉佩萨、阿隆索·萨莫拉·维森特 (Alonso Zamora Vicente)、迭戈·加泰兰 (Diego Catalán)、埃米利奥·阿拉科斯 (Emilio Alarcos)、曼努埃尔·阿尔瓦 (Manuel Alvar)。

当我们要确定早期语言的时段, 或早期罗曼语的起源时, 我们使用了历史事件, 如公元711年阿拉伯人和穆斯林入侵伊比利亚半岛之史实, 这是一个外在标准的分期法。相反, 当我们把注意力专注到语言本身, 比如公元15世纪卡斯蒂利亚语里, 咝音和腭音系统里清浊音的对比的消失, 我们使用的是一个内在标准的分期法。

这两种语言的分期法既不是简单的语言和文化层面的, 也不是无害或无关紧要的, 它其实它反映了一种思维形态。如果用外在标准构造语言历史, 即用社会历史的标准, 那我们就要提到封建社会、资产阶级革命、资本主义社会。相反地, 如果用语言学规划的标准来划分, 我们就要提到语言的改革和现代化, 或者是正式的语言改革或自发的语言改革, 以及其他种种可能性。两种标准并不一定是相对立的; 今天现代西班牙语的改革也许会在不同国家呈现完全不同的面貌, 比如在古巴、尼加拉瓜、哥伦比亚和阿根廷共和国、美国, 这些社会模型完全不同的国家。

在讨论卡斯蒂利亚西班牙语时, 外在的非语言学标准可以分为三组: 历史的、文学史的, 和社会历史的。

历史标准希望语言史的分段能与重大的西班牙历史时期相吻合: (1) 中古西班牙语, 截止于1492年, 征服格拉纳达, 发现美洲大陆; (2) 黄金时代西班牙语, 从1492年到1700年, 始于王位继承战争, 到 (奥地利的) 哈布斯堡王朝的终结 (3) 现代西班牙语, 从1700年到1898年, 西班牙失去最后的海外领土, 美洲的古巴和波多黎各、亚洲的菲律宾和马里亚纳群岛。(4) 当代西班牙语, 从1898年至今。

文学史标准是根据不同时代的艺术创作和文学流派来确定每一个时期的转变。因此我们就有了中世纪时期 (一直到1499年《塞莱斯蒂娜》出版)、文艺复兴时期 (16世纪)、巴洛克时期 (17世纪)、新古典主义时期 (18世纪)、浪漫主义时期 (19世纪)、现实主义－自然主义时期 (从19世纪末期到1970) 和后现代主义时期 (从1970年的后现代时期直至今天)。

社会历史标准取决于文化历史事件, 而不像上面历史学分期那样根据朝代或战争来划分。中古西班牙语截止于发现美洲新大陆 (1492年); 然后紧接着是古典西班牙语, 也就是说, 在16和17世纪艺术历史语言的概念得以成立。从1713年波旁王朝在西班牙的胜利开始, 以及随后的法国影响和皇家语言学院的建立, 西班牙语进入新古典主义时期,或者人文启蒙时期。在此之后进入了现代西班牙语,一直到1955年,转折进入最后的阶段,当代西班牙语,直至今天。20世纪50年代收音机的传播与普及在西语文化发展的轴线上标示出一个重大的转折点。

我们必须再一次指出,还有可能引用其他的标准;可以使用封建社会的西班牙语一词来描述资产阶级革命前的西班牙语,然后就是新资本主义社会的西班牙语,后者允许我们有借口去研究带着不同统治和政治模式的拉美国家之间的语言区别。不是所有的地区都拥有站在这种立场上进行社会学分析的能力:在西班牙这种能力已经成熟。但是在复杂的美洲西语世界里,并非如此。

如果是以内在标准来划分语言发展,可以说拉蒙·梅嫩德斯·皮达拉的《西班牙语起源》(*Orígenes del Español*) 是第一部以语言内在标准来划分语言史的科学专著。内在标准可以有不同角度,首先是梅嫩德斯·皮达拉的文献标准,之后还有语音标准和语言建制的标准。

文献标准以分析文本或书面文件的语言资料为基础。这是一种文字的标准。多亏有文字记载,我们才有从公元9世纪到13世纪的带着一些罗曼语元素的拉丁文本。这些文本可以分成起源期 (11世纪之前)、再拉丁化时期 (11—12世纪) ,和卡斯蒂利亚语新生期 (12—13世纪)。大约从公元1250年开始,皇室档案已经使用卡斯蒂利亚语,使用阿方索文字系统,但到15世纪末还一直保留着它随意的特点,然后迫于学者们的压力,人为地保留着它的特点,直至1726年。1726年到1817年之间是学院化的文字。从1815—1817年直至今天,西语文字系统几乎没有大改变。这个标准允许我们可以根据文字系统注明文本的日期:词首的f-一直维持到1520年,然后h-变成普遍用法;ç一直用到1726;-ss-用到1763;x发jota音 (软腭清擦音) 一直到1815—1817年 (除了在México、mexicano、Texas、texano这些词里还保留这些发音,它们被读成méjico、tejas)。

语音标准始于拉斐尔·拉佩萨在康普顿斯大学的教学。该理论也是立足于拉蒙·梅嫩德斯·皮达拉的研究和阿梅里科·卡斯特罗在20世纪前30年对文本的注释。它融合了文献 (文字记录是语音的凭据) 与应用的标准:阿·马丁内特发表的论文和埃·阿拉科斯《西班牙语音位学》的研究方法。这种研究标准设立了五个时期:1) 1250年之前的前阿方索时期; 2) 阿方索时期,带着皇家书院编制的规范; 3) 古典时期,从1499到1726年; 4) 学院建制时期,从1726年到1815—1817年; 5) 当代,从1815—1817年至今,开始呈现出三种语音制度在文字上的逐步协调:前阿方索系统、阿方索系统和古典系统。它们延续到今天,变化寥寥。

语言建制的标准秉持着这个理念:语言史是一系列改革和现代化的结果。也许这不是一个完全内在的标准,因为语言的改革,总是被某种试图左右语言的政治力量所推动;但总的来说也不完全是外在的,因为总而言之,它并不依靠任何完全不是语言自身的东西,即使作用在它身上的力量并不是语言学的。按这个标准可以把西班牙语言史分成四个改革阶段:阿方索改革阶段 (大约在公元1250年)、人文改革阶段 (公元15世纪下半叶)、学院改革阶段 (1714) 和从1965年发展至今的当代改革阶段。

5 语言改革和现代化的过程

西班牙语在它漫长的历史长河中,曾经有过几次重大的改革,虽然表面上它拥有延绵不断的语言资源,它 (几近) 魔幻般的语音拼写文字正是这些改革的结晶。其中一些改革恰好与西班牙语形成的重要阶段相重叠,这毫不令人诧异。在人们关注语言发展的重要时刻,问题总要涉及理论和实践的层面,这是自然的,这体现在改革的意愿和实现的可能。同时,也不应该混淆语言的发展同语言的改革,前者是自然演化的过程,后者是计划好的行动。

西班牙语曾经有过四次有意识的改革阶段或时期:公元13世纪由智者阿方索十世带领;公元16世纪西班牙朝廷的胜利使得曾经是罗马帝国的俚俗语言一跃而为帝国及世界通用语;公元18世纪创建了西班牙皇家学院 (1713) ,出版了《权威词典》(1726—1739) ,以及卢赞、霍维亚诺斯或费霍等人几近失败的百科主义和理性主义尝试;最后是20世纪,特别是从1965年开始,对语言学术机构的改革,建立了西班牙语学院联合会 (ASALE) ,还有普遍存在的对西班牙语科技用语的担忧。这个问题涉及西语世界的统一性,因此某种程度上也与语言纯洁性这一古老话题相关。从1967年安赫尔·罗森布兰特的著作发表后,西语规范已经是众所周知的现代课题。西语技术词汇问题已经深入到一些特别机构的活动中,比如第三届西语学院大会 (波哥大,1960年) 倡议建立学院技术词汇委员会,旨在解决马拉尼翁在1956年马德里第二届大会上提出的一些问题;建立西班牙语学院联合会常务委员会,以及一些公共机构例如:西班牙语信息与观察国际事务所 (OFINES) ,隶属于西班牙文化研究所,背负着重要的任务和传统,它之后又归于伊比利亚美洲合作研究所旗下;最后,在私人机构旗下,还有专门纠正广告语言错误的委员会,或者专注某一种特殊语言的企业,比如I.B.M.发表了计算机术语词典 (1972年) ,一些西班牙和拉丁美洲的主要新闻机构和报纸杂志发表的"文体指南"。此外,还应该包括在海外努力协调和推广西语文化和语言教学的机构——塞万提斯学院,它将语言的价值和现实的经济效应相结合。

站在历史的角度审度西班牙语,几乎可以肯定,在历史的长河中西班牙语有一种改革更新的习惯,几乎是定期的:每两到三个世纪西语就要经历一番深刻的现代化变革,似乎是为了在两个时代之间刻画出彼此的不同。最后一次重大的特殊改革似乎是在18世纪, 而在20世纪, 也许是因为内在的历史困难, 改革的愿望可能产生于二次大战之后, 大约在1950年, 还有加上当下的零星努力。于是我们甚至可以想象一种平行的状况, 虽然它们内在的本质完全不同, 这就是公元16世纪相对于13世纪; 确实在公元13和18世纪都制定了语言"改革的具体规定": 第一次是阿方索国王本人直接介入这一改革, 在他亲自指导的文本里亲手写下他的思考, 第二次改革费利佩五世也没有远离西班牙皇家学院。他接受学院的规定, 甚至强制印刷使用皇家学院的正字法、学院的字典 (今天在法庭上仍然参考这部字典)、学院的语法作为学校的法定规范文本。所以说13和18世纪的两次改革都是体制性的: 第一次来自皇家学校, 阿方索的书房, 或者说大名鼎鼎的托莱多翻译学校; 第二次就是西班牙皇家学院。16世纪的改革理念, 正相反, 完全来对人文文化应该成为学校规范的认识。这种集体的忧患意识反映在个人的作品中, 从内布里哈 (Nebrija) 到佩德罗·西蒙·阿普尔 (Pedro Simón Abril), 到路易斯·维韦斯 (Luis Vives)。这些个人改革语言的努力达到不同的效果, 但是总的来说, 个体没有取胜。具体佐证有: 贡萨洛·科雷亚斯 (Gonzalo Correas) 的著作《最新最全卡斯蒂利亚语正字法》(*Ortografía Kastellana, nueva y perfeta*) (萨拉曼卡, 1630年), 他是16世纪语言改革之风延续到17世纪巴洛克运动的追随者。文学上的绮丽派 (Culteranismo, 代表人物贡戈拉) 和格言派 (Conceptismo, 代表人物克维多) 对推广文雅修辞起了根本的作用。在19和20世纪, 语言改革的努力同样也失败了。基本方式都是个人努力, 比如安德烈斯·贝略 (Andrés Bello) 和之后的胡安·拉蒙·希梅内斯 (Juan Ramón Jiménez) 的正字法, 当然他们俩人的提案都比科雷亚斯的温和许多。应该顺便提到的是, 有些零散的集体努力也没有成功, 比如1960年古巴语言学院在第三届西语学院联合会的年会上提议简化拼写的提案也是未得正果, 还有1964年在菲律宾举行的第四届年会上有关使用注音符号的提案只被允许在教学上非常特殊的情况下才得于使用。这些零星的个人或组织的努力, 并没有阻碍集体力量强制推行语言规范, 类似的成果就是中古卡斯蒂利亚语转化为古典西班牙语, 或现代西班牙语带来的20世纪文学的繁荣。

这种对语言及其改革的集体忧患意识, 使得许多作家和科学家都立足于这些运动的中心。在西班牙语的改革中, 应该提到的是还有一些"政治家"或"政府人物"。在四次语言改革的运动中, 总有一些理由使得政府成为部分或完全的改革原因: 公元13世纪推动语言改革的人就是国王本身, 既是文人, 又是科学家, 他处在运动的中心, 既是接受者、改造者, 也是阿拉伯文化在整个欧洲重要影响的传播者; 公元16世纪, 因为语言是帝国的左右手, 它与在刚刚被发现的美洲大陆上传播基督教信息的圣责息息相关。与此同时, 璀璨的文学作品如雨后春笋喷涌而出 (黄金时代文学), 而在政治上, 西语则庇荫在国王和他的儿子费利佩二世的政权下。公元18世纪虽然在执政者之间有争夺与对立，但我们不应该忘记国王是皇家学院的第一靠山，很多杰出的政治家、文人和科学家也都隶属于皇家学院。在学院的内外圈里，与波旁王朝相对应的法式风格带来了百科全书派和理性主义的影响。这股法式之风力图摒弃来自奥地利前朝的一切，为传统的西班牙文化带来一番新的标准和模式。

18世纪的语言改革基本上是技术层面的改造，主要是西班牙皇家学院的著作。学院首先收集了大量的语言第一手资料，我们不应该忘记霍维亚诺斯开路先锋的作用，或费霍神父对净化词语的努力，为语言创造开启了方便之门。皇家学院在1726年、1741年、1763年，最后在1815年，修改了正字法。这部正字法，除了有些细小的修改之外，一直沿用到今天；皇家学院的语法书更新了语法研究，1796年的第四版语法书基本上一直维持到1819—1820年；学院更是在打破纪录的时间里撰写了辉煌的六卷本《权威词典》(1726—1739)。

最后到了20世纪，从拉米罗·德·梅兹图 (Ramiro de Maeztu) 的学说开始，西语世界的概念逐渐形成，米格尔·德·乌纳穆诺和达马索·阿隆索担心西语语言破裂的忧患意识，拉丁美洲在独裁或者表面的民主形式下不同形态的语言实践，使得语言的话题跃居问题的中心。另外还有政治家、文学家和科学家不断参与进来。他们是西班牙内战 (1936—1939年) 以后流亡在外的共和党人。流亡的西班牙知识分子对美洲文化影响极大，这点极为显著，有目共睹。

语言学家也积极参与1965年以后的语言改革：除了皇家学院以外，国家科学研究院历史研究中心在战前已经开始编写一些著作，但中间一些作品被打断，数年后才得以发表，其中有些未完成，比如《伊比利亚半岛语言分布图》(ALPI)，或者是《辞典宝藏》。西班牙语信息与观察国际事务所 (OFINES) 编辑了杂志《现代西班牙语》。

20世纪西班牙语言的问题，毫无疑问是技术范畴的问题。最好的佐证有，拉斐尔·拉佩萨、曼努埃尔·阿尔瓦或伊格纳西奥·博斯克 (Ignacio Bosque) 的学术著作、外来语的技术或专门辞典，以及曼努埃尔·阿尔瓦·埃斯奎拉 (Manuel Alvar Ezquerra) 的传统词汇拾遗等其他作品。从正规的角度讲，1965年开始，是学院常设委员会在不断记录西语的发展和改革，并没有另外的机构负责提出强制性的语言指南，因为在我们目前所处的时代，语言规范的概念似乎没有对主要的文化语言起作用。

总的来说，西班牙大众媒体在有意识的语言改革和现代化进程里起着零作用。确实，许多新的词语成分是通过这些媒体无意识地进入我们的语言，创新的造句结构也因此得以普及；然而，这种下意识的特点，恰恰也是肇事者的错误。在很大程度上它造成了混乱，而不是引导。我们可以说，无论是在西班牙或者美洲 (一般来讲)，新闻，除了很特殊的例外，更在意的是语法家之间的辩论和争吵，而不是一个及时的有计划的语言现代化。电台和电视只是零零星星地报道这些问题，相反地，网络，因为博客、个人网页和一些网站的兴起 (主要针对中学教育)，在主动介绍语言规范中显得十分活跃。塞万提斯学院担负着在全世界传播西班牙语言和文化的责任，它涵盖的网络面积十分辽阔，但是，据统计，西班牙皇家学院的网站才是人们质询的主要地方。然而，皇家学院并不想通过《新语法》(*Nueva Gramática*) 或《正字法》(*Ortografía*) 来策划新的语言规范或纵深的改革。它只局限于描述。

美洲，和西班牙相比，情况有所不同。除了几种法律措施，保护语言和新闻的法律条例之外 (乌拉圭蒙得维的亚市政府有一条规定，要审查广告和路标的语言用法)，我们不应该忘记拉丁美洲不同的新闻传统，虽然西班牙语的报纸，比如巴塞罗那的先锋报 (*La Vanguardia*) 也可以在美洲获得支持者。实际上，阿图罗·卡普德维拉 (Arturo Capdevila) 在布宜诺斯艾利斯《新闻报》(*La Prensa*) 上的专栏或者路易斯·弗洛雷斯 (Luis Flórez) 在波哥大《时报》(*El Tiempo*) 上的专栏都不能称为是一个持续慎思的改革新闻用语的工作，只能视为个人的努力。更直接的行动当属委内瑞拉语言学院，它通过登在报纸上的《语言清洁》(*La limpieza de la lengua*) 来修正日常用语，或哥伦比亚语言学院半月一期的《公告》(*Boletín*)。这家语言学院作为政府咨询机构，在法律上相当活跃并具有引领的作用。通过哥伦比亚人的质询渠道 (虽然它还不普及)，有可能完成语言不断的更新与现代化。应该让语言的计划者知道，西班牙语拥有可以被使用的工具，它只是缺少协调和政治动力来完成此事。这是一个主观心愿的问题，不是基础设施的问题。

6 1492年之前语言史和文化史关系一览表

日　期	语　言	文　化	历　史
约公元前150万年 约公元前125万年	可能这些原始人没有发声语言。	旧石器时代初期。	半岛第一个居住点。消失。
约公元前90万年		旧石器时代初期。	半岛第二个居住点。消失。
约公元前73万年及之后几世纪	尼安德特人可以用发声语言加手势表达。无人知晓最早居住在半岛的现代人是否使用语言。	欧洲使用火。	尼安德特人从此在半岛居住。从公元前42000年开始，现代人居住在半岛。
公元前6000年	无人知晓最早的现代居民以及之后的移民使用的语言。	新石器时代。农业文化的开端。	早期原始城市社会。农业居民从土耳其经撒丁岛移民。

日　期	语　言	文　化	历　史
公元前 3500 至 2200 年	伊比利亚语及其他可能存在的语言。已经可以研究文字，但是不能翻译。	铜石并用时代开端。	青铜时代开始。伊比利亚人可能定居。
公元前 2200 年	前期语言的继续，有可能出现前凯尔特或与凯尔特语同时的语言，字首 p- 保留。	铜石并用时代确立。	青铜时代。可能有使用前凯尔特语或与凯尔特语同时语言的居民进入半岛。
公元前 10 世纪末期	大陆凯尔特语。没有任何语言保存下来。	社会发展。铁器。艺术。文字。	铁器时代。凯尔特人进入并开始定居。
公元前 10 世纪末至 2 世纪	腓尼基–布匿语。辅音字母表。简短书写文本。	社会发展。铁器。艺术。文字。	腓尼基殖民时期。地中海沿岸，从韦尔瓦省到巴塞罗那。
公元前 8 世纪到 6 世纪	没有对这种语言的解释。	社会发展。铁器。艺术。文字。	塔特苏斯。
约公元前 575 年	希腊语。腓尼基字母扩充了元音。	社会发展。铁器。艺术。文字。	商行基地恩波里翁（今安普里亚斯 Ampurias）。最早的希腊殖民地。
公元前 4 世纪	腓尼基–布匿语。稀少书面文字。	腓尼基文化的延续。	腓尼基人通过迦太基人扩展了殖民地。
公元前 218 年	拉丁语和其他意大利语族的成分进入半岛，比如奥斯坎–翁布里亚语。	拉丁文化。	早期罗马殖民统治。
公元 411 年	拉丁语、日耳曼和可能的伊朗（阿兰）成分。	日耳曼–拉丁语。汪达尔和阿兰后裔继续向非洲扩展。	出现苏维汇、汪达尔和阿兰族。
公元 415 年	拉丁语、日耳曼成分。西哥特黑板岩。开始出现记载半岛拉丁语变化的文献。	日耳曼拉丁语。	西哥特人开始介入。
公元 5 世纪末至 6 世纪	巴斯克语登陆讲拉丁语和西哥特语的地区：纳瓦拉、巴斯克、拉里奥哈和布尔戈斯北部。	巴斯克–阿基坦文化，借用这个名字，同时融合巴斯克和凯尔特文化。	巴斯克人从阿基坦（法国）过来定居。

日 期	语 言	文 化	历 史
公元552至626年	拉丁语作为国家行政语言,带着希腊语的成分。	拉丁−希腊文化。拜占庭在616年从伊比利亚被驱逐后,居住于休达和巴利阿里群岛。	拜占庭征服了半岛东部地区、休达和巴利阿里群岛。
公元711年	阿拉伯语、安达卢斯阿拉伯语、非洲罗马语、柏柏尔语、安达卢斯罗曼语、拉丁语。	伊斯兰化,阿拉伯化。新的安达卢斯文化模式。	阿拉伯−穆斯林的侵略。
公元718年	伊比利亚罗曼斯拉丁语。	西哥特拉丁文化。	基督教光复运动开始(Reconquista)。
公元739至743年	柏柏尔人还没有被阿拉伯化。双语的可能: 柏柏尔语和北非罗曼语。	种族和伊斯兰宗教的骚乱。	柏柏尔人在马格里布和阿尔安达卢斯骚乱,反对大马士革的哈里发。
公元756至929年	叙利亚人和也门人的到来增强了阿尔安达卢斯的阿拉伯化。	阿尔安达卢斯的阿拉伯化。科尔多瓦的清真寺。	科尔多瓦的倭马亚酋长国。
约公元840年	拉丁语是书面与文化的语言。罗曼语言开始形成,进化成加利西亚语和阿斯图−莱昂语。	奥维耶多的国王,节欲阿方索二世下令修建一座教堂。	在圣地亚哥德孔波斯特拉(加利西亚)发现一个被认为是使徒圣地亚哥的墓。
公元899年	拉丁语是文化的语言。阿斯图−莱昂语。加利西亚语。可以合理地推测杜罗河流域的柏柏尔人已经摆脱前期双语,使用西语。	在圣地亚哥德孔波斯特拉新建的教堂,该地成为基督徒的圣地。在杜罗河一带从北非罗马区来的柏柏尔人依附于莱昂。	伟大的阿方索三世。边界扩展到杜罗河流域。
公元912年	几种方言里的早期卡斯蒂利亚语。巴斯克语的例子。	10世纪末。圣米兰注释。	卡斯蒂利亚县。
公元929至1031年	阿拉伯化普及,包括基督徒中的摩沙阿拉伯人。安达卢斯罗曼语继续被使用。	哈里发艺术:科尔多瓦清真寺、麦地那扎赫拉古城、托莱多的清真寺(耶稣之光)。用阿拉伯语书写的基督教宗教文献。	科尔多瓦哈里发统治。

日　　期	语　　言	文　　化	历　　史
公元1031至1085年	书面文字以古典阿拉伯语为主；但出现了安达卢斯语和安达卢斯罗曼语。	安达卢斯文化蓬勃发展：诗歌、天文、数学、建筑。	最早的泰法王国。哈里发统治分裂成二十多个小王国。
公元1085年	多种语言。拉丁语巩固其书面文字地位。几种不同伊比利亚罗曼语。托莱多摩沙阿拉伯人的安达卢斯阿拉伯语。在基督教领地里史诗用卡斯蒂利亚语吟唱：《熙德之歌》(Cantar de Mio Cid)，约公元1150年。	托莱多第一所翻译学校。翻译成拉丁语。大量法语文化影响。西哥特文字逐渐被卡罗琳娜字体代替。	卡斯蒂利亚和莱昂国王阿方索六世征服托莱多。塔霍河成了边界。瓦伦西亚被卡斯蒂利亚的熙德征服(1094)。
公元1086年	阿拉伯语。一直到公元14世纪用安达卢斯阿拉伯语书写诗歌，有些安达卢斯罗曼语的文例。诗人伊本·库兹曼(1087—1160)脱颖而出。	阿尔莫拉维德艺术。蒙特阿古多城堡(穆尔西亚)。	阿尔莫拉维德人登陆伊比利亚。1101年收复瓦伦西亚。
公元1154至1212年	阿拉伯语诗歌的发展。格拉纳达和妇女书写的诗歌的重要性。	阿尔莫哈德艺术。塞维利亚的清真寺。保存了尖塔，吉拉达钟楼。	在阿尔莫拉维德人败给基督教徒后，阿尔莫哈德人开始征服阿尔安达卢斯。第二批泰法王国。
公元1212年	加利西亚语是基督教抒情诗歌的语言。卡斯蒂利亚语史诗。	卡斯蒂利亚语和其他罗曼语言文学作品的增加。英雄史诗继续发展。开创并发展了文人与教士的诗歌。	纳瓦斯·德·托洛萨战役。阿尔莫哈德人败给几个基督教王国的联合军队。从此刻起基督教在伊比利亚占主导地位。
公元1248年	用拉丁文书写的文件里增加了罗曼语言的成分。	费尔南多国王在他的墓碑上(1252年)铭志统一基督徒、摩尔人和犹太人的雄心。	圣徒费尔南多三世收复塞维利亚，巩固了瓜达基维尔河的边界。阿拉贡人征服瓦伦西亚。

日 期	语 言	文 化	历 史
公元1252至1284年	第一次重大语言改革。语音文字。皇家书房把文字翻译成卡斯蒂利亚语。	第二所托莱多翻译学校。	智者阿方索十世执政期。
约公元1250年	古典阿拉伯语和安达卢斯语。	修建阿尔罕布拉宫和城墙。"官员诗人"。保守主义。伊本·扎姆拉克（1333—1393）崭露头角。	格拉纳达酋长国（1238年建立）。
公元1344年	卡斯蒂利亚语。犹太人和穆斯林的方言。阿尔哈梅达文学:《约瑟夫民谣》,希伯来字母;《约瑟夫诗歌》,阿拉伯字母。	18世纪文学体裁结束,文学的蓬勃发展:《真爱之书》(Libro de Buen Amor)、《宫廷韵文集》(Rimado de Palacio)。	卡斯蒂利亚的阿方索十一世征服了阿尔赫西拉斯,切断安达卢斯穆斯林与北非的来往。
公元1356年	卡斯蒂利亚语地位巩固。恢复了词末的元音,除了在辅音 l, m, n, s, d, z, x之后,元音 e 彻底消失。	塞维利亚王宫（阿尔卡萨尔）三座阿尔莫哈德的宫殿因为地震倒塌。修建穆德哈尔宫殿。	彼得罗一世在卡斯蒂利亚的统治。塞维利亚大地震。
公元15世纪	卡斯蒂利亚语和拉丁语。拉丁语对卡斯蒂利亚语词汇和句法的重大影响。	人文主义初现端倪,古典文化振兴。翻译。世纪末的戏剧。	特拉斯塔玛拉王朝在卡斯蒂利亚、阿拉贡、纳瓦拉和那不勒斯的统治。
公元1469年	阿拉贡语。卡斯蒂利亚语。阿拉贡书面语蓬勃发展及其对卡斯蒂利亚语的影响。	人文主义发展。哥特文化向文艺复兴过渡。	阿拉贡的费尔南多和卡斯蒂利亚的伊莎贝尔联姻,成为天主教双王。西班牙统一。
公元1492年	卡斯蒂利亚语成为西班牙语,并成为世界语言。被驱逐出境的犹太人带着他们的犹太西班牙语（ladino）在地中海扩散。西语开始与美洲印第安语言接触。	内布里哈的卡斯蒂利亚语语法。此书拥有象征意义,但缺乏重要性。内布里哈的拉丁－西语和西语－拉丁字典。	天主教占领格拉纳达。驱逐犹太人。发现美洲。

7　历史语言学练习

　　这个章节的主要目的是向我们的读者展示四个不同语言发展时期的文本。通过第一手阅读，西班牙语学者可以了解到这门语言的发展脉络，同时也能初次感受古西班牙语的文字，对将来进一步学习西语文学和历史大有裨益。

文本A：

> 　　El más antiguo es un documento de León, de hacia 980, muy romanzado; se trata de la lista de quesos gastados por el despensero del convento de San Justo y Pastor, en Rozuela:
>
> 　　Nodicia de / [2] kesos que / [3] espisit f*rater* / [4] Semeno jn labore / [5] de f*ratres:* jnilo ba/[6] celare /7 de cirka *Sancte* Jus/ [8] te, kesos. U.; jnilo / [9] alio de apate, / [10]. II. kesos; en que / [11] puseron ogano, / [12] kesos. IIII.; jnilo / [13] de Kastrelo. I.; / [14] jnila uinia majore, / [15]. II.; / [16] que lebaron enfosado, / [17]. II. adila tore; / 18 que [le]baron aCegia, / [19]. II. Quando la talia/ [20] ron; ila mesa, .II.; que / [21] lebaron aLejone .I./ [22] ... n / [23] a... re ... / [24] que ... / [25–28] ... / [29] ga uane ece; alio ke le/[30]ba de soprino de Gomi / [31] de do ... a ...; .IIII. quespi/ [32] seron quando jlo rege / [33] uenit ad Rocola; /[34]. I. qua salbatore jbi / [35] uenit.
>
> 　　Además de las confusiones de *j, i, u, v,* la abundante grafía *de k,* la falta de *ch* y *f,* o el uso de *l* en *lebaron* ('llevaron'), donde parece probable pensar que había una palatal (pero donde puede influir el poso de latinismo del texto), hay que advertir la falta de distinción de *b / v,* que no hay grafías de -*ss*- y que es posible que la *c* tenga valor de representación de la africada predorsodentoalveolar sonora, *z* [dz]: *Rocola* está por *Rozola,* es decir, 'Rozuela'. *Cegia* por *Cea* parece mostrar una etapa *Ceya,* y la conservación de la palatal se observa también en *Lejone* (de Legione) 'León'. *Bacelare* es hoy *bacillar,* una viña nueva. *Llevar en fosado* es dar como tributo (*fonsado*) a la hueste que defiende el territorio de los ataques moros. *Jlo rege* es 'el rey'. (No se ha transcrito la *s alta,* ʃ, por comodidad tipográfica: se encuentra en todas las posiciones en que aparece *s minúscula* en la transcripción.)

　　1. 请尝试高声朗读这段文字，之后仔细阅读西语文本对文本语音的解释。

　　2. 请把下面10世纪的古音字改写成现代西班牙语：

kesos

quando

levaron

soprino

circa

puseron

文本B:

El *Cantar de Mio Cid*, compuesto a mediados del siglo XII, posiblemente la obra más representativa de la Castilla medieval, se conserva en un manuscrito del siglo XIV que copia una copia de 1207. Se trata por tanto de una copia de una copia, lo que implica que hay bastantes alteraciones gráficas.

El sistema gráfico es un compromiso entre el texto antiguo, que no se regía por la norma que luego se llamó *alfonsí*, es decir, la del escritorio real de Castilla de la segunda mitad del siglo XIII, y una copia posterior a esa norma, a la que tampoco se ajusta enteramente. La consecuencia de esta incoherencia es que nos encontramos a veces con grafías cuya lectura es idiosincrática. En general, sin embargo, no es difícil reproducir una pronunciación medieval del romance del texto, siguiendo ciertas pautas fonológicas, es decir, no de sonidos, sino de clases o categorías de sonidos.

Vocales

El sistema vocálico era diferente del actual. En lugar de cinco timbres vocálicos tónicos tenía siete, con dos fonemas abiertos /ɛ/, é abierta y /ɔ/, ó abierta, que se podían realizar como los sonidos [é] y [ó] respectivamente, o como los diptongos ascendentes correspondientes, [jé], [já] para /ɛ/ é abierta y [wó], [wá], [wé] para /ɔ/ ó abierta. Es muy importante entender que [jé] no se analizaba como se hace hoy, en /i/ + /e/, o que [wé] no era [u] + [e], como hoy, sino que para los hablantes de entonces eran variedades de la *é abierta* y la *ó abierta,* respectivamente. Así, sobre todo cuando nos encontremos con la grafía *-ue-* en posición tónica, tenemos que recordar que, en la lengua original, ese diptongo era monofonemático y se interpretaba como una variedad de la *ó* abierta. Para nosotros, hoy, es más sencillo leer lo que se escribe *-ue-* en el texto, como [ó], pero eso es simplificar, igualmente podríamos leerlo [wó] e incluso [ué], pero sabiendo que la categoría fonológica a la que corresponde, como variante de un fonema, es la clase /ɔ/, ó abierta, tónica.

Las vocales átonas se pronunciaban muy relajadas, sobre todo en posición interna y final, en la que se perdían la -e y también la -o en muchos casos en los que hoy se han repuesto. Es frecuente que nos encontremos versos en los que una palabra cuya última vocal es una -ó- rima con otras cuyas últimas vocales son -ó-e. En ese caso, podemos leer suprimiendo la -e o añadiendo una -e a la palabra que no la lleva en la escritura. Ésa es la -e *paragógica*, típica de la fonética de los textos épicos. Sin embargo, si la palabra termina en -ó, añadir la -e *paragógica* no es tan simple, porque hace falta intercalar una consonante, que no es siempre una -v-, como algunos autores dicen simplificando, sino que tiene que ser la terminación etimológica, por ejemplo una -d- si se trata de la tercera persona de un verbo: *entró* sería *entróde*, no *entróve*.

Consonantes

Cuando en el texto se escribe una *h*, no se pronuncia, al igual que hoy.

Las grafías *b, d, g* correspondían a oclusivas, se pronunciaban, por tanto, como se pronuncian hoy tras consonante nasal o en posición inicial absoluta.

La grafía *u* y la grafía *v* se usaban para la vocal y para la consonante *b* fricativa [β], es decir, en este segundo caso, como hoy en *estaba, cava*. Cuando hoy es una vocal la leemos como vocal, cuando hoy se escribe como *b* o como *v* la leemos como consonante.

La grafía *i* y la grafía *j*, del mismo modo, se usaban también para la vocal y la consonante. Cuando hoy es una vocal, la leemos como vocal, cuando hoy es una jota, consonante, la leemos como la *j* del catalán, francés o inglés, es decir, como una y moderna con la lengua un poco más adelantada [ʒ].

La -s- y la -ss- deben utilizarse para clases diferentes de sonidos, pero en el texto se emplean muchas veces con el mismo valor de [s] sorda moderna. Cuando la -s- intervocálica toma su propio valor gráfico corresponde a la sonora que oímos en *desde*, que representamos como /z/. Es la [z] o *s sonora* del portugués, el catalán, el francés, el italiano o el inglés, sólo el español moderno la ha perdido como fonema.

La *c* se pronunciaba como hoy en los casos de *ca, co, cu*. Ante las vocales palatales (*e*, *i*) se pronunciaba igual que la llamada *ce cedilla* o *ce* con una pequeña *ceda* debajo, la *ç*. Se debe leer una especie de [ts]. Así, *Cid* o *Çid* se lee [tsíd], *caça* se lee [kátsa]. La -z-, que es la grafía que se le opone, es la representación de su equivalente sonoro, por tanto, se leerá como [dz], entendiendo esta [z] como la pronunciación de la -s- que se escribe en *desde*.

La -*ch*- también puede tener múltiples valores. El moderno, el de [k], como en *Christus* [= krístus] e incluso el de la jota del español actual, que es una clase de sonidos inexistente en la lengua romance medieval; pero que existía en árabe y hebreo. Con jota pudiera leerse *Rachel*, nombre de uno de los prestamistas judíos: *Rajel*.

La *f*- inicial que corresponde a la *h*- del español actual puede leerse como [f] o como una aspiración, e incluso suprimirse. La lectura clásica es como [f].

La *g* se lee como hoy ante -*a, o, u*-, pero ante las palatales *e, i*, se lee como la grafía *j*, que, como se explicó para la *i* consonántica, representa una prepalatal fricativa o africada sonora [ʒ].

La clase de sonidos correspondiente, sorda, se escribe *x* y se lee como *sh* del inglés, una prepalatal fricativa sorda [ʃ]. No obstante, en algunas ocasiones, la *x* también se lee como [ks], por ejemplo en *extra*. Cuando hoy la leemos [ks] podemos leerla [ks] en el *Cantar*. En más raros casos se lee como [k], generalmente en la abreviatura de *xristianos, Xristo*, donde representa una *chi* del griego (χ).

La simple *l*- se lee como la actual, pero puede leerse como la moderna *ll* [ʎ] cuando corresponde a una *ll* moderna o cuando está en contacto con una *i*, como en *lieuan*, que se leerá como el moderno *llevan*. En posición inicial se marca esa lectura mediante *l[l]*.

Lo mismo cabe decir de la *n*, que se lee como la *ñ* cuando se escribe doble y en la lengua actual es también *ñ* o, muchas veces, cuando va en contacto con una *i*. La grafía *ñ* no es más que la abreviatura de *nn* para representar la clase de sonidos palatal nasal.

La lectura de las grafías de *r* debe hacerse pensando cómo son hoy. En el *Cantar* puede encontrarse *R* para representar la vibrante múltiple, en posición inicial de palabra, o *rr* en posición interior, para la simple actual, en *tierrnas*, por ejemplo, se leerá [tiérnas] o [térnas].

Los grupos consonánticos deben interpretarse, fonológicamente, de modo muy diferente al actual. En los casos en los que *pl-, cl-, fl-* corresponden a una *ll-* moderna, no deben entenderse, en romance, como la suma de [p], [k], [f] + [l], sino como una variante de la -*l*- palatal o *elle* /ʎ/. En los casos en que -*c'l-, -t'l- -g'l*- corresponden a una jota moderna, tampoco hay que interpretarlos, en romance, como [k], [t], [g] + [l], sino como un variante de /ʎ/, ele palatal o *elle*, posiblemente con yeísmo, es decir, como [y], en muchas ocasiones. Los casos de *oclu* < *oculu*, en consecuencia, se analizan como tipos o variantes [óʎo], [óyo], que seguirían luego evolucionando a [ʒ] y se escribirían, en consecuencia, como *oio, ojo*.

Una regla de oro para leer textos antiguos es que, si no se sabe cómo se pronuncian, no se debe intentar reproducirlos de cualquier manera, sino leer la forma que se acerque más a la del español actual. Por ejemplo, si no sabemos cómo se leía lo que se escribía *fijo*, es preferible leerlo como *íjo* a leerlo como *fíjo*. La *f-* inicial y la jota juntas en la misma lectura, si se leyera *fijo*, son incompatibles.

> Aguiio myo çid a_la puerta se l[l]egaua
>
> Saco el pie del estribera una feridal daua
>
> Non se abre la puerta ca bie*n* era çerrada
>
> 40 Vna niña de nuef años a oio se paraua
>
> Ya campeador en buen [ora] çinxiestes espada
>
> El Rey lo ha uedado anoch del entro su carta
>
> Con grant recabdo *e* fuerte mientre sellada
>
> No*n* uos osariemos abrir ni*n* coger por nada
>
> 45 Si no*n* *p*erderiemos los au*e*r*e*s *e* las casas
>
> E demas los oios de_las caras
>
> Çid en_el n*u*est*r*o mal uos no*n* ganades nada
>
> Mas el c*r*iador uos uala co*n* todas sus u*e*rtudes *s*anc*t*as
>
> Esto la niña dixo *e* tornos pora su casa

Una versión moderna sería:

> Aguijó mio Cid, a la puerta se acercaba,
>
> sacó el pie del estribo, un fuerte golpe le daba;
>
> no se abre la puerta, que estaba bien cerrada.
>
> 40 Una niña de nueve años ante su vista estaba:
>
> "Ya Campeador, en buena hora te ceñiste la espada.
>
> El rey lo ha vedado, de él entró anoche su carta,
>
> en gran recaudo y debidamente sellada:
>
> que no os osaríamos abrir ni acoger por nada,
>
> 45 si no perderíamos nuestros bienes y las casas,
>
> y además los ojos de las caras.
>
> Cid, con nuestro mal no vais a ganar nada;
>
> mas el Creador os valga con todas sus virtudes santas."
>
> Esto la niña dijo y se volvió a su casa.

1. 请先阅读 *Mio Cid* 的诗歌。

2. 请仔细阅读西语文本中对这个时期的元音和辅音的介绍。

3. 在诗歌中选出 8—10 个字 (或诗行)，用相应的现代西语写出。

例：myo çid: mio Cid

文本 C：

El siguiente texto, que corresponde al sistema alfonsí, está ya regularizado de acuerdo con la fonética medieval. Se trata de un fragmento de la *General Estoria* de Alfonso X que cuenta la supuesta invención por la reina Semíramis de la ropa interior:

E quando caualgaua, por encobrir ensi las cosas dond ella aurie uerguença, si paresciesse al caualgar, ouo a buscar manera poro las encobriesse, por que quando caualgasse que sele non estoruasse por esta razon delo fazer ligera mientre; e assaco por ende la manera de los pannos menores ella ante que otro omne ninguno; e por que uio que eran apostura e muy buena cosa, fizo los dalli adelante fazer e traer alos uarones e alas mugeres, tan bien alos unos como alos otros, ca tenie que tan bien era uerguença lo delos unos como lo delos otros quando se descubrie de las otras ropas e parescie.

Se puede apreciar en él la fidelidad a la fonología de su época, con regularidad en las transcripciones de *-s-* /z/, *-ss-* /s/, f /h/, z /dz/; dentro de la posibilidad de usar la letra *u* con valor consonántico y vocálico, cuando es consonante siempre tiene valor de fricativa labial, de acuerdo con la etimología. Aparece también la grafía *ll* para la lateral palatal, y *nn* para la nasal palatal. Es una muestra típica de la reforma alfonsí, más sólidamente establecida por cuanto no supone una revolución, sino la simple estabilización de las tendencias que ya se venían registrando. Por presión escolástica se pueden encontrar textos de este tipo gráfico (salvo las *f-* iniciales de *fazer)* hasta el siglo XVIII.

这个练习是阿方索文字系统的文本。请仔细阅读范文和西语对语音文字的分析，然后把下列词汇用现代西语写出：

1. fazer

2. quando

3. encobriesse

4. pannos

5. fizo

6. uarones

7. alas mugeres

8. alos unos

9. parescie

10. uio

文本D：

Tras la pérdida del sistema fonológico medieval, a fines del XV de modo general, es posible encontrar textos en los que la grafía ya no se atiene a los esquemas etimológicos. De una glosa de un villancico de Gregorio Silvestre, conservada en el *Libro de Romances y Coplas* del Carmelo teresiano de Valladolid, la mayor parte de cuyas piezas parecen ser del primer cuarto del siglo XVII se recogen dos fragmentos, en los que la anarquía gráfica es patente. El tema es la cierva herida que va a la fuente. Representa al alma herida por el amor de Dios que acude a la fuente de vida eterna, Dios mismo:

(Fol. 92)
oy se acaba de morir
la cierba que yrio el amor
y en dios que fue el caçador
torna de nuebo a vivir
del divino amor herido
y el coraçon abrasado
bino en busca de su amado
ques fuente de eterna vida
gustole y quedo rrendida
muriendo por se morir
aquesta muerte de amor
que la rrenueba el vivir
(Fol. 103)
a las zierbas que ha tirado
el divino caçador
muertas oy las ha dejado
con las flechas del amor

tanto dellas se agrado

que de su amor muy benzido

caçarlas a pretendido

y al fin con ella salio

para si las a tomado

conoziendo su valor

y muertas las ha dejado

con las flechas del amor

He aquí algunas vacilaciones: *a pretendido / ha dejado, cierba / zierbas* (lat. *cerva); coraçon,* pero *benzido; vivir,* pero *rrenueba,* la ortografía es libre.

这两段诗歌的语言已经进入到15世纪末, 请仔细阅读, 然后把下列词句用现代西班牙语写出:

1. yrio

2. caçador

3. coraçon

4. bino

5. gustole

6. rrendida

7. por se morir

8. zierba

9. benzido

10. conoziendo

第十七章　美洲的西班牙语[1]

1　权力帝国与商业联盟

2　美洲西班牙语的语音、词汇和句法特点

3　古语和新词

4　美洲西班牙语的区域性

5　伊比利亚半岛的西班牙语和美洲的西班牙语

6　进退维谷的美国西班牙语

7　语言的统一

8　美洲西班牙语报刊和文学文本的分析

9　西班牙语的标准

1　权力帝国与商业联盟

　　世间流传着许多有关西班牙语的传说，其中有一些在不同文化程度的说话者心里留下深深的烙印。其中流传最广的就是，有些地方的人西班牙语讲得更地道，更正宗。有些城市就拥有这样从天而降的声誉，比如西班牙的巴利亚多利德 (Valladolid) 和美洲的波哥大 (Bogotá)。其实这毫无道理。实际上，人们说"讲得更好"时，他们想说的是有一种口音，有一种发音，他们认为最地道。一般人对语言的感受基本上基于发音和词汇。很多人，当他们听说所有的人毫无例外都有口音时，会十分诧异。讲好一门语言实际上就是懂得驾驭该语言的结构、语音、语法和词汇。西班牙语是一门相当稳定的语言，虽然从 1492 年西班牙人抵达当时的"西印度群岛"(曾经被如此称呼几百年)，也就是今天的"美洲"开始至今，已经五百多年过去了，西班牙语作为一门横跨大洲的

1　请读者上网寻找一张西班牙地图，便于在阅读中参考、对照。

语言,没有太多变化。在18世纪以前,América这个词被用来描述非西班牙或葡萄牙的疆土,所以,今天的美国人称自己的国家为America (不带书写重音符号)。

还有另一种传说,就是卡斯蒂利亚语扩展演变成西班牙语是通过政治和军事压迫,或者宗教专制带来的。这也是子虚乌有的事。其实一切源于语言的舒适和方便。卡斯蒂利亚语是一门可以容纳八方的语言,这里面有许多伊比利亚半岛罗曼方言的延伸,从巴斯克语、阿拉伯语、加泰罗尼亚语到加利西亚语,恰似法语和欧西坦语一样,都能在西语里轻轻松松地留下自己的足迹。各种语言背景的人可以得心应手地使用西语。在整个中世纪,至少500年间,这门语言逐渐成形。到了1492年,西班牙语已是根基稳定的语言,这时候它迎来了向欧洲、非洲和一片新大陆扩张的黄金时代 (当时欧洲人以为新大陆是亚洲,把它称为印度)。另一种传说就是西班牙语的崛起与天主教反宗教改革的压迫相关。其实,西班牙语政治文化的扩张与宗教活动大相径庭。反宗教改革的运动更多制约了圣经的翻译,因此保证了拉丁语作为教廷的语言。在拉丁美洲,天主教遵从圣保罗的做法[1],以拉丁语和印第安语言进行传播,所以在这些美洲大陆独立时,当时只有三分之一的人会讲西班牙语。是当时各地的新生政权强制推行西班牙语,并迫害失去西班牙印度法律保护的印第安人。在有些国家,比如阿根廷,印第安人几乎被灭绝;在其他国家,则强制推行严厉禁止印第安语的法令,学习法国大革命的模式,以此来推行西班牙语教育。从20世纪末到21世纪,这种现象已经大大减少,有些国家又开始对印第安语产生兴趣,并且开始研究它们。拉美区域 (不是北美区域) 印第安语的流传中有一个非常独特的现象:在美国境内有一些"西语"移民的社区,他们仍然使用祖先的印第安语和英语,并不讲西班牙语。

美洲大陆的政治结构,就好像当初在伊比利亚半岛的光复运动一样,延续着古罗马的制度,与宗教分权:分配土地,创立城市,建立一支强大的军队。土地、城市、军队是政权,是支配权力的三大支柱,它们构建了帝国。美洲大陆的西班牙语是新生的地主、城市里操纵贸易和交换者的语言,也是士兵、军队的语言。印第安人继续使用他们自己的语言,传教士在与他们沟通时,也使用印第安语。所有的神父要被任命为教区牧师 (párroco,社区的精神领袖) 时,都必须通过一门印第安语的考试。大学也是教会设立的,大学的语言就是拉丁语,至少在理论上。在西班牙总督执政期间,西班牙的美洲建立了23所大学,总共有15万大学毕业生。最古老的大学有秘鲁利马的圣马科斯皇家教廷大学 (1551年5月12日皇家规定设立) (今名为:利马国立圣马科斯大学) 和墨西哥的皇家教廷大学 (1551年9月21日皇家敕令设立) (今名为:墨西哥国立自治大学)。相反,在美国,哈佛大学是1636年成立的学院,直到1780年才演变为大学。威廉

1　圣保罗主张传播教义应该使用当地的语言。

与玛丽学院 (*The College of William and Mary*) 则创建于 1693 年。

　　美洲并不是同一个时间被征服，也没有一个统一的政府结构。西班牙在美洲没有殖民地，很多人为了临摹法国和英国的殖民地杜撰出这个名词。整个西班牙美洲是以总督领地划分的，也就是说，像伊比利亚半岛王国的结构，总督代表国王管辖这片领地，由西印度皇家最高理事院 (El Real y Supremo Consejo de las Indias) 统筹，贸易则由驻守在塞维利亚 (之后转为加的斯) 的贸易中心调配。后期征服的土地，比如拉普拉塔河地区，则建立了都督府 (Capitanías Generales)。

　　随着各个国家的独立，在古老的西班牙和美洲的新生国家里，军队结构从政权里游离出来；但是西班牙语仍然是每个国家的通用语言。那些土地的所有者和贸易经办人继续使用西班牙语。独立战争不是一场农民革命，而是土地所有者的革命。追随启蒙思想的理念，自由、博爱，特别是平等，创立了一种新的教育模式：服务于全体公民，只讲一门语言的平等教育。整个 18 世纪推广西班牙语的压力倍增，但在美洲独立的时候，正如我们说过，当时其实只有三分之一的人会讲西班牙语。到了 19 世纪，一切都颠倒过来。在 20 世纪，西班牙语占了绝对优势。也是在 20 世纪，权力发生了变化。那些军队联盟把独裁者推上权力的宝座，但他们无法持久，不得不慢慢让位于商业联盟。商业联盟建立在自由竞争之上，因此民主得到发展。同样，它也建立在经济平等分配上，而使用同一种语言是平等贸易的保证。一个稳固的商业网络，需要一门统一的语言才能降低它的成本。请记住一个古老的贸易原则，就是交易时要使用买方的语言。这种模式的变化，从军队权利模式转向商业权力模式是历史的老相识。正如从拉丁帝国模式 (imperio) 转向希腊的商业联盟模式 (emporía)，所以后来诞生了 emporio (商业联盟) 这个词。

2　美洲西班牙语的语音、词汇和句法特点

　　在整个美洲几乎很少有什么是拉美西语共有的语音特点，与伊比利亚方言相关的语音现象更是微乎其微。一般来讲，美洲西班牙语从属于塞维利亚的语言规范，而非马德里的：有关美洲西班牙语包含安达卢西亚方言用语 (andalucismo) 的观点一开始曾受到一些人反驳，但到了今天，这个观点具体化了许多，已经被许多人接受。

　　把 c, z 都读作 s 的语音现象 (seseo) 是贯穿整个美洲西班牙语的语音现象。西班牙本土的加纳利和安达卢西亚人也是如此发音 (虽然安达卢西亚有一些地区并非如此)。seseo 就是消除了 z 和 s 二个音符之间发音的不同，全部混合为 [s] 的发音：cacería 和 casería 全部发成 casería。

　　把一个音节或者一个词 (除非这个词紧接着另一个以元音开头的词) 的最后一个

s发成送气音在西班牙的很多地区和拉丁美洲也很普遍，但是不如 seseo 盛行，因为它受社会阶层的影响：语言层次，正式语言和俚俗语言之间的差别。同样，我们还能看到在一些地区或一些美洲西语语域里有把单词开头的s发成送气音的现象 (西班牙有些地区也是如此)：sí 发成 hí。

yeísmo 是把 ll 和 y 都发成 [y] 的语音现象。这个现象在拉美并不普遍，有很多地区，主要是安第斯地区和南美洲中部，仍然分辨这两个音。这个 y 有时候变得很像英文重读 j 的音。这是一个龈后擦音，用 [ž] 音标表达，被称为 žeísmo。它被清音化，变得像英文 sh 的音，或者像西语的舌尖音 [s]。在其他地区，ll 发成 ž，这样 ll 和 y 之间的区分就变成了 ž 和 y 的区分。这种现象在拉普拉塔河流域很普遍。

同样，音节末尾的辅音经常被<u>削弱</u>，虽然有时为了强调，着意加强发音。结果 dotor 和 doitor 这两个词都同样代替了 doctor (正确发音应该是 doktór)，但阿根廷人也是这样用 siudat 代替 ciudad。在安第斯和中美洲地区，发音削弱可以影响到一个音节或一个单词最后的 l 和 r 的发音，有时候这两个音互相混淆，或淡化到完全消失：puelto 代替 puerto，salí 代替 salir。

这种<u>语音削弱</u>的现象非常普遍，比如把 ch 和 j 淡化，像安达卢西亚人一样。ch 变成擦音，像葡萄牙语或英语里面的 sh；j 被发成送气音，可以用 h 表示。在某些地区，比如在古巴，别的辅音被削弱，比如 b 这个音被淡化到在语音转写时可以用 w 来表示。在其他地区，比如在墨西哥高原 (México 和 Texas 的 x 读成 j)，非重读的元音被吞噬了：psńtonskwanscapó = pues entonces cuando escapó。

还有其他一些比较不普遍的语音现象，比如说在波多黎各，把 r 的音发成软腭音 (r 变得像法语一样)，或者是把在 e, i 元音之前的 j (或 g) 发成后腭化音，像德语 ichlaut 的发音，在智利，jefe 可以用 jʲefe 代替。同样的，在智利，在阿根廷的一些地区和新墨西哥州，tr 这组音被发成龇音，几乎接近 ch 的音 (就像在西班牙的纳瓦拉地区)。

下面这个范例把一个文本的古巴发音忠实地标示出来，里面有很多俚俗的发音，与正统的规范大相径庭：

soᵇre laʰ superstisjoneˢ đē kuwa_ẽⁿ sí, sõⁿ la peʳsonaʰ ᵬjehas yaˈguna ᵈᵉ la muŝaŝaˢ, por ehemplo, disen lah mučaŝa, siŋorita, ke_ayí, al ber una_eʰkalera_ẽⁿ kwakjeˈ lugar đe_ɏna kaye pwes eyãⁿ no pasãᵐ poʳ deᵬaho de la_eʰkalera poˈke dise ... se đise ke si pasa, pweʰ hamáˢ se kasará. tâmbj ẽⁿ se đise ke kwãnđo_está baɾjẽⁿdo i sj_aˈguna persona eʰ baɾiđa, o séase la_eʰkoᵬa le pasa poˈ loʰ pjé, esa persona pweʰ hamáˢ se kasará.

disẽⁿ, se đise tãᵐbjéⁿ ke‿okasjona mala swęrte kwãⁿdo‿alguna persona ƀa por una kaye, i sẽⁿkwẽⁿtra kõn ũⁿ gato nęgrǫ, se đise ke‿esa pe'sona tjene ... lębará una ƀiđa deʰgrasjađa. tãᵐbjẽⁿ se ise ke nĩⁿguna persona pwede matar ũⁿ gato negrǫ, pweˢ tẽⁿdrá sjete‿ąnǫʰ đe mala swęrte. ẽⁿ fiⁿ, soƀrĩⁿsidẽᵐ muŝa, muŝa supe'tisjoneʰ, ke‿ẽⁿ e'te momento yo no rekwe'đo tođas, perw‿esistẽᵐ muŝísimas.

除了我们上面提到的这些笼统的发音特征,我们还可以在这个具体的文本里看到大量的鼻化音,ch 的不同发音版本: *mutsatsa* 和 *muchatsa*,词尾 n 发成软腭音,或者吞掉开头的 d: dice ⟹ ise。

在语法方面,除了塞维利亚基本的传统规范特征以外,我们还可以列举出几个特点。

在名词的性上,似乎拉丁美洲比西班牙还更在乎清晰分辨名词性的不同: 可以看到人们使用 retratisto, maquinisto, cuentisto。与此同时,所有以 a 结尾的名词都倾向于是阴性(西班牙的俚俗用法): la reúma。除了一些个别发音的不同,最主要的有(因为较为常见)用 el vuelto 代替 la vuelta(找零),和 el radio 代替 la radio。

在名词的数上,因为受先古典西班牙语的影响,似乎在美洲,尤其在北部,更喜欢使用复数: echar las culpas, los resuellos, dar ascos, ¿qué horas son?

在动词的使用上,最显著的现象,虽然不是很普遍,是仿古用语: voseo 就是家常用语中,用代词 vos 代替 tú。这种用法在阿根廷、拉普拉塔河流域、智利的部分地区和中美洲很普遍,但也出现在其他地区,比如哥伦比亚。它的代词形式为 vos, te, a vos: te lo digo a vos, vos te quedas。至于动词的形态,有四种形式,在三种变位形式里有四种动词结尾:

A 型: -áis -éis -is

B 型: -áis -ís -ís

C 型: -ás -és -ís

D 型: -as -es -es (不带重音的词尾)

在构词和后缀使用方面,应该指出的是美洲的西班牙语比伊比利亚的西班牙语更喜欢用派生形式,不论是指小词甚至是重复后缀,比如 ahoritica,还是在副词或动词形式后添加后缀: corriendito,或者是添加增大后缀,以示最高级: cansadazo = cansadísimo。派生词也是比比皆是: gauchada, peonada, muchachada, indiada。有时候,选择名词的性也存在分歧,比如,是用 -ero 还是 -era,似乎阴性形式更常被采用: azucarera, billetera。

对词汇的不同应用应该是最夸张的，因为这点最容易让人感知到。我们经常爱引用类似下面这种罗森布拉特的文本，来求得滑稽的喜剧效果，但我们却忘掉了，其实在西班牙的不同地区，也很容易找到不同的例子，足以让人捧腹。

EL TURISTA EN CARACAS

Aquí comienza el segundo acto de su drama. Ya en el aeropuerto de Maiquetia, le dice un chófer:

– Musiú, por seis cachetes le piso la chancleta y lo pongo en Caracas (*musiú* es todo extranjero, aunque no precisamente el de lengua española, y su femenino es *musiúa;* los *cachet*es, que también se llaman *carones, lajas, tostones, ojos de buey* o *duraznos,* son los *fuertes* o monedas de plata de cinco bolívares; la *chancleta,* o *chola,* es el acelerador).

El chófer que lo conduce exclama de pronto: "Se me reventó una tripa." El automóvil empieza a trastabillar, y por fin se detiene. Pero no es tan grave: la *tripa* reventada es la goma o el neumático del *carro,* y tiene fácil arreglo. El chófer, complacido y campechano, lo tutea en seguida y le invita a *pegarse unos palos,* que es tomarse unos tragos, para lo cual *se come una flecha,* es decir, entra en una calle contra la dirección prescrita.

Nuestro turista llega finalmente a Caracas, y comienzan sus nuevas desazones, con los nombres de las frut*as (cambures, patillas, lechosas, riñones),* de las comidas *(caraotas, arepas, ñame, auyama, mapuey),* de las moneda*s (puya*s o *centavos, lochas* o *cuartillos, mediecitos, reales*). Oye que una señora le dice a su criada:

– Cójame ese flux, póngalo en ese coroto y guíndelo en el escaparate (el *flux* es el traje; un *coroto* es cualquier objeto, en este caso una percha; *guindar* es colgar y el *escaparate* es el guardarropa o ropero).

A nuestro amigo español lo invitan a comer y se presenta a la una de la tarde, con gran sorpresa de los anfitriones, que lo esperan a las ocho de la noche (en Venezuela la *comida* es la cena). Le dice a una muchacha: "Es usted muy mona", y se lo toma a mal. *Mona* es la presumida, afectada, melindrosa. Escucha, y a cada rato se sorprende: "Está cayendo un palo de agua", "Fulano de tal pronunció un palo de discurso", "Mengano escribió un palo de libro", "Zutano es un palo de hombre". Y el colmo, como elogio supremo: "Qué palo de hombre es esa mujer!" Pero lo que le sacó de quicio fue que alguien, que ni siquiera era muy amigo suyo, se le acercara y le dijera con voz suave e insinuante:

– Le exijo que me preste cien bolívares.

– Si me lo exige usted -exclamó colérico-, no le presto ni una perra chica. Si me lo ruega, lo pensaré.

No hay que ponerse *bravo*. El *exigir* venezolano equivale a rogar encarecidamente (el *pedir* se considera propio de mendigos, y la *exigencia* es un ruego cortés). Además, le exasperaron las *galletas*, más propiamente las *galletas del tráfico* (los *tapones* de Puerto Rico), las prolongadas y odiosas congestiones de vehículos (el *engalletamiento* caraqueño puede alcanzar proporciones pavorosas). Y como le dijeron que en Colombia se hablaba el mejor castellano de América, y hasta del mundo, allá se dirigió de cabeza.

很显然，甚至在哥伦比亚类似的问题也会出现。我们不应该混淆语言层次的差异：一位安第斯山脉的印第安人或一位吉卜赛人讲的话对我们来讲都可以是无法理解的。类似的情况也可以发生在西班牙的两个地区之间。

在词汇的应用上，除了这些幽默的细节外，最明显的区别就是印第安用语和仿古用法 (它们可以令一位卡斯蒂利亚人或阿斯图里亚斯人惊讶，却难不倒一位安达卢西亚人)。确实，在西班牙语里已经引进了大量的美洲印第安用语：maíz, tomate, cacao, chocolate, canoa，但美洲仍然还是拥有许多西班牙所没有的物产，所以这种美洲特有的词汇比比皆是：papaya, manatí, coatí, guayaba, pulque 等等。全球化扩大了大家对这些物产的认识。还有另外一种情形，就是在美洲人们采用西班牙的用法，而西班牙人却使用印第安人的用法，所以出现了 tigre (在西班牙叫 jaguar)，león(西班牙叫 puma)，原因就在于西班牙人是站在局外看这些东西，把它们同亚洲和非洲的同类动物分开，而拉丁美洲人却置身其中，离得太近，看不见它们与外界的区别。

根据可靠的统计数字，西班牙语93%的词汇是通用的。这显示了西语巨大的稳定性。今天跨国的电影制作、电视连续剧，还有许多通过电脑进行的社交活动，让许多即使在一个地区并不常见的用法都能很容易就被人接受，这同时也减少了对许多语言禁忌的盲用，那些在一些、甚至很多地方含义猥琐的用语因此得以避免。

3 古语和新词

把美洲西班牙语整体定义为仿古型或创新型似乎是不可能的，虽然我们说过它遵循塞维利亚的基本规范。美洲西班牙语不是一个单一的整体，而是一个语言和社会的多面体。有一些地方始终是创新，另一些地方保守，另外一些则是仿古，但在来自半岛的"文雅"现象上保守，比如使用"你"的称谓 (tuteo) 和把 ll 和 y 都发成 [y] (yeísmo，墨西哥和秘鲁)。

所谓的美洲西班牙语整体带着仿古色彩是建立在两种认识偏差上，第一种是美洲的语言基础应该是先古典时期。这种说法无法自圆其说，因为美洲从来都没有孤立于西班牙。第二种说法，是认为拉丁美洲是西班牙的一个旁支，而旁支总的来讲总是仿古的。然而，拉丁美洲仿古的地方完全归结于它的社会历史条件；地理位置不能完全左右一切。

另外，有一些仿古的现象，比如用 vos 代替 tú (voseo)，在美洲并不普遍。还有别的现象，比如用 -ra 这个动词形式来表达陈述式 (cantara = había cantado)，在西班牙本土也出现，其实是一种更文学的用法。至于在所谓的词汇仿古现象上，确实美洲的一些用法与马德里的规范不同，然而这并不说明它与西班牙其他地区的用法相违。但同时我们也不难看到马德里的一些仿古用法，比如 estafeta 或 estanco，并没有在美洲盛行。其实这里再次涉及语言的层次问题，像 melecina, agora, ñublar, jierro 这些仿古用法，是农村人常用的，并不是一般大众或规范的语言。

与这些可能的仿古用法并存，几乎是为了语言的平衡发展，美洲拥有许多语言创新，有些是建立在半岛语言的基础上，有些则不然。

基于半岛西班牙语基础上的创新在上一节讨论语音时已经可以略窥一二。它可以用安达卢斯或安达卢斯化的殖民影响来解释，也不能遗忘其他"多重的原因"，比如来自非洲黑人语言的影响。

与这些创新并存的还有与半岛西班牙语毫无关系的原创。有时候是受印第安语言影响，比如尤卡坦半岛 (玛雅人) 的辅音"声门化"，也就是声门的关闭；厄瓜多尔高原 (盖丘亚和艾马拉语 /quechua y aymara) 对元音 i/e, u/o 的混淆，加上声调变化，等等。但是有时候这些创新并非来自某一种语言的影响，比如在墨西哥高原上非重读元音的消失，拉普拉塔河流域的把 ll 和 y 发成 ž (žeísmo)，波多黎各的软腭 R 音，动词系统的简化，动词短语 dar + 副动词：dame cerrando la puerta = ciérrame la puerta。这些个体的语言现象可能源自西班牙语的总体结构，但是之后，它们都分别在自己特有的社会文化条件里不断演化生成。

美洲西班牙语林林总总，不可以简单地用仿古或创新两个学术名词来概括。这些公式只能放到孕育这些语言现象的大环境里来做解释。

4　美洲西班牙语的区域性

当学者研究美洲西班牙语时，根据语言现象的特点，把它划分成 23 个区域。只要举出一个例子，就能看出这种划分不但有趣，而且非同凡响，比如：阿根廷共和国的一个省份——圣地亚哥·德尔埃斯特罗，就被划分成一个单独的区域，因为这里西班牙语和盖丘亚语并存，当地居民所讲的西班牙语和盖丘亚语与毗邻的人所讲的不同，却与秘鲁北部的十分相似。这也许可以大胆假设，当初从秘鲁北部曾经有大量的白人和印第安人移民到阿根廷。

在我们这种简短讨论中，全面引进这种细致的分类似乎不太适宜。我们只能列举一个传统的、不全面的分类，就像它的作者亨利格·乌里纳 (Pedro Henríque Ureña) 自己所称的那样，这是一个很笼统的分类。这个后来经过修正的分类，帮助我们大致地把美洲西班牙语分成几个较统一的区域：

I. 美国的新墨西哥州和一些西班牙语地区，与英语抗衡。

II. 墨西哥和中美洲地区。与犹他阿兹特克语系 (纳瓦特语) (yutoazteca/nahua)、玛雅语及其他各种语言混杂。

III. 古巴、波多黎各和安第列斯群岛，受克里奥尔语 (criollo) 的影响，甚至有一种混合语，帕皮阿门托语 (papiamento)，主要通行于荷属安第列斯群岛。

IV. 委内瑞拉和哥伦比亚的大西洋区域。同上面第三区域相似，受加勒比和阿拉瓦克语 (arahuaca) 的影响。

V. 哥伦比亚太平洋地区、厄瓜多尔、秘鲁、玻利维亚和智利北部：和盖丘亚语 (quechua) 混合。

VI. 智利中部和南部。与阿劳科语 (araucano) 和马普切语 (mapuche) 相混合。

VII. 巴拉圭和阿根廷与之交界的地区。和瓜拉尼语 (guaraní) 相混合。

VIII. 阿根廷和乌拉圭。受瓜拉尼语影响较第七区域更少的白人殖民统治。

这八个语言区域的分类虽然缺欠不少，但已足够指出把美洲西班牙语当成一个统一体的观点是如何荒谬。

5　伊比利亚半岛的西班牙语和美洲的西班牙语

我们不能将伊比利亚半岛的西班牙语或者美洲西班牙语分别视作一个个体来谈论，因为这两种分类都不存在，太过于泛泛了。西班牙语的这两个部分 (伊比利亚半岛和美洲)，分别带着各自方言的多面性和一门被地理和社会分离的共同语言 (西语)。我们可以指出西班牙和美洲方言之间的相似之处，也可以指出两种语言分支自身的种种差异。这种差异中，地理位置的远近并非最为重要，不同地区历史与文化的发展起了更为重要的作用。加拉加斯的西班牙语和布宜诺斯艾利斯的西班牙语之间的差别远远大于加拉加斯和马德里西班牙语之间的差别，这就是一个很好的例证。

伊比利亚半岛的西班牙语和美洲西班牙语的说法其实是自欺欺人。我们按照惯例使用这两个术语，只是为了方便用来指示两种带有多重内涵的客体。

6　进退维谷的美国西班牙语

托马斯·杰斐逊 (1743—1826) 为自己设定的人生目标之一就是把美国疆土向西扩张，展现在他面前的是一片一望无际、无人居住、复杂辽阔的土地。这片辽阔的土地确实覆盖了无以计数的平方英亩，它们慢慢融入美国的疆土，占据了今天这个国家的大部分疆域。今天，在这片土地上仍然居住着杰斐逊时代的家族的后裔，当杰斐逊还在规划扩疆的宏图时，他们的祖先已经生活在那里了。但同时还有另一个已经证实了的事实：今天绝大部分居住在这片土地上的人，他们的祖先也是不久前才在此定居下来。而那些居住在此的18世纪西班牙人的后裔，今天基本上讲英文，除了极个别的例外。西班牙文字的传统，从最早的探险者开始，通过编年史和诗歌，流传至今。它植根在民间艺术里，在新墨西哥州演化出自己的特色。它同时也出现在19世纪的杂志和报纸，进入纽约的文化中心或出版社。后来还被古巴和西班牙的流亡者，以及西班牙的留美知识分子，比如费德里科·德奥尼斯 (Federico de Onís) 和费德里科·加西亚·洛尔迦 (Federico García Lorca) 等人发扬光大。波多黎各和佛罗里达更是为美国的西班牙语注入了源源不断的新生命。最后还有那些专门针对西班牙裔的商业广告，更是为语言的传播推波助澜。

我们怎么定义美国西班牙语的语言文化遗产？一般来讲，它包括的是被一波波移民带进美国本土的各种西语版本。可能有人会指出，从新墨西哥州的东北部、科罗拉多州的南部以及路易斯安那州被卡特里娜飓风驱逐四散的小岛居民，到路易斯安那州和得克萨斯州之间阿达斯人 (los Adaes) 的地区，西班牙语有其自己的传承性。在美国的地名和民间艺术里充斥着西班牙语的遗迹。在专有名词和美洲印第安语和英语的外来语里西语的痕迹也处处可见。

关于美国西班牙语，前面揭示的问题就是：我们究竟是要一种美国的西语，不在乎它是否能与其他国家不同版本的西班牙语相通，还是我们只要一种归属在西语规范下的美国西语？如果选择第二种，那我们是希望它有自己的规范，与众不同，还是隶属于现有的语言规范？

这种唐突的问题所带来的后果让语言学家痴迷，因为它告诉我们，其实美国自己的西裔语言并不存在，但它正在形成。它不遵从任何一种一般的规范，但是希望有一天它会选择一种。除了英语之外，另外一种选择就是那个混合形成的英西混杂语 (spanglish)。这是一种从西语留存下来，还不能成为英文的一种杂交。语言学家约翰·利普斯基和弗朗西斯科·马科斯·马林一致认为，这种杂交语言缺乏统一性，缺乏整体规划，也没有统一持久的社会基础和条件。它不是语言的问题，而是变成了克里奥尔语的问题：变成一件工具，帮助那些出发点是西班牙语的人跨越语言桥梁，抵达彼岸，进入他们想达到的终点：英语。语言学上什么事情都可能发生，但是，如果美国未来的语言将是英西混杂语的后代，被取代的语言一定是英文，而不是西班牙语，因为所有使用这种从西语向英语迈进的杂交工具的人，英语从来不是他们的母语。

我们必须进一步更正：这种语言的混合是一种应用在两种语言碰撞的时候的手段。英语使用者，他们的母语是英语，也可能诉诸这种手段来达到交流的目的，但是这只是一种暂时的现象，而不是他们长期交流的模式。从英语向西语转化（新的现象，并没有人正式明白地阐述），英语使用者更多的是应用自动翻译工具，而不是在他们的语言里穿插西语词汇来与他们的西语对话者沟通。马科斯·马林教授早在他2006年发表的著作《西班牙语面临的挑战》里，已经预见到此种语言现象，并列举了一些这种自动翻译的事例。从2010年开始，这种现象蓬勃发展，因为如今的免费翻译系统琳琅满目（从谷歌到塞万提斯学院）。针对西班牙语民众广告需求的剧增和缺乏得力的翻译人才，使得这种机器翻译的文本如雨后春笋四处开花，同时大量的胡言乱语也充斥其中。在将来研究公共和商业西班牙语时，应该记住，这些商业文本的所有错误和对西语的篡改，都不能归咎于英语的影响，或语码转换的错误，或者是美国盛行的各种版本的西班牙语的影响，而是仅仅是翻译系统的纰漏。无视这一点会严重地影响我们研究的结论。

一门语言是一种历史结构。作为结构，它是一个符号系统，它建立了符号和它们所指代的值之间的关系。但是语言会变化，一个系统会让位于另一个系统。凯尔特语让位于拉丁语，拉丁语让位于西班牙语和加利西亚语，或者原来讲奥尔梅克语的地方，后来讲玛雅语，甚至纳瓦特语，之后再是西班牙语。我们不应该在此进入语言变迁的冗长讨论中，但是有一点十分清楚，变迁是一个历史过程，也就是说，"历史"不应该单单只是历时的穿越时间的变化，而是社会、文化和经济的变化。

总结所有这些讨论，也许我们可以提出几种可能：1）通过笔头和口头的文本，重新构建和拯救美国的西班牙语；2）把美国西班牙语统一在它现有的大部分西语使用者的规范之下，即墨西哥的规范；3）创造一种"共同和统一的西班牙语"，把所有不同版本的西语整合在一起；4）让时间见证语言的发展，最后接受时间流逝后所呈现的结果，人类尽可能不干预；5）支持西语和英语的接触，创造一个目前根本不存在的、真正统一的英西混杂语（spanglish 或 espaninglés）。这种提议不应该和当今称为"边境西语"（fronterizo）、波丘语（pocho）、得州墨语（Tex-mex）、奇卡诺语（chicano language）、边境语（habla de frontera）等等混为一谈，再加上英西混杂语。

第一种可能，重建和拯救似乎是无法实现的：在目前这个阶段，我们并不拥有足够的知识来了解语言的特殊性，也没有一个规划机构有能力来引导这个重建。第二种可能，墨西哥的规范，和第四种可能，让美国西班牙语自然统一，这两种可能性是互相关联的，因为墨西哥移民可以帮助构建西语的模式。当然，这也不是永远如此，因为第三种可能性，构建一个国际性通用的西班牙语，在媒体上反应热烈。也就是说在西语的电视频道上这种需求十分强烈。纽约、华盛顿、亚特兰大和迈阿密这些文化中心，都在糅合各种语言规范，他们各自带着强烈的加勒比和中美洲的色彩。而新墨西哥州则是处在两极之中，一方面要对抗对传统西语的蹂躏，另一方面还要与全国西语文化中心相协调。书面语言比较容易规范：书面西班牙语98%以上是统一的（这一数据是由计算机分析字库后得出的结论）。第五种可能性，即发展出一种混合的语言，但这似乎令人却步。这种可能性的结果就是在美国完全用英西混杂语，同时取代西班牙语和英语。现在的媒体宣传在推动并接受各种版本的西班牙语中起着不可藐视的作用。我们可以看到来自不同地区的西语播音员在各种电视频道上主持节目，有些不太普遍的西语口音还会在某些节目里独领风骚。比如在国际足球比赛的直播中阿根廷布宜诺斯艾利斯的西语（el español porteño）独占上风。

对一位美国西班牙裔来讲，在审视西语语言模式时，他必须回答三个问题：我们讲什么语言？我们用什么语言来书写？我们教什么语言？这些问题的前提是有一种西班牙语可以和规范西语下的不同版本的西语相互沟通。

第一个问题的答案很简单，因为没有一个人是讲一门语言，而都是讲这门语言里的一种特殊方言。让我们举一个很小的例子：一位阿根廷人来到美国得州的圣安东尼奥市，他必须选择他要买aguacate或者avocado（鳄梨的两个不同的名字）；他不能像在布宜诺斯艾利斯一样说他要买palta，因为没有人会懂得他要买什么。我们根据自己所生活的社区调整我们的语言。一般来讲会有选择，但是也有主观上适应的意愿：说话人总是希望自己融入周遭的环境。

第二个和第三个问题其实是彼此关联的：教授一门语言实际上指的是书面的语言。要回答这两个问题又要回到原先的问题，也就是要决定我们是否要跟随社区里的西语使用者。如果答案是肯定的，那么大家就要积极参与，在校园里、在社会上共同创造一种能与其他西语版本共存的美国西语。而在这个创造过程中起着重要作用的是媒体和作家（文学作家和商业作家）。一种语言规范是使用者的共识，不能是强迫推行的。

在西班牙语的道路上朝着这个方向迈进的有几个组织：隶属于西班牙语学院联合会的美国西班牙语学院、美国西葡语教师学会和美国政府的西语网站。值得我们关注的是这三个机构早已朝着这个方向携手合作了。

7 语言的统一

世界上没有任何语言是一成不变的，所有的变革都在持续正常地发生。经历几个世纪以后，语言的结构就会不同，变成另外一种语言，虽然名字保留不变。今天讲汉语的人无法与一千多年前的中国人对话,虽然汉语的名字一成不变。意识到目前西班牙语正在发生变化和将来它将面临的种种不同都是自然而然的事情。西班牙语的第一个不利因素,恰恰来自它最重要的所在:广阔的地理分布,许多地区之间因大森林、沼泽、河流的地理因素或政治因素几乎很少沟通。比如有时候布宜诺斯艾利斯的东西无法直达利马,而需要取道纽约才能抵达。

第二个不利因素是文化水平低下:没有足够的书籍和戏剧作品流通。但目前电子通信和电视电影的共同制作可以增进语言的统一。

第三个不利因素是经济因素,虽然今天这点已有了惊人的改变。过去那些讲西班牙语的民族在世界经济上没有什么地位,今天这种情况已经改变,西班牙语国家的经济威力已经非常强大。但我们必须谨而慎之,因为一些所谓的科技研究倾向于把西班牙语肢解,提出西班牙语的多中心主义。这是错误的。一门语言有不同版本并不意味着它没有统一性。

更为严重的是,西语国家对语言研究的经费投入不足(总是少于国民生产总值的3%),因而成为科技殖民地,发展极为不平衡。

还有一点需要补充的是,在西班牙许多人觉得他们"置身"语言当中,认为什么都允许,没有任何必要为语言担忧。世界上没有人拥有一门语言,我们只是使用一门语言而已。这种语言拥有者的态度是下意识的,十分危险。现在预测西班牙语的将来是有风险的:语言毫无疑问是要进化的。为了避免语言的分裂,我们必须有意识地共同努力,尽可能仰仗文字的统一性。

有关西班牙语的未来,两位权威专家曾经发表不同的意见:拉蒙·梅嫩德斯·皮达尔不相信未来的西班牙语将会解体,因为他认为罗马帝国灭亡之后拉丁语的解体和西班牙语的情况相去甚远。我们无法把今天迅速和源源不断的语言交流和中世纪末期罗马帝国的情况同日而语。持续的交流保证了语言的统一性。

另一方面,达马索·阿隆索对这个问题有不太一样的看法。他把西语分成两个时期:第一个是历史时期,卡斯蒂利亚语没有分裂,但是在第二个时期,后历史时期,西语将会产生分裂。阿隆索认为在语言里存在着一种解体的机制,这种倾向最后必定占上风。而梅嫩德斯·皮达尔则比较注重那些可以马上感知和触及的因素。

毫无疑问,两位语言学家只是指出一种猜测,让大家知道语言解体的危险可能成为一种谁都不想看到的现实。唯一的办法在于一个对问题的共识,还有为解决问题而合作。

8　美洲西班牙语报刊和文学文本的分析

这一节应该是最有趣,也是最难的一节,因为对于把西班牙语当作外语的初学者,尤其是母语是汉语的人,能够把一门如此生疏的语言融化进自己的智库里,已经有如穿越撒哈拉之艰难。我们还未把西语规范的语言掌握到驾轻就熟，美洲的各种西语菜系已经争先恐后纷至沓来。它们美不胜收，却也搅乱了我们的味蕾。然而这恰恰是西语的魅力，有历史的沉淀，又有欧美大陆日新月异的撞击，我们拥抱的是一门如此古老却又充满活力的语言。希望通过这本书最后的章节，读者可以管窥一见，领略西语的绚烂风采。

现在由于网络的通行，很容易在网上找到美洲各个国家的西语文本，既有录音、电视、电影，也有杂志、文章。各位老师可以根据自己学生的需要，根据课程的性质 (写作、报刊阅读、新闻、语法或高年级文学课程)，上网寻找合适的文本。我们在这里选用了一些文本，抛砖引玉，只是起个示范的作用，引导学生进入西语的八音盒，领略各种文本的风貌。(不必要求学生做完每道练习。这只是示范。各位老师应该只取所需，引申创新。)

希望读者在分析各种文本的时候，记得就文本向自己提出这些基本的问题：

1) 语言的类型：新闻、科研或文学。

2) 信息的种类：广告宣传、政论或新闻。

3) 文字的种类：一般新闻、体育、文化，等等。

4) 文字的语言现象，是西语某个地区的版本或是某种方言，以及语言的层次：俚俗的、特殊方言，等等。

5) 美洲某地区方言的特殊用法。

6) 一个文本或一个作家采用的地方方言。

7) 对文本语言的评价。文字与语言规范之远近。

I.

A. 文本 A: 广告信息 (寻物启事)

EXTRAVIO

Se gratificará a la persona que encuentre una Carpeta que contiene DOCUMENTACION COMPLETA de un auto, Patente N°: N042952, extraviada en la calle Chile y Humaitá.

Favor devolver a la Administración del HOTEL TRIANA situada en la misma dirección.

词汇要素：extravío, carpeta, auto, patente, extraviada
语法要素：无人称句型，冠词、前置词，及其他。

B. 请同学上网或在当地报纸或学校网站寻找一则"寻物启事"，以前面的方式做一段简短的分析。(如果找不到合适的广告就自创一个！)

II.

A. 文本B: 新闻与观点传播

SOBRE EL NOBEL DE LITERATURA

OPINA BORGES

PARIS, (AFP) - El premio Nobel, recientemente atribuido al poeta español Vicente Aleixandre, "es una distinción muy justa", declaró esta noche aquí el escritor argentino Jorge Luis Borges.

"No conocí personalmente a Aleixandre, pero he leído su obra, que se inició con la de otros poetas de la generación española de 1927, cuando todos éramos jóvenes", agregó Borges, quien asistió esta noche a la inauguración, de la Casa Argentina de París, de una exposición sobre su compatriota Ricardo Guiraldes, de quien se conmemoró hoy el cincuenta aniversario del fallecimiento.

HOMENAJE DE ESCRITORES

El Centro Cultural "Juan de Salazar" ha programado para el martes 25 a las 20 una sesión de homenaje a Vicente Aleixandre, ganador del Nóbel de Literatura de este año. En la ocasión, escritores paraguayos leerán obras del poeta español.

文体混合: 直接与间接引语。

无人称性。

请解释: En la occasión

这个文本与其他类似的西语文本的相似之处。

B. 上网寻找一则西语文化信息的消息。

III.

A. 文本C: 信息

Leerán poemas de
Vicente Aleixandre

En la Sala Goya de Centro Cultural "Juan de Salazar" (Luis A. de Herrera 834), se llevará a cabo hoy a las 20.00 horas el Aula No 5 del primer curso de la Tertulia Literaria. En el mismo se rendirá homenaje al poeta español Vicente Aleixandre, premio Nóbel de Literatura 1977.

Leerán poemas de este autor: César Alonso de las Heras, José Luis Appleyard, José Antonio Bilbao, Nilsa Casariego de Bedoya, Miguel Angel Fernández, Oscar Ferreiro, Carlos Hempel, José María Gómez Sanjurjo, Ricardo Mazo, Emilio Pérez Chávez, Francisco Pérez. Moricevich, Josefina Plá, Jacobo Rauskin, Jesús Ruiz Nostosu, Julio César Troche, Carlos Villagra Marsal y Elsa Wiezell. La entrada a este acto será libre para todas las personas interesadas en el tema.

无人称, 第三人称复数。

冠词的出现与缺席。

巴拉圭现代主要诗人的名单。

反思这个文化信息将给西语世界带来的反响。

B. 请学生用西语设计一则活动通知, 准备登在学校网站上。

IV.

接下来这个练习对中国学生难度很大, 因为我们挑选了两个文学文本。分别属于拉美的两个地区: 委内瑞拉的草原和阿根廷的潘帕斯 (La Pampa)。他们混合着规范的文雅语言和粗俗的俚语, 还带着很多乡土用语, 中国学生没有去过这些国家, 没有在他们的庄园里生活过, 确实很难体会那浓浓的乡土味道。我们建议就把这两个文本纯粹当作阅读练习, 体验委内瑞拉和阿根廷的大草原吧!

文本D:

DOÑA BÁRBARA. Venezuela
LAS VELADAS DE LA VAQUERIA

Ya era tiempo de proceder a la vaquería general de entrada de aguas. La costumbre, creada por la falta de límites cercados y consagrada por las leyes del llano, establece que los hatos colindantes trabajen la hacienda en comunidad, una o dos veces al año. Consisten estas faenas en una batida de toda la región para recoger los rebaños esparcidos por ella y proceder a la hierra de orejanos, y se van haciendo por turno en las distintas fincas, bajo la dirección de un jefe de vaquerías, que se elige previamente en una asamblea compuesta por las distintas agrupaciones de vaqueros. Duran varios días consecutivos y constituyen verdaderos torneos de llanerías, pues cada hato se esmera en enviar a aquél donde se haga la batida sus peones más diestros y ellos llevan sus bestias más vaqueras, ostentando sus mejores aperos y se esfuerzan en lucir todas sus habilidades de centauros.

Empezaban a menudear los gallos cuando comenzó en Altamira el bullicio de los preparativos. Pasaban de treinta los peones con que contaba ahora el hato y además estaban allí otros vaqueros de Jobero Pando y El Ave María.

Ensillaban de prisa, pues había que caerle al ganado en sus dormideros antes que empezara a disgregarse y, entre tanto, se reclamaban a gritos los trebejos que no encontraran a mano.

– ¡Mi mandador! ¿Dónde está que no lo encuentro? Vaya soltándolo el que lo tenga porque es muy conocido: tiene una jachuela en la punta y si se la pican lo conozco por el cortao.

– ¿Qué hubo del cafecito? -voceaba *Pajarote*. Ya el día viene rompiendo por la punta y nosotros todavía dando vueltas por aquí.

Y a su caballo, mientras le apretaba la cincha:

– Vamos a ver, castaño-lucero, como te portas hoy. Mi soga está más tiesa que pelo e negro; pero no la engraso, porque la nariz de un salenco viejo que vamos a aspear entre los dos en cuanto rompa el levante, me la va a dejar suavecita, que ni pelo e blanco.

– Apuren, muchachos -reclamaba Antonio-. Y los que tengan caballos chucutos crinejeen de una vez, porque vamos a llegar picando.

– Ch'acá el cafecito, señora Casilda -decían, acudiendo a la cocina, los que ya habían ensillado.

Un fuego alegre, de leñas resinosas, chisporroteaba en el fogón entre las negras topias que sostenían la olla. Cantaba dentro de ésta el hervor de la aromática infusión y en las manos de Casilda no descansaba la pichagua con que la trasegaba al colador de bayeta, pendiente del techo por un alambre, mientras las otras mujeres se ocupaban en enjuagar los pocillos y en llenarlos y ofrecérselos a los peones impacientes, y durante un rato reinó en la cocina la animación de las frases maliciosas, de los requiebros crudos y picantes de los hombres, de las risas y réplicas de las mujeres.

Bebido el café -después de lo cual no caería en los estómagos de aquellos hombres, hasta la comida de la tarde al regreso al hato, sino el cacho de agua turbia y la amarga saliva de la mascada de tabaco- partió el escuadrón de vaqueros, con Santos Luzardo a la cabeza, alegres, excitados por las perspectivas de la jornada apasionante, cruzándose chistes y reticencias maliciosas, recordándose mutuamente percances de anteriores vaquerías donde arriesgaron la vida entre las astas de un toro o estuvieron a punto de morir despanzurrados bajo el caballo estimulándose unos a otros con hazañosos desafíos.

Vamos a ver quién se pega conmigo -decía *Pajarote*. He hecho la apuesta de aspear veinte bichos yo solo, y las gandumbas serán la prueba.

Rómulo Gallegos

1. 请找出几个草原牧民特有的词汇。
2. 请找出几个指大词或指小词。
3. 请找出几个特殊发音的例子。

文本E：

LA GRINGA. Río de la Plata

ESCENA XII

Próspero.-¿Qué le han hecho, tata, ellos, pa que los trate así?
Cantalicio. A mí, nada. ¿Y yo qué te he hecho a vos pa que me vengas con esas cosas?
Próspero.-(Displicente.) ¡Bah! ... ¡Bah! ... ¡Bah! ... (Aparte.) Vale más que me vaya.
Cantalicio. -¿Qué estás rezongando?

Próspero.-Digo que si volvemos a las andadas, vale más que me vaya al trabajo.

Cantalicio.- ¡Te he dicho que esperés! ¡Ahí viene el gringo! ...

Nicola. -(Con la pipa en la boca.) ¡Ramón! ¡Ramón! ¡Ah! ... Buen día, ¿cómo va, don
        Canta ...?

Cantalicio. -(Alargando la suya con desgano.) De salud, bien ...

Nicola.-Menos mal. (*Sentencioso.*) En este mundo ... en este mundo la salud es
        lo primero. Habiéndola, lo demás es.., trabajo ... buenos puños ...

Cantalicio.-(Aparte.) Güenas uñas pa robar ...

Nicola.-(A Próspero.) ¿Ramón se ha ido ya? ¡Bueno! ... nada. (*A Cantalicio.*)
        Conque ... hace frío ¿eh?

Cantalicio.- ¡Rigular!

Nicola.-Una helada de la gran siete. Y el tiempo no piensa llover. ¡La tierra más
        dura! Se rompen los arados ...

Cantalicio.-Así ha de ser.

Nicola.-Está bien. Bueno ... ¿Usted venía por alguna cosa, verdad?

Cantalicio.-Sí, señor.

Nicola: -(Sacando la ceniza de la pipa.) ¡Está bueno! ¿Le ha ido bien de negocios?

Cantalicio.- ¡Como el diablo!

Nicola.-Está bien ... (*Se frota las manos*.) Usted viene a hablarme, ¿verdad?
        Bueno ... Yo voy adentro, a mi cuarto, a buscar los papeles, ¿eh? Usted
        me disculpará un ratito. Con permiso, ¿eh? *(Vase frotándose las manos.)*

                                       Florencio Sánchez

1. 请找出 voseo 的例子。
2. 请找出几个带 "乡土" 发音的词。

V.

文本 F:

VIDA DE ANICETO EL GALLO

    Por ese entonces, estrechó una amistad nueva que debió consolarle en
parte, pues le mostraba que el árbol por él plantado daba frutos de lozanía en
la obra de otro poeta. Estanislao del Campo había publicado en *Los Debates*

de Mitre, con el seudónimo de *Anastasio el Pollo,* unos versos de gauchesca inspiración, y en *El Orden,* que redactaba D. Félix Frías, Aniceto el Gallo incluyó una declaración en la cual dejaba constancia de que él no era el autor de esos *trovos.* Del Campo respondió en seguida, con mucha gracia:

"He visto en un gacetón
que llaman 'El Ordenao'
que usté, aparcero, ha soltao
cuatro letras al botón,
lo digo así, en la ocasión,
porque a mí se me hace al ñudo
que el gaucho que boliar pudo
tan lindo a la tiranía,
salga diciendo: 'No es mía
la letra de un gaucho rudo.'
Velay, su declaración,
a mi modo de entender,
lo mesmito viene a ser
que si dijera, patrón:
'Declaro ante la Nación
que la chispa que ha saltao
a causa de haber golpeao .
un paisano su yesquero,
no es el Sol que Enero a Enero
la campaña ha iluminao.'
Paisano Aniceto el Gallo:
puede sin cuidao vivir
que primero han de decir
que la vizcacha es caballo
y que la gramilla es tallo
y que el ombú es verdolaga
y que es sauce la biznaga
y que son montes los yuyos,
que asigurar que son suyos
los tristes versos que yo haga."

La nueva generación reconocía así al maestro por boca del poeta que, nueve años después, con su *Fausto,* agregaría un título auténtico a nuestro patrimonio literario. Aniceto el Gallo respondió a las décimas del Pollo con una carta elogiosa, disculpándose de no hacerlo en verso, a causa de su abatimiento, y aclarando que, si había publicado ese remitido, había sido para que nadie le creyese ocupado en rimas divertidas, *"cuando estoy con el corazón sumamente lacerado por el fallecimiento de mi querida hija".* Estableciose entre los dos una amistad sincera. En 1859, ya más serenado el autor de *Paulino Lucero,* cambiaron otras cartas, que *La Tribuna* de los Varela reprodujo. Del Campo termina así la suya del 26 de febrero: *"Antes de cerrar estas líneas, diré a usted, mi querido amigo, que al bajar a la arena de la literatura gauchesca, no llevo otra mira que la de sembrar en el árido desierto de mi inteligencia la semilla que he recogido de sus hermosos trabajos, por ver si consigo colocar, aunque sea una flor, sobre el altar de la Patria."*

Manuel Mujica Láinez

这个文本包含好几种文字风格,既有20世纪初力求规范典雅的现代主义风格 (modernismo),又有阿根廷高乔牧民说话的风格。

建议学生轮流在课堂上高声朗读,也许可以因此帮助全班同学体会文字的不同风格。

小结:

我们在这个小节里总共引用了六个文本,旨在让学生体会各个地区文字的不同特点。因为篇幅的关系,更因为这不是本书的重点,我们无法把美洲大陆各个地区的文本都分别举例。唯一希望的就是读者能真切体会到,虽然各个地区的方言和语音都有差异,但仍然是大同小异。伊比利亚和美洲各个地区之间的文字交流,没有任何阻碍。只要大家懂得遵守西语的一些最基本的规则,西班牙语仍然是大西洋两岸人们沟通的最佳媒介。

9　西班牙语的标准

我们在标准化的纸上写作,用标准化的键盘打字,用标准化的计算机、平板电脑和电话写作交流,我们使用字典学习词汇的标准含义。语言标准无所不在。当然我们可以在"si pudiera, lo hiciera"和"si pudiera, lo haría"两者之间选择,但它们完全不影响我们的理解。即使人们使用aplicar代替solicitar，或calificar代替tener derecho或ameritar，还是不影响我们对句子的理解。如果我们要讲真话，我们必须承认：理解"no viene hasta las siete"确实比理解墨西哥人讲的"viene hasta las siete"来得容易；但是其实一切都可以说明、解决。最主要的是，大家有意愿来协商，达成共识。

除了西班牙语知识阶层典雅的文字和口语的共同性，其实还有一种处于中间的共同性，其中美洲各个地区方言之间的区别，并不大于西班牙本土方言之间的区别。西班牙语学院联合会常务委员会一直在努力协调各种语言争论，但是实际上最后总是由语言使用者来定夺。

总的来讲，我们必须承认，在语言学的问题上，美洲大陆的西班牙语越来越有分量。墨西哥排名第一，因为它的西语人口最多，而西班牙的大城市并不是唯一或主要的西语文化中心，它们只是文化中心的一部分。

"容忍"大多数人的发音，比如seseo，还有把许多西语美洲用法收入西班牙语字典，是一种开端，它象征着一条通向未来的康庄大道：但愿所有讲西班牙语的人都能体会到在语言的统一下，西语是一个如此绚丽多彩的多面体，大家都愿意亲身参与，来努力保护它。保护一门语言的第一步就是要了解这门语言。语言，属于我们每个人，它永远不会在某个人身上消亡。

西汉术语对照表

A

Actante	行为主体,行动元
Actualización	具体化,语境化
Actualizado	具体化的
Actualizador	具体化词
Adjetivo especificativo	限定性形容词
Adjetivo explicativo	解释性形容词
Adjetivo sustantivado	名词化形容词
Adversativa	反义句,转折句
Adyacente	邻接词 (形容词或名词)
Adquisición	获得,习得
Africado	塞擦音
Agente	施事
Alfonsí (sistema gráfico)	阿方索文字系统
Aliteración	头韵、叠韵
Al-Andalús	阿尔安达卢斯 (公元711—1492年间伊比利亚半岛和巴利阿里群岛穆斯林统辖区)
Amplificación	放大,增强
Anáfora	首语重复; 前指
Andalucismo	安达卢西亚方言用语
Antítesis	对照; 反题
Apócope	词尾省略
Apoderado	代理人
Aposición	同位语
Árabe andalusí	安达卢斯阿拉伯语
Arcaísmo	古旧词; 仿古用法
Asíndeton	连词省略
Aspecto	体貌

C

Cadencia	降调
Causativo	使役性
Causales inversas	反因果句
Clave léxica	关键词汇

Clave semántica	语义关键
Coincidencia y contraste	相似与对比
Complemento predicativo	谓语补语
Conjunciones temporales	时间连词
Consecutivas-causales	结果－原因句
Considerando	理由/鉴于 (法律用语)
Construcción por aglutinación	粘着结构
Construcción por integración	组合结构
Contexto	语境
Contexto amplio	大语境
Contexto reducido	小语境
Coordinadas/copulativa	并列句/联系并列句
Coordinación (oraciones de)	并列复合句
Criollo	克利奥 (拉美土生白人)

D

Dativo	与格
Dativo simpatético	利益与格
Definición por equivalencia	通过对应词定义
Definición por paráfrasis	通过释义定义
Determinante	限定词
Diptongo	二重元音

E

Elemento léxico	词汇成分
Enunciado	话语
Esquema analizante	分析架构
(Esquema) encuadrado	框架 (结构)
Esquema sintetizante	综合架构
Epanadiplosis	叠语法
Esnobismo	斯诺比症,势利态度,附庸风雅
Escritura carolina	卡罗琳娜字体
Estructura analizante	分析结构
Estructura sintetizante	合成结构
Eufemismo	委婉
Expresión de involuntariedad	非自愿表达

F

Figuras	修辞格
Figuras de pensamiento	思维 (修辞) 格
Figuras de dicción	言辞 (修辞) 格
Fricativo	擦音
Fuerzas temáticas	主题力量
Función metalingüística	元语言功能

H

Hiato	元音分读
Hipérbole	夸张

I

Imagen	图像
Icónico figurativo (componente)	象征性图像 (的成分)
Icono	像似符
Incoativo (verbo)	开始体 (动作)
Indicio	指示符
Intransitividad	不及物性
Intrínseco	内在性
Involuntario	非自愿的
Iterativo	反复或重复 (动作)

J

Juego de palabras	双关语, 文字游戏

L

Latín hispanorromano	伊比利亚罗曼斯拉丁语
Lexema	词位
Ladino (judeoespañol)	犹太西班牙语

M

Metáfora	隐喻
Metonimia	换喻
Metro	格律

Modalidades oracionales	句式
Monosílabos	单音节词
Morfema	词素
Mozárabe	摩沙阿拉伯人 (伊比利亚半岛的基督徒，生活在中世纪伊比利亚半岛穆斯林占主导地位的地区)

N

Narrador	(故事) 叙事者
Narratario	(故事) 接收者
Nexos temporales	时间关联词
Núcleo	核心

O

Objeto de interés personal	蕴含个人利益的宾语
Onomatopeya	拟声法,象声词
Oraciones modales.	方式从句
Oraciones temporales	时间从句
Oraciones concesivas	让步从句
Oraciones causales	原因从句
Oraciones consecutivas	结果从句
Oraciones finales	目的从句

P

Paciente	受事
Palabras compuestas	复合词
Palatal	硬腭音
Paradoja	悖论
Pasiva impersonal	无人称被动语态
Pasiva refleja	自复被动语态
Polisíndeton	连词反复
Predicado nominal	名词谓语
Préstamo	借词
Prosopopeya	拟人
Proverbio	谚语,格言

R

Raíz	词根
Receptor	接受者
Recibir	接受
Recurrencia	重复,复现
Reflexiva pasiva	被动自复
Referencia anafórica	回指
Referencia catafórica	后指或下指
Registro	语域
Reiteración	重复
Rima	韵脚,押韵
Rima asonante	元音韵
Ritmo	节奏
Romance andalusí	安达卢斯罗曼语

S

Semiología (semiológico)	符号学 (的)
Semiótica (semiótico)	符号学 (的)
Seseo	把 c, z 都读作 s 音的现象
Sibilante	咝音
Significante	能指
Significado	所指
Símbolo	象征符
Sintagma	词组,语段
Sintaxis estructural	结构句法
Situación	情景
Situación comunicativa imaginaria	想象的交际情景
Sonoro	浊音
Sordo	清音
Spanglish	英西混杂语
Subordinación (oraciones de)	主从复合句
Suspensión	暂停 (语音)

T

Tema	词干
Tiempo	时态
Transitividad	及物性

Tropos	比喻, 转义
Tuteo	使用 tú 的称谓

V

Verbo copulativo	系动词
Vocal temática	词干元音
Voseo	使用 vos 的称谓
Verbos de cambio	变化动词
Verbos de pensamiento o dicción	思维或言语动词

Y

Yeísmo	把 ll 发成 y [j]
Yutoazteca/nahua	犹他阿兹台克语系 (纳瓦语)
Yuxtaposición	并置复合句